《高素质农民持续参与培训行为研究：机理与实证》

编　委　会

总主编：张　艳

主　编：代兴梅　刘彦伯　郭起瑞

副主编：贾　可　王梦涵　刘抒瑶

编　者：（按姓氏笔画排序）

王梦涵　代兴梅　刘彦伯　刘抒瑶

闫思晨　汤桂林　张　艳　张　超

赵子源　贾　可　郭起瑞

教育部人文社会科学研究项目（19YJA880083）资助

高素质农民持续参与培训行为研究：机理与实证

张 艳 总主编

代兴梅 刘彦伯 郭起瑞 主 编

中国农业出版社
北 京

序

　　"三农"问题始终是关系党和人民事业发展的全局性和根本性问题。党的十八大以来，党中央坚持把解决好"三农"问题作为全党工作重中之重。当前在以中国式现代化全面推进中华民族伟大复兴的征程中，全方位实施乡村振兴战略就是新时代新征程解决好"三农"问题的重要抓手，全力推进的农业农村现代化就是新时代新征程解决好"三农"问题的总目标。要实施乡村振兴战略和实现农业农村现代化总目标，关键在人。党的二十届三中全会明确指出：乡村振兴，人才是关键。人才振兴是实施乡村振兴战略的必备要素和重要资源，只有将人才振兴摆在突出位置，才能推动乡村振兴良性发展。因此，做好新时代乡村人才队伍建设，特别是着力打造一支沉得下、留得住、能管用的乡村人才队伍，意义重大。

　　乡村人才包括高素质管理型人才、专家型人才、科普型人才以及生产技能型农民人才，这些乡村人才的振兴承载着乡村振兴的必然使命。其中，生产技能型农民人才振兴是乡村人才振兴的核心主体，这类人才内在文化情感和外在知识技能的阈值高低，不仅反映了农村人力资本水平，也折射出乡村振兴成效的实践样态。因此，提升生产技能型农民人才素质是实施乡村振兴战略中的重要历史任务。

　　乡村人才振兴，必须在破解"引才密码""用才密码"的同时，更加重视破解"育才密码"，以激活乡村振兴"源动力"。古人云：致天下之治者在人才，成天下之才者在教化。可见，古人高度重视成天下之才的培养和教化。多年来，党和国家高度重视生产技能型农民人才培养。2019年党中央制定的《中国共产党农村工作条例》中提出，要培养一支有文化、懂技术、善经营、会管理的高素质农民队伍，造就更多乡土人才；2020年中央1号文件提出"加快构建高素质农民教育培训体系"；2021年国务院印发的《"十四五"推进农业农村现代化规划》中强调，健全农民教育培训体系，培育高素质农民队伍。这些文件和规划的出台，使高素质农民培训不再局限于具体的短期技术技能操作层面培训，而是向更为系统、更加全面的长短期相结合的综合素质教育转变。这种综合素质教育将在助力解决"谁来种地""谁来当农民""谁来建设新农村"等一系列问题以及农村空心化、农业兼业化、农民老龄化等社会现象中发挥重要作用。

当今世界科技飞速发展，科技创新日新月异，尤其是数字化、网络化、智能化迭代发展，以人工智能、大数据、云计算等为代表的新一代信息技术被广泛应用，传统农业的生产方式、经营模式及管理范式正被悄然颠覆，知识和技术传播扩散与更新迭代进一步加快，促使农业产业必须用新质生产力赋能高质量发展，要推动农业技术革命性突破、生产要素创新性配置、产业深度转型升级，推动劳动者、劳动资料、劳动对象及其优化组合的质变。面对农业产业发展变革的新时代，作为生产要素之一的劳动者如何依托新制度、善用新资本、掌握新技术，推动技术前沿的拓展与动态效率的提升，进而推动农业产业经济增长是值得关注的重要靶点。美国经济学家舒尔茨在《改造传统农业》一书中曾强调，通过教育培训增进农民的现代科学知识，使其成为能够运用新生产要素的人是农业国家改造传统农业的重要途径。可见，农业产业的现代化发展、乡村的全面振兴，需要农民群体既要与时俱进，亦要开拓创新。因此，这就要求高素质农民持续参与培训，也要求培训具有及时性与全时性，既要保证单次培训的时效性与针对性，又要保证多次培训的整体性与连续性，进而形成持续培训的系统性与拓展性。

张艳教授一直从事高等农业教育和农村人力资本等研究，在相关研究领域成果丰硕。《高素质农民持续参与培训行为研究：机理与实证》一书就是她领导的课题组在教育部研究课题资助下，在多年积累的农村人力资本相关研究基础上，聚焦高素质农民持续参与培训这一时代关切问题的研究成果总结。此书由总报告与分报告两部分构成，其中，总报告探究了高素质农民持续参与培训行为的内在机理与具体实证，分报告则既有对总报告的纵向深化，亦含横向拓展。就受训主体而言，分报告进一步聚焦于年轻有为、创新潜力强的青年农民这一高素质农民中的生力军群体；就评价视角而言，分报告基于数智化视域下，更具针对性地探究农民社会资本对农业技术培训评价所产生的不同影响；就培训适配性而言，分报告基于现有培训多维度凝练培训模式，并结合农民胜任力素质特点进行适度匹配与选择，以期达到培训的最佳效果。

此书采用翔实数据与丰富实证，研究细致扎实，论述逻辑严谨，层次分明，层层递进，是一本高素质农民培育工作的重要参考书。相信此书的问世，将对新时代推进农业农村现代化和乡村振兴发挥重要作用。

中国工程院院士

2024 年 7 月于沈阳天柱山下

前 言

实施乡村振兴战略，是以习近平同志为核心的党中央从党和国家事业发展全局出发作出的重大决策。党的二十大报告提出"全面推进乡村振兴""扎实推动乡村产业、人才、文化、生态、组织振兴"。人才是乡村振兴的主力军。人才振兴是其他领域振兴的驱动因素，亦是实现农业农村现代化的关键因素。坚持农民主体地位是全面实施乡村振兴战略的一项基本原则。高素质农民作为农业生产的主要力量，其素质和能力的提升对于农业的发展至关重要。基于数智化时代，在创新发展新质生产力背景之下，高素质农民需要通过持续参与培训，不断更新知识、提升技能，激活乡村振兴的"人才动能"，促进农业现代化和农村经济的可持续发展。为此，项目主持人张艳申请并立项教育部人文社会科学研究项目"职业农民持续参与培训行为研究：机理与实证"（19YJA880083）。研究团队围绕项目核心内容开展广泛、深入的研究，将高素质农民、高素质青年农民和农民作为主要研究对象，运用问卷调查等研究方法，以辽宁省各市县乡作为主要调研区域，累计获得一手有效数据4 000余份，通过对数据进行多维分析，得出研究结论，并提出相应对策建议。共完成硕士学位论文5篇，发表相关学术论文10篇，为政府提供决策咨询报告和政协提案10余份。

本书是项目研究成果的融合与升华，依据管理学、经济学、心理学、营销学领域的理论，通过文献分析、问卷调查和实证分析等研究方法，以高素质农民持续参与培训行为的影响因素为出发点，从时间维度上进行延展，着眼于研究高素质农民对参与培训行为的持续性选择。从培训因素、政府因素、个人利益因素和满意度层面分析影响高素质农民持续参与培训行为的因素；基于柯氏四级模型，从学员反应、学习、行为改变、业务结果四个方面对高素质农民培训效果进行评价并验证培训效果的影响因素；基于胜任素质模型，从心理素质、管理技能、技术技能、文化素质四个层面对高素质青年农民培训效果进行评价研究，并从参训者特征、培训设计和工作环境三个方面分析高素质青年农民培训效果的影响因素；此外，在农业数字化和智慧农业的背景下，对农民培训中的农业技术培训和农民培训模式策略选择进行研究。本书以扎实的一手调研数据为基础，针对高素质农民持续培训问题提出了符合时代之需并切实可行的解决方案，为提升高素质农民持续参与培训的积极性、优化高素质农民培训工作以及相关部门的决策提供了比较有参考价值的对策建议。

全书共分为两大部分，第一部分为总报告，第二部分为专题报告。

总报告共分为四部分。第一部分是高素质农民持续参与培训行为的机理研究，包括理论基础与概念界定，理论基础包括管理学、经济学、心理学、营销学领域的相关理论，对高素质农民、高素质农民培训、持续参与行为、培训效果评估等概念进行界定。第二部分是高素质农民持续参与培训行为影响因素研究，包括模型构建、数据来源和指标体系构建、样本描述性统计分析和问卷分析、实证分析。第三部分是高素质农民培训效果评价及培训模式选择策略研究，包括高素质农民培训效果评估研究、高素质青年农民培训效果评价及其影响因素研究、农民社会资本对农业技术培训评价的影响研究、农民胜任力素质评价及农民培训模式选择策略研究。第四部分是研究结论与对策建议。

专题报告共分为五部分。专题一：高素质农民持续参与培训行为的影响因素研究，包括理论基础与概念界定、研究模型与指标体系构建、高素质农民持续参与培训行为的影响因素的实证分析、研究结论与对策建议。专题二：高素质农民培训效果评估研究，包括理论基础与概念界定、研究模型与指标体系构建、高素质农民培训效果评估实证分析、研究结论与对策建议。专题三：高素质青年农民培训效果的评价及其影响因素研究，包括理论基础与概念界定、研究模型与指标体系构建、高素质青年农民培训效果的评价及其影响因素实证研究、研究结论与对策建议。专题四：农民社会资本对农业技术培训评价的影响研究，包括理论基础与概念界定、研究模型与指标体系构建、农民社会资本对农业技术培训评价影响的实证分析、研究结论与对策建议。专题五：农民胜任力素质评价及农民培训模式选择策略研究，包括理论基础与概念界定、研究模型与指标体系构建、农民胜任力素质评价的实证研究及培训模式选择、研究结论与对策建议。

本书得到教育部人文社会科学研究项目"职业农民持续参与培训行为研究：机理与实证"（19YJA880083）的资助，是项目主持人及其研究团队在凝练多年科研成果的基础上，针对高素质农民培训与培训效果评价进行的理论与实证研究，期待研究成果在创新发展新质生产力的时代背景下为培养高素质农民提供有益的经验与借鉴。

受调研区域及覆盖面向所限，书中难免存在一些不足之处，恳请同行专家和广大读者提出宝贵的意见和建议。

编　者

2024 年 7 月于沈阳

目 录 //////////
CONTENTS

序
前言

总报告　高素质农民持续参与培训行为研究：机理与实证 ·············· 1

　一、理论基础与概念界定 ······························· 3
　二、高素质农民持续参与培训行为影响因素研究 ········· 17
　三、高素质农民培训效果评价及培训模式选择策略研究 ······· 34
　四、研究结论与对策建议 ···························· 72

专题报告一　高素质农民持续参与培训行为的影响因素研究 ······· 84
　一、理论基础与概念界定 ························· 85
　二、研究模型与指标体系构建 ·················· 89
　三、高素质农民持续参与培训行为的影响因素的实证分析 ······· 93
　四、研究结论与对策建议 ······················· 122

专题报告二　高素质农民培训效果评估研究 ···················· 129
　一、理论基础与概念界定 ···················· 130
　二、研究模型与指标体系构建 ··············· 135
　三、高素质农民培训效果评估实证分析 ············· 142
　四、研究结论与对策建议 ··················· 168

**专题报告三　高素质青年农民培训效果的评价及其影响
　　　　　　因素研究** ······································· 173

　一、理论基础与概念界定 ······························· 174

二、研究模型与指标体系构建 ……………………………… 179
三、高素质青年农民培训效果的评价及其影响因素实证分析…… 183
四、研究结论与对策建议 …………………………………… 208

专题报告四　农民社会资本对农业技术培训评价的影响研究 …… 211
一、理论基础与概念界定 …………………………………… 212
二、研究模型与指标体系构建 ……………………………… 218
三、农民社会资本对农业技术培训评价影响的实证研究 …… 229
四、研究结论与对策建议 …………………………………… 240

**专题报告五　农民胜任力素质评价及农民培训模式选择
　　　　　　策略研究** ……………………………………… 244
一、理论基础与概念界定 …………………………………… 245
二、研究模型与指标体系构建 ……………………………… 255
三、农民胜任力素质评价的实证研究及培训模式选择 ……… 260
四、研究结论与对策建议 …………………………………… 282

参考文献 ………………………………………………………… 287

附录 ……………………………………………………………… 298
附录1　高素质农民持续参与培训行为的影响因素研究
　　　调查问卷 …………………………………………… 298
附录2　高素质农民培训效果研究调查问卷 ………………… 301
附录3　高素质青年农民培训效果评价研究调查问卷 ……… 305
附录4　社会资本对农业技术培训的影响研究调查问卷 …… 308
附录5　智慧农业背景下农民胜任力素质调查问卷 ………… 311

后记 ……………………………………………………………… 315

总报告 |
高素质农民持续参与培训行为研究：机理与实证

　　乡村全面振兴需要具有专业化能力和职业化水平的人才。高素质农民作为农村发展的主力军，对实施乡村振兴战略起到举足轻重的作用。数智化赋能农业产业创新发展，与之相匹配的知识更趋专业化与智能化，与此同时，数智技术助力知识的传播扩散与更新迭代不断加速，对高素质农民的知识掌握提出了更高的要求，单次培训已很难满足社会需要，无法获得持续性的培训效果。因此，课题组围绕教育部人文社会科学研究项目"职业农民持续参与培训行为研究：机理与实证"（19YJA880083）的主体研究框架，就如何激发高素质农民持续参与培训的积极性，推动其将培训融入动态化的职业发展过程中进行研究。

　　开展高素质农民培训，有利于提升人力资本，有效提高农民生产经营能力，改进农业生产方式，提高农业生产效率，促进农民增收致富，进而实现"农民富"的乡村振兴战略目标，推进我国农业农村现代化的发展。作为高素质农民群体中的先锋力量，高素质青年农民在推动农业现代化与乡村振兴中具有独特的优势和潜力，这一群体呈现出来的人格特质、思维方法、行为方式或将影响我国农业农村现代化的进程和走向。其更强的适应能力、学习能力与创新能力，将使高素质青年农民在农业转型与乡村振兴中发挥重要作用。

　　高素质农民培训是一个需要持续反思和动态优化的过程，而科学的培训评估则是这一过程中的核心环节。培训评估不仅是对前期培训成效的系统总结，更是诊断问题、优化策略、提升培训效果的重要起点。有效的评估能够为后续培训提供精准改进方向，确保培训目标与实际需求的有机结合，从而实现培训效能的持续提升。

在智慧农业背景下，培育能够适应现代化生产的高素质农民已成为当前农业发展的重要任务。自"十三五"以来，社会资本在农业农村领域的投入持续扩大，投资范围和合作模式日益多元化，政府与社会资本合作的项目规模显著提升。"企业＋农户"模式作为农业技术推广的重要补充，通过农业企业为农户提供技术指导和实践支持，推动先进技术的传播与应用。社会资本的深度参与不仅优化了农业技术扩散机制，还显著提升了农户的生产效率与能力，为推进农业现代化与乡村振兴战略的实施奠定了坚实基础。

然而，智慧农业的推广与发展面临多重障碍，其中最关键的因素在于农民的知识水平、思维方式与素质能力等个体层面的制约。推动智慧农业转型和农民自我发展，需要优先提升农民的素质能力，这就要求在智慧农业背景下科学界定农民胜任力素质标准，明确能力发展的具体方向。然而，目前的农民培训模式仍存在机构设置与资源分布不合理、培训内容专业性与实用性不足等问题，难以全面满足农民多样化的素质提升需求。因此，优化现有培训模式势在必行，以全面支持农民素质能力的提升，助力智慧农业的可持续发展。

基于此，课题组以高素质农民、高素质青年农民为主要研究对象，通过梳理国内外关于农民培训、持续行为、培训评价等研究进展，对农民、高素质农民、高素质青年农民、高素质农民培训、持续参与行为、培训效果评估、培训评价、农民培训模式选择、胜任力素质的概念作出界定。依据期望-确认理论、动机理论、满意度理论、成人学习理论、马斯洛需求层次理论、公共产品理论、农业踏板理论、社会资本理论、人力资本理论、胜任素质理论和培训效果迁移理论，采用文献分析法、问卷调查法和实证分析法，基于以辽宁省各市县为主的 4 000 余份有效调研数据，对高素质农民持续参与培训行为影响因素、高素质农民培训效果评估、高素质青年农民培训效果评价及其影响因素、农民社会资本对农业技术培训评价的影响、农民胜任力素质评价及农民培训模式选择策略进行研究，并将这五个方面的研究提炼为五个专题报告，在此基础上形成总研究报告，即"高素质农民持续参与培训行为研究：机理与实证"。具体包括四个部分：第一部分是高素质农民持续参与培训行为的机理研究，包括理论基础和概念界定，理论基础包括管理学、经济学、心理学、营销学领域的相关理论，对高素质农民、高素质农民培训、持续参与行为、培训效果评估等概念进行界定。第二部分是高素质农民持续参与培训行为影响因素研究，包括模型构建、数据来源和指标体系构建、样本描述性统计分析和问卷分析、实证分析。第三部分是高素质农民培训效果评价及培训模式选择策略研究，包括高素质农民培训效果评估研究、高素质青年农民培训效果评价及其影响因素研究、农民社会资本对农业技术培训评价的影响研究、农民胜任力素质评价及农民培训模式选择策略研究。第四部分是研究结论与对策建议。

一、理论基础与概念界定

（一）理论基础

1. 营销学相关理论

在营销学领域方面，课题组主要运用了期望-确认理论。期望-确认理论由理查德·L. 奥利弗于1980年提出，在其研究中用该理论解释消费者的满意度形成过程。期望-确认理论认为，消费者的满意度取决于其先前的期望与实际体验之间的差距。王铎等（2020）指出，期望-确认理论认为，消费者在使用产品或服务之前自身的期望与使用产品或服务后的感知之间的差距决定了消费者满意度的高低，差距越小，满意度越高；影响消费者是否持续使用该产品或服务的最关键因素便是消费者自身的满意度，消费者满意度越高，其产生持续参与行为的可能性就越大。期望-确认理论中共包括5个变量，分别为：参与前期望、参与后感知、期望确认程度、满意度及重复参与意愿。

根据期望-确认理论研究消费者行为的思路，可以进一步引申应用于高素质农民培训问题中。高素质农民持续参与培训的过程：第一，高素质农民在参与培训之前会在内心形成最初的期望，即想要达到怎样的效果；第二，他们开始接受培训，第一次培训结束后，高素质农民会对培训的内容和效果产生一定的感知，将培训前和培训后的效果和行为进行对比，并且确定他们的期望在多大程度上得到验证；第三，高素质农民会基于他们的确认水平以及最初的期待，产生满意或情感；第四，对培训效果满意的高素质农民会产生继续参与培训的行为，而对培训效果不满意的高素质农民则不会再产生继续参与高素质农民培训的行为。本研究基于期望-确认理论模型，构建高素质农民持续参与培训行为的影响因素模型，如图 0-1 所示。

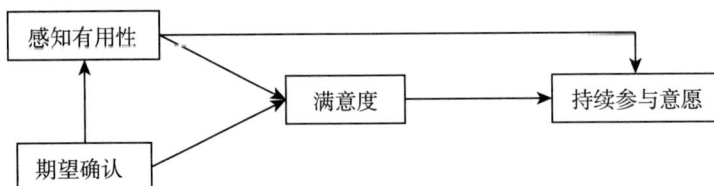

图 0-1　期望-确认理论模型

2. 心理学相关理论

（1）动机理论。胡银花（2016）指出，动机是引发行为的内在原因和动力，因而常常用来解释行为的发生机制。行为的产生前提一定有动机的存在，当人们内心产生某些需要时，就会产生驱动力，在确定目标之后这种驱动力就转变成动机，驱动人们进行有目标的活动。动机与行为之间存在多种可能性，不同的动机作用下可能会产生相同的行为，不同的行为可能具有相同或相似的动机。尹洁林等（2021）指出，动机一般分成两种：一种是内在动机（更注重内在的本质，得到直接的满足），另一种是外在动机（可以得到间接的满意，是一种可分离的结果）。

高素质农民选择是否参与培训和是否持续参与培训也会受到动机因素的影响。高素质农民会考虑自己参加培训的原因和目的，从而决定自己的行为。仲秋雁（2010）在众包社区用户持续参与行为的实证研究中，将外在动机分为感知有用性和外部激励，将内在动机分为享受乐趣、提高能力、虚拟社区感和自我肯定。在本研究中，依据相关学者对感知的划分以及对高素质农民参与培训行为的影响因素研究结果，将感知分为培训感知、政府感知和获得感知。其中，获得感知的二级指标包括自身技能、荣誉获得、收入水平和知识交流能力。

（2）满意度理论。满意度理论是顾客满意理论中的基本概念。李平

（2020）指出，顾客满意度是指一种满足程度，这种满足程度是在消费行为之后产生的。影响满意度的因素有事前期望和事后感知，满意度即是事前期望和事后感知之间的反差，满意度的高低会影响人们的后续行为。吕天宇（2020）指出，随着满意度理论的不断应用和推广，目前利用满意度理论的研究已经包括商业行为、公共服务、政府、教育服务和企业制度改革等方面，且满意度的评价对象也不再局限于产品和服务。只要测量对象的行为存在期望和感知两个因素，便可以应用满意度理论进行测量。在本研究中，高素质农民在选择是否持续参与高素质农民培训时会考虑自身参与培训前的期望与参与培训后的感知之间的差距，进而影响选择是否多次参与培训的行为。

（3）成人学习理论。成人学习理论源于西方，以学者桑代克等人于1928年出版的《成人的学习》一书为标志。其中，美国成人学习理论之父马尔科姆·诺尔斯于1968年提出的成人学习理论最具代表性。该理论认为成人学习有五个方面的特征：一是学习有明确的需要；二是能够进行自我指导的学习；三是有丰富的经验，会对今后的学习产生影响；四是学习以问题和任务为中心，有明确的倾向；五是学习有一定的动机。马尔科姆·诺尔斯认为，成人学习者不论是否有他人帮助，都会确立自己的学习需求，树立相应的学习目标，寻找对学习有益的人力或物力资源，甚至对自我的学习成果进行自我反思与评价。和儿童学习者相比，成人学习者表现出更显著的主体性特征：成人有对自己学习过程进行整体规划的能力，在其他的教育行为和自我的规划设计产生冲突时，成人往往更倾向于自己所规划的学习方式；成人学习有着较明确的主要动机，有较强的学习主动性，有一种主动发起探索学习的态度，成人学习是自我思考可选择系统知识与自我创造知识理论的学习过程；成人在学习的过程中具有较高的情绪控制能力，能在学习中进行自我约束。

参与农业技术培训的学员基本是已经进入社会的群体，属于成人学习理论的研究对象。根据成人学习理论，成人学习者在学习中往往都有明确的学习目的。培训机构需要在培训内容上了解学习者的真正需求，按照农民的实际需求设计课程内容，并且在充分考虑农民的学习基础与学习能力的情况下进行授课。在成人学习理论的基础上设计本研究的某些变量体系，以便更好地对农业技术培训进行研究。本研究在以下两个方面用到成人学习理论：一是在农业技术培训评价的二级变量的设计中，如课程设计、教材建设、培训模式创新、能力变化、知识应用、收入、生产效率等；二是在学员反应三级指标的设计中，如培训教师的专业性和方式的满意程度、授课质量、时间安排、培训考核方式、自身知识的增长的满意程度、自身收入增长的满意程度、事业开展的满意程度等。这些变量和具体指标均是依据成人学习理论提出的。

（4）马斯洛需求层次理论。1943年亚伯拉罕·哈罗德·马斯洛在论文《人类激励理论》中提出"需要层次理论"。这一理论的基础有三点：第一，人类必须存在，其需求可以影响其行动，只有未被满足的需求才具有激励作用，而已被满足的需求不能作为一种激励手段；第二，人类的需求按其重要程度和层次划分，从基础（如食品和房屋）到复杂（自给自足）；第三，只有在较低层次需求得到满足后，人们才会追求更高层次的需求，这种内在动力促使人们不断前进。马斯洛将需求划分为生理需要、安全需要、归属和爱需要、尊重需要、认知需要、审美需要、自我实现需要、超越需要。马斯洛需求层次理论作为行为科学研究的一个主要内容，在实践中被广泛地运用到以管理为主导的各个方面。

在农民培训领域，可以将农民参与培训进而获得学历文化程度的提升、技能水平的提升、通识类素质的提升归结为个体素质的提升，农民个体素质的提升和生产经营的规律可以与马斯洛需求层次理论相对应。一是农业从业者最开始从事农业大多是为了获得收入、改善生活水平，对应需求层次理论中生存的需要；当生产和经营逐渐熟练，掌握一定的市场规律和运行规则后才能够获得稳定的收入，对应需求层次理论中安全的需要。二是当农业从业者开始正式进入市场时，就必然会需要与同行业从业者进行信息和经验的交流，对应需求层次理论中社交的需要。三是当自身的产业或者生产规模逐渐发展到一定规模时，农业从业者会逐渐形成自身在市场和产业领域中的个人定位，对所从事的行业领域产生自信并希望实现更进一步的发展，对应需求层次理论中自尊和尊重的需要。四是当农业从业者自身可以从体力和事务的劳动中脱离出来，拥有更多的个人时间和精力时，就会开始关注周围的环境、关注生产经营的质量、关注产品的品牌建设，思考从事生产领域的价值和意义，开始产生价值和文化的追求，注重自身的生活品质和幸福感，对应需求层次理论中自我实现的需要。

现实生活中农业从业者需求的产生和实际的生产经营阶段并不会完全对应，更多的还是取决于个体的认知和评价标准。在智慧农业背景下，这个时代不再单纯依赖个人的体力劳动，信息技术将逐步解放农业从业者的体力投入，使其拥有更多的时间和精力在非劳动方面，而这一进展的前提是推广智慧农业的技术手段和智慧装备，让农业从业者的生产经营阶段和个体素质能力逐步提升，走向追求个人价值和意义的阶段。

本研究结合马斯洛需求层次理论分析智慧农业背景下农民自身成长发展的需要以及需要层面的新变化。在评价胜任力素质时，结合马斯洛需求层次理论进行评价指标的设计，从更加综合全面的角度评价智慧农业背景下农民胜任力素质水平。

3. 经济学相关理论

（1）公共产品理论。公共产品理论由美国经济学家保罗·萨缪尔森于1954年首次提出。他在论文《公共支出的纯理论》（1954）中系统阐述了公共产品的理念，并将其定义为非排他性和非竞争性的产品。他认为，公共产品是所有成员都可以共同享用的集体消费品，社会成员可以在同一时间共同享用该产品，同时每名成员在对此产品进行消费的过程中都不会减少其他社会成员对该产品的消费。也就是说，公共产品具有非排他性和非竞争性。此理论将公共产品分为两大类：一是纯粹的公共产品，同时具备非竞争性和非排他性的本质特征；二是介于纯粹的公共产品和私人产品之间的准公共产品，当某一产品的消费者增长到一定数量的时候，会影响原来此产品消费者的使用效益。

高素质农民培训的特征是：参与高素质农民培训的学员可以在同一时间内共同享用这一培训服务；学员人数一定的情况下，任何学员的学习都不会影响其他学员对此培训服务的使用效益；通过培训既能给学员个人带来好处，也能给社会带来一定的收益。因此高素质农民培训属于准公共产品。这一特性也更加说明政府在高素质农民培训中占据的主导地位，需要政府加强对培训各方面的管理，提供更好的服务。

（2）农业踏板理论。农业踏板理论实质上是农民应用技术并进行升级的过程，每个阶段都代表了农民在技术采用中的不同位置。农民对新技术的接受也会有一个过程：在新技术出现时，大部分的农民会保持着观望的态度，并不是所有的人都会认同和采纳这项技术；当技术变得成熟，早期采用者因使用新技术而获得收益，这一成功经验促使更多农民开始采纳该技术；最终，这种技术就会变得落后，所有的传统技术都会被淘汰，而那些落后的制造者则会被迫去使用这种技术，直至这种技术被另外一种技术所替代。在技术创新和推广的循环中，农民的技术水平得到持续的提升。因此，在按照农业踏板理论对农民进行技能培训的过程中，农业技能培训会在无形中迫使农民通过对技术进行创新，让技术持续更新，从而极大地提高农民的生产水平。智慧农业下新的数字智慧技术及装备的应用推广对应着农业踏板理论的技术技能的采纳过程，进入信息时代，信息要素、数字要素逐渐与农业领域结合便产生了智慧农业，数字赋能农业生产，智慧数据平台采集信息服务农业生产、智慧装备减少和替代人的体力劳动、智慧农业打通农业全产业链促进信息要素流通，农业从业者会逐渐感受到新技术、新装备带来的生产效率的提高和经济效益的改善。但是在中国以小农为主的国情下，智慧农业技术的应用和推广由于自身的前期投入大、收益周期长、技术能力要求高等特点而存在较大困难，农民培训便是衔接智慧农业技术装备的使用与农民生产经营和个体素质技能水平提升的桥梁。

本研究结合农业踏板理论分析智慧农业这种新的生产方式及农业发展阶段给农民自身的技术能力提升、生产经营方式带来的影响，分析农民素质能力提升需求的变化给农民培训带来的变化，并为本研究后期的农民培训模式选择体系构建提供一定的方向指导。

4. 管理学相关理论

（1）社会资本理论。社会资本理论是由法国社会学家皮埃尔·布迪厄于 20 世纪 80 年代初最先提出的。社会资本是指某人因具备某种持久性的社会关系网络而具有的社会资源的总和，这种社会资源包括实际的和潜在的资源。某个人的社会资本量就是其社会资源的总和，它和关系网络中各成员自身拥有的文化、经济、信任等资本容量有着必然关联，同时还与关系网络的规模相关。可见，社会资本要通过保持有目的性的沟通、经营、协调才能得以维持和构建，并不是天然形成的关系。

农村社区社会组织本身具备社会资本的内在特征和属性，促使其能够成为建立农村社区信任、搭建合作框架、扩充社会资本的一种支撑力量，可以通过完善社会规范、建构社会网络等方式来实现农村社区社会资本的再建，进而推动农村经济发展和社会运行效能的稳步提升。亚历山德罗·波茨（1995）提出，社会资本是网络中的个人根据其成员身份在广泛的社会结构中获得潜在稀缺资源的能力。这种能力不是个人所有权，而是个人与其他人的关系中包含的资产，并嵌入社会资本中。哈佛大学教授罗伯特·帕特南（2001）详细研究了意大利南北地区经济差距产生的原因。社会资本中社会网络、社会信任、社会参与、互惠规范可以增进人与人之间的信任和互惠系统的形成，在知识的获取、知识的共享和知识的扩散过程中，加快农业技术知识扩散的速度，实现农民增产增收。本研究基于社会资本理论，利用社会信任、社会网络、社会参与、互惠规范作为自变量，利用多元回归分析及稳健性检验研究对农业技术培训评价的影响。

（2）人力资本理论。西奥多·W. 舒尔茨在 20 世纪 60 年代发表的一系列重要文章，成为现代人力资本理论的奠基。他认为，人力资本是对人进行投资，通过教育、职业训练等方式在劳动者身上蓄积形成的知识、技能、健康等。之后他又提出了"人力资本投资"的概念。可以说舒尔茨建立起了系统的人力资本理论，因此他被称为"人力资本之父"。此后贝克尔（1979）基于舒尔茨的理论从微观分析的视角研究人力资本投资与收入分配的关系。明塞尔（2001）则提出了人力资本收益模型，明确阐述两者之间的关系。西奥多·舒尔茨于 1960 年在其论文《人力资本投资》中将人力资本定义为"凝结在劳动者本身的知识、技能以及其表现出来的劳动能力"。贝克尔（1962）在《人力资本》一书中对人力资本投资作出如下描述：基于人的资源的增加，进而对未来的货币以及物质收入产生显著影响的活动。我国学者在人力资本核心概念没有发生根本改变的基础上进一步丰富了其内涵和特点，即凝结在人身上的知识、健康、技能和经验等因素的总和。

农民通过参与农业技术培训形成一定的知识、技能，符合人力资本对人进行投资的概念。本研究以人力资本理论为指导，提出农业技术培训是为了让教育投资最大限度地在农民身上得以实现，提升农民的整体素质，提高农民的经济收入，开阔农民的视野，更好地完成农业生产，提高农业生产率。

结合舒尔茨的人力资本理论分析智慧农业大背景下对农民的人力资源进行投资的必要性及现实意义，构建本研究的研究基础。农民培训作为一种人力资本投资，能够整体性地促进农民素质的提高，也能够针对性地重点提升某些方面的素质，如提升其文化水平、技能水平等。对农民农村领域进行人力资本投资能够显著提高农村资源配置效率，提高农业领域生产率，对农民多方面素质能力提升产生正面影响，更有助于智慧农业的推广，让农民和时代紧密联系、共同成长，对促进"三农"领域发展和国家整体经济稳定增长具有非常重要的意义。

（3）胜任素质理论。1973年麦克利兰在《美国心理学家杂志》上发表了著名的"测量胜任力而非智力"这一文章，正式提出"胜任力"的概念，且这篇文章的发表标志着素质研究的开端。他在文章中指出，人的工作绩效由一些更根本、更潜在的因素决定，这些因素能够更好地预测人在特定岗位上的工作绩效，这些能区分在特定的工作岗位和组织环境中绩效水平的个人特征就是"素质"，即胜任力。他认为，素质是员工具备的潜在特性，如动机、特质、态度和价值观、某领域的知识和技能等。总而言之，麦克利兰胜任素质模型为人力资源管理的实践提供了一个全新的视角和一种更有利的工具，在此之后，胜任素质理论和方法被广泛应用于政府与企业员工绩效考核等人力资源管理实践中。

在农民个体素质的评价中，应重点考虑身体素质、教育素质和科技水平等方面。因此，利用麦克利兰胜任素质模型考察高素质青年农民所具备的素质至关重要，对促进现代农业发展具有一定意义。

（4）培训效果迁移理论。鲍德温和福特于1988年提出培训效果迁移模型，此模型致力于分析影响培训效果的重要因素，作为培训迁移研究领域的经典模型，一直以来被广泛应用。主要观点：培训效果是指能够将培训所学进行概括并且能够将其保持在实际工作中。此外，还强调了影响培训迁移效果的因素应包括参训者特征、培训设计以及工作环境，具体模型如图0-2所示。

```
┌──────────┐      ┌──────────┐      ┌──────────┐
│  培训投入  │      │  培训输出  │      │  迁移情况  │
└──────────┘      └──────────┘      └──────────┘

┌──────────────┐
│ 参训者特征：    │──────────────────────────────┐
│    能力        │                              │
│    个性        │                              │
│    动机        │                              │
└──────────────┘                              │
                                              ↓
┌──────────────┐        ┌──────────┐      ┌──────────┐
│ 培训设计：      │───────→│ 学习和保持 │─────→│ 推广和维持 │
│   培训方式      │        └──────────┘      └──────────┘
│   顺序         │              ↑                ↑
│   培训内容      │              │                │
└──────────────┘              │                │
                              │                │
┌──────────────┐              │                │
│ 工作环境：      │──────────────┘                │
│ 管理者和同事支持 │                              │
│   执行机会      │──────────────────────────────┘
│   技术支持      │
└──────────────┘
```

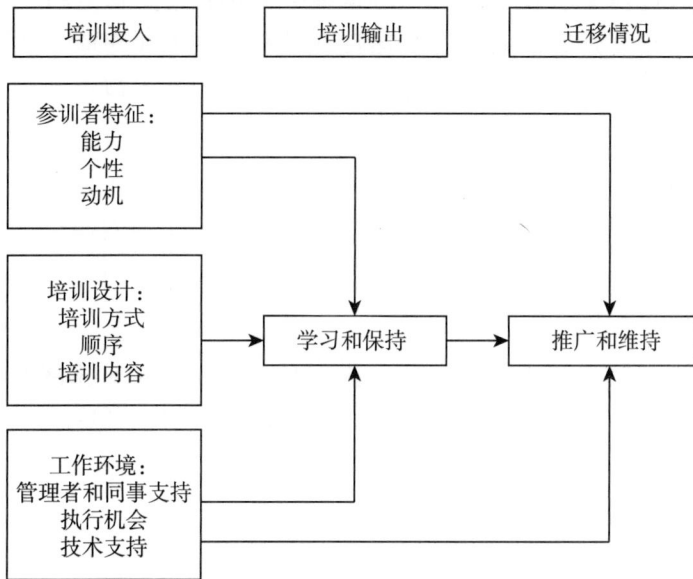

图 0-2　鲍德温和福特的培训效果迁移模型

在对高素质青年农民培训的研究过程中，参训者特征、培训设计和工作环境中的各因素均影响培训成果的转化，所以在培训过程中应该综合考虑以上因素。

（二）概念界定

1. 农民

农民这一概念要从几个不同层次的定义来进行阐述。其一，以社会分工的角度来定义农民，农民是进行农业生产的劳动者。《汉书·食货志》言"辟土殖谷曰农"。农民的主要生产原料是土地，在土地上付出劳动进行生产，从而为社会提供农产品。《新帕尔格雷夫经济学大辞典》（1996）对农民的解释为，传统农民是在土地上耕种的人，小农家庭是仅为家庭消费而进行生产的自给自足的单位。其二，以阶级的角度来定义农民。新中国成立之前，农民是与地主相互对立的阶级，农民只有少量的土地甚至没有土地，需要提供劳务来为地主打工。其三，以户籍身份的角度来定义农民。户籍制度决定了农民的户籍身份，农民具有农业户口，从而与城镇居民区分开来。《不列颠百科全书》（1999）认为，传统农民和其他从事农业生产的人的最根本区别就是身份等级。其四，以居住地点的角度来定义农民。和居住在城市中的人相对应，居住在乡下的人就是农民。陈春燕（2006）认为，大多农民都可以自给自足，他们所生产的粮食很大一部分用来自己食用，他们是自给自足的生产者。朱启臻（2012）对农民的概念进行了解释并得到多数学者的认同，他认为，农民必须是长期居住在农村地区，将土地等作为农业生产的资料并且长期进行农业生产的劳动者。他还提出农民要满足下面的四个条件：一是拥有或者长期地使用一定数量的生产性耕地，二是大部分的时间从事农业劳动，三是经济收入主要来源于农业生产和农业经营，四是长期居住在农村社区。这些是农民的最基本条件，是农民和非农民最大的差别所在。本研究将农民界定为：在乡村中出生、长大并具有乡村户籍的人，是从事现代农业生产的所有类别的农民。

2. 高素质农民

苏旭东和陈玉玲（2024）提到，2019 年中共中央印发《中国共产党农村工作条例》，正式提出要培养"一支有文化、懂技术、善经营、会管理"的高素质农民队伍，这为乡村振兴战略的人才发展提供了可靠依据，也使更多想学习先进农业科学理论与技术的农民看到了希望。2020 年中央 1 号文件又提出，要"加快构建高素质农民教育培训体系"，自此之后，"新型职业农民"正式转变为"高素质农民"，不再使用职业农民的概念。顾冬冬（2020）提出，职业农民的特征主要是，具有一定的专业知识和技能，把农业生产或为农业生产服务作为职业与谋生手段，具有一定的农业生产经营基础或资本，是农业现代化的推动者和落实者。张红智等（2021）认为，高素质农民的特点有受教育程度高、会经营、善管理、有农业专业技术、示范带动强五个方面。吕莉敏（2022）认为，在乡村振兴背景下，高素质农民具有新的职业理念、高水准的职业素养、爱岗敬业的职业情怀、广泛的经营范围和强劲的带动能力。

本研究时间跨度是 2019—2024 年，按照相关要求，将前期研究对象中所涉及的职业农民统一调整为高素质农民。本研究将高素质农民界定为：具有一定专业知识和技能，以农业生产经营收入作为家庭主要收入来源，且参与过培训、有劳动能力、年龄在 16～64 周岁的农民。

3. 高素质青年农民

农业现代化的关键在于建设高素质人才队伍，加快新型农业经营主体的培养。高素质青年农民是未来乡村发展的希望。因此，要想促进乡村振兴，就要推进高素质青年农民尤其是高素质青年农民中优秀人才的参与。1985 年联合国将"青年"定义为 15～24 岁的人群，其中包含 15 岁和 24 岁；世界卫生组织则进一步将青年年龄上限提高到 45 岁；依据我国农业农村部和共青团中央的有关规定，高素质青年农民一般指年龄在 45 岁以下的农村青年。目前，一些农村还存在父母及其子女对教育程度重视不够的现象，这在一定程度上导致部分农村家庭的子女早早就跟随父母从事农业生产活动。鉴于此，结合世界卫生组织的规定、我国农业农村部和共青团中央的规定、我国国情和农民内涵的需要，以及《中华人民共和国劳动法》中第十五条"禁止用人单位招用未满十六周岁的未成年人"的规定，本研究将高素质青年农民界定为：高素质农民中 16～45 周岁，以农业为职业，长期从事农业生产经营活动，以农业为主要收入来源的农村劳动力。

4. 高素质农民培训

李萌（2018）认为，培训是指有组织地将知识、技能、信息、观念、标准、要求等向特定对象进行单向传输的行为，是通过短期的课程讲授使受训者的基本知识和技能快速提升的过程。吉则尔夫（2020）认为，高素质农民培训作为农民教育中的一种类型，是通过长、短期的教育培训，将有培训意愿且符合培训要求的农民作为教育培训对象，对这些农民进行集中系统培训，使农民快速掌握他们所在产业的知识信息、技能的过程。高素质农民培训涉及范围广，培训方式和培训内容多种多样。本研究将高素质农民培训界定为：以政府为主导，对高素质农民进行集中组织化教育和培训的行为。

5. 持续参与行为

行为的基本意思是举止行动，是一种外在表现出来的活动，受到思想的支配。持续是指延续、继续，不中断进程。Fang（2009）认为，持续参与行为是指参与者在活动中保持活动状态的时间长度。Ma（2007）认为，参与者的贡献即是参与者持续参与行为的体现。Shah

（2006）对开源软件社区中用户参与的相关研究发现，长期参与者的动机在于感知乐趣，这种感受到的乐趣是长期存在的，而短期参与者的动机只在于获取价值，当个体的需要得到满足后，短期参与者便不再需要参与到社区活动中。相对于初始意愿，用户的持续性行为才是信息系统持续得以应用的关键因素。本研究将持续参与行为界定为：高素质农民一年内参与两次及以上培训的行为。

6. 培训效果评估

人力资本要素是经济增长的重要要素，培训是增加人力资本存量的有效方法，怎样对培训进行准确的评估是研究的难点。20 世纪以来，学者们开始对效果评估进行研究，也更加重视效果评估背后的深层原因。刘永芳（2008）指出，彼得·德鲁克提出的目标管理这一概念，也被称作 360 反馈法，是指被考核者的上级、同级、下级等都对被考核者进行评价，再据此进行分析，找到长处和不足以提高最终的效果。李丹等（2006）认为，培训效果是参加培训学员通过培训所带来的一系列改变和成果，是学员在培训过程中获得的知识、能力和其他特性能够应用到工作中的程度。许可凡（2004）提出，在科学的管理模式中，评价承担着反馈机制这一角色，分析现状和目标间的差距所在，以降低被评估的对象和目标间的差距，提高培训工作的质量。杰伊·沙夫里茨（2001）认为，培训评价是对培训整体进行评价的过程，其中包括培训给公司的绩效是否带来改善和给个人是否带来提高。萧鸣政（2005）以组织和个人两种角度来说明培训评估的有效性，个人角度包括政治素质、知识和技能的全面提高，组织角度包括组织利润增加、成本降低、市场占有率扩大。陈雁枫（2007）认为，培训评估是培训整个流程的最后一个重要环节，它既能对整个培训的实施进行总结，又可以结合培训评估的结果为以后的培训提供宝贵的参考。

基于以上认识并结合高素质农民培训的研究内容，本研究将培训效果评估界定为：在培训课程全部完成后，参照高素质农民培训目标，运用科学全面的评估理论和方法，对受训学员取得的总体成果进行测量与分析，并对培训结果的影响因素进行考查，分析各因素对结果的影响程度。通过培训效果评估，检验培训工作的有效性，提高培训的质量，促进培训工作更好地开展。

7. 培训评价

20 世纪以来，学者们开始对培训评价进行研究，也更加重视培训评价背后的产生原因。雷蒙德（2001）认为培训评价指的是：针对培训的目标，检验和考评培训结果。

基于以上认识，本研究将农业技术培训评价界定为：在培训完成后，运用科学全面的评价理论和方法，对培训整体进行测量与分析评价。通过农业技术培训评价，检验农业技术培训的有效性，提高农业技术培训的质量，促进农业技术培训更好地开展。

8. 农民培训模式选择

农民培训模式是指在特定的社会背景下，根据当地经济、资源、文化的特点，制定出符合当地经济、资源、文化特征的训练程序和训练方法的规范风格和理论体系。

农民培训模式是一个系统的概念，它主要由培训目的、培训目标、培训主体、培训客体、培训层次、培训内容、培训规则、培训评价、培训效果保障等因素组成。农民培养方式的生成，实质上就是农民培养方式中各因素的优化组合。培训目的是指为什么要培训农民。培训目标是指要培训什么样的农民。培训主体是指负责培训的实施机构和培训实施人员、培训管理人员、培训教师等。培训客体又称培训对象，是指在培训过程中接受培训的农民。培训层次是指培训属于哪一层次，比如农业基础教育、高等农业教育和成人继续教育以及专业培训。培训内容具体包括培训方式、培训程序和培训管理等。培训规则是指为了达到培训目标，规范培训过程中参与者的行为和态度而制定的一系列要求。培训评价是指通过系统地收集信息，对为了实现培训目标而开展的知识、能力和素质的内容展开分析和价值判断，它具有评价、监督和导向的作用。培训效果保障是指保证培训目标实现所必须配套的法律、法规、政策和措施体系，它在农民培训活动中是一个不可或缺的重要环节。

本研究将农民培训模式选择界定为：在农村地区，通过选择适合的培训方式和方法，帮助农民掌握新的农业技术和管理知识，提高农业生产效益和农民的生活水平的过程。

9. 胜任力素质

胜任力素质指在某一特定的业务环境下，在某一特定的职位上所需要的知识、技能和行为。它是一个人能够胜任某项工作或职责的基本要素，也是评价一个人在工作中表现如何的重要指标。麦克里兰（1973）认为，能力是指能够可靠地衡量优秀员工和普通表现员工之间的特质、动机、自我概念、社会角色、态度、价值观、知识、技能等。

在智慧农业的生产方式及时代背景下，本研究将胜任力素质界定为：能够更好地满足自身发展需要和促进智慧农业发展所需具备的心理、科技、经营管理、文化等方面的知识、技能、意识、特质、价值观等。

二、高素质农民持续参与培训行为影响因素研究

通过梳理国内外关于高素质农民培训和持续参与行为的研究进展，对高素质农民、高素质农民培训和持续参与行为的概念作出界定。依据期望－确认理论、动机理论和满意度理论，通过文献分析法、问卷调查法和实证分析法对高素质农民持续参与培训行为的影响因素进行分析。根据国内外的研究基础，结合本研究的内容和特点确定变量的具体测量指标并制定调研问卷。以分层随机抽样的方式，在辽宁省大连、鞍山、盘锦和锦州四个城市进行调查，调查对象为参与过培训、有劳动能力、年龄在 16～64 周岁的高素质农民，通过最终回收筛选出的 1 088 份高素质农民问卷调查数据，对高素质农民持续参与培训行为的影响因素进行实证研究。运用 SPSS 22.0 中的回归分析，分别验证期望对感知、感知对高素质农民持续参与培训行为、感知和期望对高素质农民满意度、高素质农民满意度对高素质农民持续参与培训行为的相关关系；构建期望、培训感知、政府感知、获得感知和高素质农民满意度与高素质农民持续参与培训行为关系的结构方程模型并进行检验分析，测试结果表明初始拟合结构良好，得到拟合度较好的结构方程模型，对 AMOS22.0 的输出结果进行路径分析和相关的假设检验，分析各部分指标的影响权重，验证高素质农民满意度的中介作用，探究期望、感知、高素质农民满意度和持续参与培训行为之间的作用机理。

（一）模型构建

引入理查德·L. 奥利弗（1980）最早提出的期望-确认理论，作为高素质农民持续参与培训行为影响因素概念模型的基础。将期望-确认理论中的感知有用性分为与高素质农民培训相关的培训感知、政府感知和获得感知，探索期望、培训感知、政府感知、获得感知与高素质农民持续参与培训行为之间的关系，并验证满意度的中介作用。结合赖园园（2017）关于网络问答社区用户持续参与行为研究的方法和成果，将期望-确认理论中

的持续参与意愿修正为持续参与行为。研究框架如图 0-3 所示。

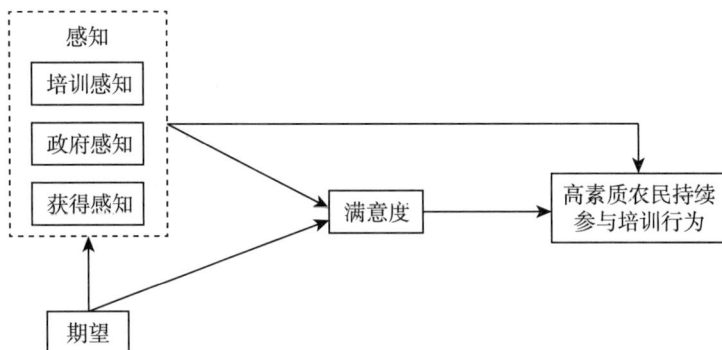

图 0-3　高素质农民持续参与培训行为的影响因素研究框架

（二）数据来源和指标体系构建

本研究主要采用问卷调查法，以分层随机抽样的方式，在辽宁省大连市、鞍山市、盘锦市和锦州市四个城市进行调查，调查对象为具有一定专业知识和技能、以农业生产经营收入作为家庭主要收入来源、参与过培训、有劳动能力、年龄在 16～64 周岁的高素质农民。在调查方法上，采取随机抽样调查，并采用线上和线下相结合的方式，线上调查借助的主要工具为"问卷星"，线下调查的形式是实地调研。发放问卷的过程中，两种调研方式都有调查员进行监督和指导，以保证问卷的高质量和数据的真实性。问卷回收后，对问卷进行测试、修正，对奇异值和逻辑不当的数据予以删除。共发放问卷 1 200 份，回收有效问卷 1 088 份，有效率为 90.67%。

每个题项均采用李克特 5 级量表的评分模式，题项选择中的选项 1～5 分别表示"非常不满意""不满意""一般""满意""非常满意"。问卷结果中有空白部分或被调查的高素质农民所填写的问卷内容违背现实或不符合研究要求等的问卷，均被视为无效问卷，在描述性分析和实证分析中将这些数据剔除。高素质农民持续参与培训行为的影响因素模型包含 6 个潜变量，分别是期望、培训感知、政府感知、获得感知、高素质农民满意度及高素质农民持续参与培训行为，各个潜变量都不能直接用于测量，因此设计各潜变量的观测变量。高素质农民持续参与培训行为的影响因素指标体系，如表 0-1 所示。

表 0-1　高素质农民持续参与培训行为的影响因素指标体系

观测变量	编号	测量项内容	参考来源
期望	A1	收入水平的期望	卢新元（2018）
	A2	对培训相关内容的期望	李雪（2015），宫春婕（2015）
	A3	对政府作用的期望	
培训感知	B1	培训师资队伍的评价	胡芮（2016），陈瑜（2018），
	B2	培训时间安排的评价	张笑宁（2019），徐辉（2016）
	B3	培训主体的评价	
	B4	培训费用的评价	
政府感知	C1	政府部门监督管理的评价	
	C2	政府部门资金投入力度的评价	翟黎明（2016），徐辉（2016），
	C3	政府部门政策扶持力度的评价	何嵘珍（2019）
获得感知	D1	自身技能的评价	
	D2	荣誉获得的评价	朱奇彪等（2014），徐辉（2016），
	D3	收入水平的评价	马艳艳等（2018）
	D4	知识交流的评价	
高素质农民	E1	培训后的收入是否满足预期	
满意度	E2	培训内容是否满足预期	李慧静（2015），仲秋雁等（2011），
	E3	政府作用是否满足预期	卢新元（2018）
高素质农民持续	F1	下次继续参与高素质农民培训	
参与培训行为	F2	长期参与高素质农民培训	张虹（2018），赖园园（2017），
	F3	鼓励他人长期参与高素质农民培训	邹菊梅（2017）

（三）样本描述性统计分析与问卷分析

1. 样本描述性统计分析

样本人口统计学特征描述如表 0-2 所示。可以看出，调查对象中参与培训次数主要以 3 次为主，占比为 36.7%，其他培训次数的占比相差不多，均在 15% 左右。性别中男性人数为 737 人，占比为 67.7%；女性人数为 351 人，占比为 32.3%。年龄中主要以 31~40 岁为主，占比为 31.5%，20 岁及以下的占比为 0，其他年龄段的占比均在 17% 左右。家庭成员数中 2 人及以下、3~5 人、6 人及以上的占比均在 33%

左右。受教育程度中主要以初中为主，占比为 40.4%；小学及以下的占比为 22.9%，高中、中专及技校的占比为 20.0%，大专的占比为 16.7%。从事农业生产的年限中主要以 3～10 年、超过 10 年为主，占比分别为 42.4%、40.3%。多次参与培训的原因中市场需求、政府引导、个人动机、亲友推荐分布比较均匀，占比均在 25% 左右，最多的原因是亲友推荐。接受培训的内容中主要以现代农业理论知识、国内外先进经验、市场及产品营销信息、系统综合的职业素养培训、目前从事工作的实用现代知识技能和知识为主，占比均在 10% 及以上。

表 0-2　样本人口统计学特征描述

统计变量	选项	样本数/人	所占百分比/%
参与培训次数	1 次	189	17.4
	2 次	177	16.3
	3 次	399	36.7
	4 次	169	15.5
	5 次及以上	154	14.1
性别	男	737	67.7
	女	351	32.3
年龄	20 岁及以下	0	0.0
	21～30 岁	188	17.3
	31～40 岁	343	31.5
	41～50 岁	200	18.4
	51～60 岁	191	17.5
	61～64 岁	166	15.3
家庭成员数	2 人及以下	358	32.9
	3～5 人	359	33.0
	6 人及以上	371	34.1
受教育程度	小学及以下	249	22.9
	初中	439	40.4
	高中、中专及技校	218	20.0
	大专	182	16.7
	本科及以上	0	0.0

（续）

统计变量	选项	样本数/人	所占百分比/%
从事农业生产的年限	3年及以下	188	17.3
	3～10年	462	42.4
	超过10年	438	40.3
多次参与培训的原因	市场需求	265	24.4
	政府引导	262	24.1
	个人动机	258	23.7
	亲友推荐	303	27.8
接受培训的内容	农业相关政策	103	9.5
	现代农业理论知识	113	10.4
	相关法律法规	97	8.9
	创业知识与技能	100	9.2
	国内外先进经验	109	10.0
	科学与文化教育	99	9.1
	市场及产品营销信息	128	11.8
	系统综合的职业素质培训	111	10.2
	手机应用技能和农村电子商务知识	106	9.7
	目前从事工作的实用现代知识技能和知识	122	11.2

注：样本总数为1 088份（$N=1\,088$）。

2. 问卷分析

（1）信度分析。信度分析用于检验问卷的一致性。本研究采用 Cronbach's α 系数评估调查问卷的信度，一般而言，*Cronbach's α* 须大于0.7以确保信度良好。结果表明，个人期望、培训感知、政府感知、获得感知、满意度和培训行为的 *Cronbach's α* 系数分别为0.813、0.896、0.839、0.863、0.836和0.880，均大于0.7，说明各变量具有良好的信度。

（2）效度分析。效度分析用于评估量表的测量准确性。本研究采用 KMO 和 Bartlett 球形检验确认因子分析的适用性。结果表明，*KMO*值为0.916，Bartlett 检验显著（*Sig*<0.01），说明数据适合因子分析。通过主成分分析和最大方差旋转提取了6个公因子，总方差解释率为72.430%，各测量项的因子负荷均大于0.5，无交叉负荷，说明量表结

构具有良好的效度。

（四）实证分析

1. 期望对感知的影响

（1）研究假设。一般来说，一个人的心理期望会对其感知产生很大影响，两者通常表现为负相关关系，即期望越高，感知越低。此外，在期望-确认理论中，期望与感知有用性之间也存在负相关关系。本研究将感知分为培训感知、政府感知和获得感知。

H1：期望负向影响培训感知。

H2：期望负向影响政府感知。

H3：期望负向影响获得感知。

（2）期望对感知影响的回归分析。从表 0 - 3 可以看出：模型 1 的 R^2 为 0.115，调整后的 R^2 为 0.110，说明模型 1 解释培训感知变异百分比为 11%；方差分析 F 值为 23.454，在 0.01 水平上达到显著，说明模型 1 可以接受；异方差检验 DW 值为 1.938，接近 2，说明模型 1 不存在异方差；每一个变量的 VIF 值均低于 5，说明模型 1 不存在共线性，估计的结果是稳定的；最后，结合标准化回归系数可以看出，期望对培训感知有显著的负向影响（$\beta = -0.291$，$p < 0.01$），假设 H1 成立。

表 0 - 3　期望对培训感知的影响分析（模型 1）

变量	非标准化系数		标准化系数	t	Sig	共线性统计量	
	B	标准误差				容差	VIF
（常量）	4.011	0.286		14.008	0.000		
培训次数	0.018	0.037	0.019	0.491	0.623	0.535	1.870
性别	−0.049	0.073	−0.019	−0.676	0.499	0.983	1.017
年龄	0.052	0.035	0.059	1.474	0.141	0.518	1.930
家庭成员数	−0.040	0.041	−0.028	−0.971	0.332	0.997	1.003
受教育程度	−0.091	0.044	−0.077	−2.081	0.038	0.598	1.671
个人期望	−0.335	0.035	−0.291	−9.641	0.000	0.895	1.117

注：$R^2 = 0.115$，调整后 $R^2 = 0.110$，$F = 23.454$，$DW = 1.938$。

从表0-4可以看出，模型2中的R^2值、调整后R^2值、F值、DW值、VIF值都符合检验标准。结合标准化回归系数可以看出，期望对政府感知有显著的负向影响（$\beta=-0.283$，$p<0.01$），假设H2成立。

表0-4　期望对政府感知的影响（模型2）

变量	非标准化系数		标准化系数	t	Sig	共线性统计量	
	B	标准误差				容差	VIF
（常量）	3.782	0.258		14.660	0.000		
培训次数	0.020	0.033	0.024	0.616	0.538	0.535	1.870
性别	0.060	0.066	0.026	0.904	0.366	0.983	1.017
年龄	-0.004	0.032	-0.005	-0.116	0.908	0.518	1.930
家庭成员数	0.005	0.037	0.004	0.137	0.891	0.997	1.003
受教育程度	-0.150	0.039	-0.140	-3.804	0.000	0.598	1.671
个人期望	-0.293	0.031	-0.283	-9.374	0.000	0.895	1.117

注：$R^2=0.120$，调整后$R^2=0.115$，$F=24.602$，$DW=1.891$。

从表0-5可以看出，模型3中的R^2值、调整后R^2值、F值、DW值、VIF值都符合检验标准。结合标准化回归系数可以看出，期望对获得感知有显著的负向影响（$\beta=-0.339$，$p<0.01$），假设H3成立。

表0-5　期望对获得感知的影响（模型3）

变量	非标准化系数		标准化系数	t	Sig	共线性统计量	
	B	标准误差				容差	VIF
（常量）	4.382	0.221		19.842	0.000		
培训次数	-0.033	0.028	-0.44	-1.158	0.247	0.535	1.870
性别	-0.062	0.056	-0.031	-1.103	0.270	0.983	1.017
年龄	0.004	0.027	0.006	0.156	0.876	0.518	1.930
家庭成员数	0.052	0.032	0.045	1.642	0.101	0.997	1.003
受教育程度	-0.125	0.034	-0.132	-3.717	0.000	0.598	1.671
个人期望	-0.312	0.027	-0.339	-11.633	0.000	0.895	1.117

注：$R^2=0.179$，调整后$R^2=0.175$，$F=39.305$，$DW=1.964$。

2. 感知对高素质农民持续参与培训行为的影响

（1）研究假设。根据相关学者研究经验并结合实际情况，假设培训感知、政府感知和获得感知分别能直接影响高素质农民持续参与培训的行为，且存在正相关关系，即感知越高，越会产生持续参与培训行为。

H4：培训感知正向影响持续参与培训行为。

H5：政府感知正向影响持续参与培训行为。

H6：获得感知正向影响持续参与培训行为。

（2）感知对行为的回归分析。从表0-6可以看出，模型4中的R^2值、调整后R^2值、F值、DW值、VIF值都符合检验标准。结合标准化回归系数可以看出，培训感知对持续参与培训行为有显著的正向影响（$\beta=0.368$，$p<0.01$），假设H4成立。

表0-6　培训感知对高素质农民持续参与培训行为的影响（模型4）

变量	非标准化系数		标准化系数	t	Sig	共线性统计量	
	B	标准误差				容差	VIF
（常量）	2.094	0.300		6.985	0.000		
培训次数	0.023	0.037	0.023	0.617	0.537	0.535	1.870
性别	0.031	0.074	0.012	0.421	0.674	0.983	1.017
年龄	0.013	0.036	0.014	0.355	0.723	0.517	1.933
家庭成员数	−0.026	0.042	−0.017	−0.615	0.539	0.997	1.003
受教育程度	−0.157	0.043	−0.127	−3.643	0.000	0.632	1.583
培训感知	0.385	0.030	0.368	12.988	0.000	0.961	1.041

注：$R^2=0.168$，调整后$R^2=0.164$，$F=36.480$，$DW=1.876$。

从表0-7可以看出，模型5中的R^2值、调整后R^2值、F值、DW值、VIF值都符合检验标准。结合标准化回归系数可以看出，政府感知对持续参与培训行为有显著的正向影响（$\beta=0.457$，$p<0.01$），假设H5成立。

表 0 - 7　政府感知对高素质农民持续参与培训行为的影响（模型 5）

变量	非标准化系数		标准化系数	t	Sig	共线性统计量	
	B	标准误差				容差	VIF
（常量）	1.685	0.289		5.828	0.000		
培训次数	0.020	0.036	0.020	0.544	0.587	0.535	1.870
性别	−0.019	0.071	−0.007	−0.261	0.794	0.983	1.017
年龄	0.035	0.034	0.038	1.023	0.307	0.518	1.930
家庭成员数	−0.045	0.040	−0.029	−1.109	0.268	0.998	1.002
受教育程度	−0.104	0.042	−0.084	−2.496	0.013	0.622	1.609
政府感知	0.530	0.032	0.457	16.785	0.000	0.951	1.051

注：$R^2 = 0.237$，调整后 $R^2 = 0.233$，$F = 56.078$，$DW = 2.004$。

从表 0 - 8 可以看出，模型 6 中的 R^2 值、调整后 R^2 值、F 值、DW 值、VIF 值都符合检验标准。结合标准化回归系数可以看出，获得感知对持续参与培训行为有显著的正向影响（$\beta = 0.461$，$p < 0.01$），假设 H6 成立。

表 0 - 8　获得感知对高素质农民持续参与培训行为的影响（模型 6）

变量	非标准化系数		标准化系数	t	Sig	共线性统计量	
	B	标准误差				容差	VIF
（常量）	1.109	0.304		3.650	0.000		
培训次数	0.051	0.036	0.051	1.406	0.160	0.534	1.872
性别	0.051	0.071	0.019	0.721	0.471	0.982	1.018
年龄	0.031	0.035	0.033	0.903	0.367	0.518	1.930
家庭成员数	−0.074	0.040	−0.049	−1.840	0.066	0.995	1.005
受教育程度	−0.097	0.042	−0.078	−2.316	0.021	0.619	1.616
获得感知	0.603	0.036	0.461	16.656	0.000	0.924	1.083

注：$R^2 = 0.235$，调整后 $R^2 = 0.231$，$F = 55.328$，$DW = 1.915$。

3. 感知和期望对高素质农民满意度的影响

（1）研究假设。已有研究表明，感知与预期之差对满意度有直接影响。在暂且考虑预期不变的情况下，感知越高，满意度也就越高，则培训感知、政府感知、获得感知对满意度存在正向影响。

H7：培训感知正向影响高素质农民满意度。

H8：政府感知正向影响高素质农民满意度。

H9：获得感知正向影响高素质农民满意度。

一般情况下，期望与满意度通常表现为负相关关系，即期望越高，满意度越低。

H10：期望负向影响高素质农民满意度。

（2）感知和期望对满意度的回归分析。从表0-9可以看出，模型7中的 R^2 值、调整后 R^2 值、F 值、DW 值、VIF 值都符合检验标准。结合标准化回归系数可以看出，培训感知对高素质农民满意度有显著的正向影响（$\beta=0.403$，$p<0.01$），假设 H7 成立。

表0-9 培训感知对高素质农民满意度的影响（模型7）

变量	非标准化系数		标准化系数	t	Sig	共线性统计量	
	B	标准误差				容差	VIF
（常量）	1.502	0.294		5.110	0.000		
培训次数	0.004	0.037	0.004	0.111	0.912	0.535	1.870
性别	0.026	0.073	0.010	0.360	0.719	0.983	1.017
年龄	0.041	0.035	0.044	1.154	0.249	0.517	1.933
家庭成员数	0.025	0.041	0.016	0.603	0.547	0.997	1.003
受教育程度	−0.107	0.042	−0.086	−2.515	0.012	0.632	1.583
培训感知	0.421	0.029	0.403	14.475	0.000	0.961	1.041

注：$R^2=0.194$，调整后 $R^2=0.189$，$F=43.293$，$DW=1.958$。

从表0-10可以看出，模型8中的 R^2 值、调整后 R^2 值、F 值、DW 值、VIF 值都符合检验标准。结合标准化回归系数可以看出，政府感知对高素质农民满意度有显著的正向影响（$\beta=0.443$，$p<0.01$），假设 H8 成立。

从表0-11可以看出，模型9中的 R^2 值、调整后 R^2 值、F 值、DW 值、VIF 值都符合检验标准。结合标准化回归系数可以看出，获得感知对高素质农民满意度有显著的正向影响（$\beta=0.489$，$p<0.01$），假

设 H9 成立。

表 0-10 政府感知对高素质农民满意度的影响（模型 8）

变量	非标准化系数		标准化系数	t	Sig	共线性统计量	
	B	标准误差				容差	VIF
（常量）	1.272	0.290		4.378	0.000		
培训次数	0.001	0.036	0.001	0.036	0.971	0.535	1.870
性别	−0.025	0.071	−0.009	−0.347	0.729	0.983	1.017
年龄	0.065	0.035	0.070	1.871	0.062	0.518	1.930
家庭成员数	0.005	0.040	0.003	0.126	0.899	0.998	1.002
受教育程度	−0.065	0.042	−0.053	−1.552	0.121	0.622	1.609
政府感知	0.512	0.032	0.443	16.144	0.000	0.951	1.051

注：$R^2 = 0.224$，调整后 $R^2 = 0.220$，$F = 52.141$，$DW = 1.998$。

从表 0-12 可以看出，模型 10 中的 R^2 值、调整后 R^2 值、F 值、DW 值、VIF 值都符合检验标准。结合标准化回归系数可以看出，个人期望对高素质农民满意度有显著的负向影响（$\beta = -0.401$，$p < 0.01$），假设 H10 成立。

表 0-11 获得感知对高素质农民满意度的影响（模型 9）

变量	非标准化系数		标准化系数	t	Sig	共线性统计量	
	B	标准误差				容差	VIF
（常量）	0.509	0.298		1.708	0.088		
培训次数	0.033	0.035	0.034	0.943	0.346	0.534	1.872
性别	0.047	0.070	0.018	0.667	0.505	0.982	1.018
年龄	0.061	0.034	0.065	1.798	0.072	0.518	1.930
家庭成员数	−0.027	0.040	−0.018	−0.677	0.499	0.995	1.005
受教育程度	−0.046	0.041	−0.037	−1.111	0.267	0.619	1.616
获得感知	0.637	0.035	0.489	17.942	0.000	0.924	1.083

注：$R^2 = 0.258$，调整后 $R^2 = 0.254$，$F = 62.757$，$DW = 1.963$。

表 0-12 期望对高素质农民满意度的影响（模型 10）

变量	非标准化系数		标准化系数	t	Sig	共线性统计量	
	B	标准误差				容差	VIF
（常量）	3.839	0.287		13.364	0.000		
培训次数	0.015	0.037	0.015	0.405	0.685	0.535	1.870
性别	0.015	0.073	0.006	0.198	0.843	0.983	1.017
年龄	0.068	0.036	0.073	1.901	0.058	0.518	1.930
家庭成员数	0.006	0.042	0.000	0.001	0.999	0.997	1.003
受教育程度	−0.031	0.044	−0.025	−0.702	0.483	0.598	1.671
个人期望	−0.480	0.035	−0.401	−13.770	0.000	0.895	1.117

注：$R^2 = 0.181$，调整后 $R^2 = 0.177$，$F = 39.844$，$DW = 1.816$。

4. 高素质农民满意度对高素质农民持续参与培训行为的影响

（1）研究假设。满意度是用数字衡量出的事前期望与体验后所得到实际感受的相对关系的心理状态。Shi（2010）以 Facebook 为研究对象，发现个体的满意度正向影响其持续参与行为。因此可以提出高素质农民满意度与持续参与培训行为成正相关关系，即高素质农民满意度越高，越会产生持续参与培训的行为。

H11：高素质农民满意度正向影响持续参与培训行为。

由上述分析可知，则期望、培训感知、政府感知、获得感知有助于提高高素质农民满意度，而满意度正向影响高素质农民持续参与培训行为，则期望、培训感知、政府感知、获得感知有助于促进高素质农民持续参与培训。因此，提出如下假设。

H12：高素质农民满意度在期望与行为之间起中介作用。

H13：高素质农民满意度在培训感知与行为之间起中介作用。

H14：高素质农民满意度在政府感知与行为之间起中介作用。

H15：高素质农民满意度在获得感知与行为之间起中介作用。

（2）高素质农民满意度对高素质农民持续参与培训行为的回归分析。从表 0-13 可以看出，模型 11 中的 R^2 值、调整后 R^2 值、F 值、DW 值、VIF 值都符合检验标准。结合标准化回归系数可以看出，高素质农民满意度对持续参与培训行为有显著的正向影响（$\beta = 0.532$，$p < 0.01$），假设 H11 成立。

表 0 - 13　高素质农民满意度对高素质农民持续参与培训行为的影响（模型 11）

变量	非标准化系数		标准化系数	t	Sig	共线性统计量	
	B	标准误差				容差	VIF
（常量）	1.831	0.268		6.831	0.000		
培训次数	0.023	0.034	0.024	0.684	0.494	0.535	1.870
性别	0.008	0.068	0.003	0.117	0.907	0.983	1.017
年龄	−0.001	0.033	−0.001	−0.042	0.907	0.983	1.017
家庭成员数	−0.044	0.038	−0.029	−1.158	0.247	0.998	1.002
受教育程度	−0.133	0.039	−0.108	−3.391	0.001	0.634	1.577
满意度	0.534	0.026	0.532	20.664	0.000	0.963	1.039

注：$R^2=0.311$，调整后 $R^2=0.307$，$F=81.263$，$DW=1.934$。

5. 结构方程模型分析

（1）高素质农民持续参与培训行为的影响因素验证分析。通过信效度分析，得到的结论是问卷具有很好的信效度。接下来采用 AMOS 22.0 进行结构方程分析，结果如图 0 - 4 所示。

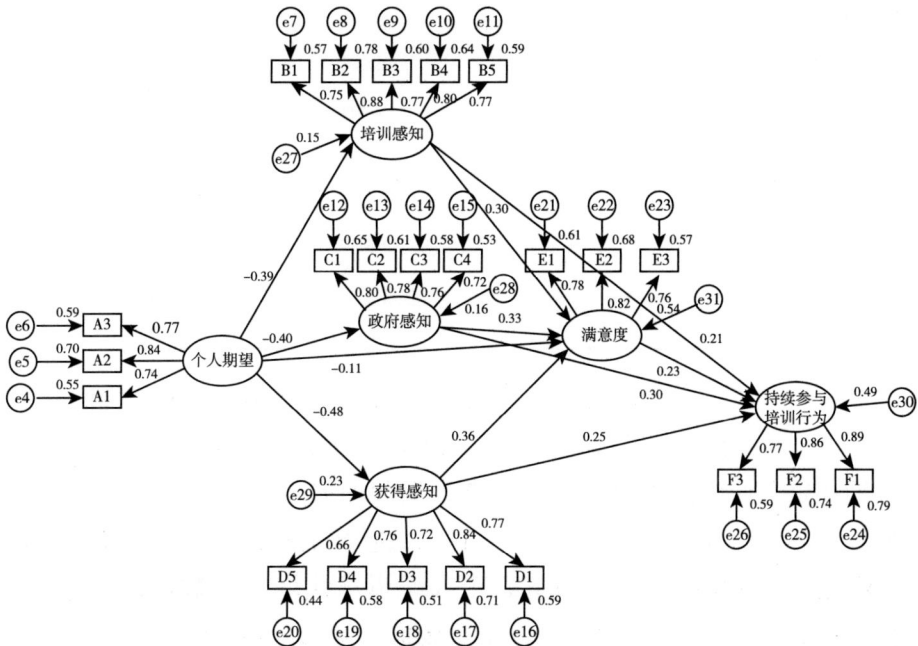

图 0 - 4　结构方程模型

如图 0-4 所示，在期望与培训感知、政府感知、获得感知和高素质农民满意度的关系中，期望对获得感知的影响权重是最大的；在培训感知、政府感知和获得感知与高素质农民持续参与培训行为的关系中，政府感知对高素质农民持续参与培训行为的影响权重是最大的；在期望、培训感知、政府感知、获得感知与高素质农民满意度的关系中，获得感知对高素质农民满意度的关系权重是最大的。

从表 0-14 可以看出，结构方程模型拟合指数中的 $GFI=0.954$、$AGFI=0.942$、$RMSEA=0.042$，都符合模型拟合较好的检验标准。此外，$NFI=0.953$，$TLI=0.964$，$CFI=0.969$，都大于 0.9。$X^2/\mathrm{d}f=2.963$，该结果在参考标准区间 [1，3] 内。总体来看，说明结构方程模型拟合效果好。

表 0-14　结构方程模型检验拟合指数

拟合指数	参考标准	值	拟合情况
X^2		648.896	
$\mathrm{d}f$		219	
$X^2/\mathrm{d}f$	1～3	2.963	是
$SRMR$	≤0.05	0.050	是
GFI	≥0.90	0.954	是
$AGFI$	≥0.90	0.942	是
$RMSEA$	≤0.08	0.042	是
NFI	≥0.90	0.953	是
TLI	≥0.90	0.964	是
CFI	≥0.90	0.969	是

从表 0-15 可以看出，个人期望对培训感知有显著的负向影响（$\beta=-0.390$，$p<0.01$），模型对培训感知的解释 R^2 为 0.152，假设 H1 期望负向影响培训感知成立；个人期望对政府感知有显著的负向影响（$\beta=-0.403$，$p<0.01$），模型对政府感知的解释 R^2 为 0.163，假设 H2 期望负向影响政府感知成立；个人期望对获得感知有显著的负向影响（$\beta=-0.479$，$p<0.01$），模型对获得感知的解释 R^2 为 0.229，假设 H3 期望负向影响获得感知成立。

表 0 - 15 结构方程模型路径参数

路径方向	*Estimate*	*S. E.*	*C. R.*	*p*	标准化估计	R^2
培训感知←个人期望	−0.603	0.056	−10.766	***	−0.390	0.152
政府感知←个人期望	−0.667	0.061	−10.993	***	−0.403	0.163
获得感知←个人期望	−0.680	0.053	−12.857	***	−0.479	0.229
满意度←个人期望	−0.177	0.058	−3.040	***	−0.113	
满意度←培训感知	0.300	0.032	9.326	***	0.295	
满意度←政府感知	0.310	0.031	9.858	***	0.327	0.542
满意度←获得感知	0.394	0.039	10.200	***	0.356	
培训行为←培训感知	0.247	0.037	6.589	***	0.215	
培训行为←政府感知	0.324	0.037	8.675	***	0.302	0.490
培训行为←获得感知	0.311	0.045	6.979	***	0.249	
培训行为←满意度	0.255	0.052	4.861	***	0.226	

注：*** 表示在1%置信水平下显著。

个人期望对满意度有显著的负向影响（$\beta = -0.113$，$p < 0.01$），假设 H10 期望负向影响高素质农民满意度成立；培训感知对满意度有显著的正向影响（$\beta = 0.295$，$p < 0.01$），假设 H7 培训感知正向影响高素质农民满意度成立；政府感知对满意度有显著的正向影响（$\beta = 0.327$，$p < 0.01$），假设 H8 政府感知正向影响高素质农民满意度成立；获得感知对满意度有显著的正向影响（$\beta = 0.356$，$p < 0.01$），假设 H9 获得感知正向影响高素质农民满意度成立；模型对满意度的解释 R^2 为 0.542。

培训感知对培训行为有显著的正向影响（$\beta = 0.215$，$p < 0.01$），假设 H4 培训感知正向影响持续参与培训行为成立；政府感知对培训行为有显著的正向影响（$\beta = 0.302$，$p < 0.01$），假设 H5 政府感知正向影响持续参与培训行为成立；获得感知对培训行为有显著的正向影响（$\beta = 0.249$，$p < 0.01$）成立；满意度对培训行为有显著的正向影响（$\beta = 0.226$，$p < 0.01$），假设 H11 高素质农民满意度正向影响持续参与培训行为成立；模型对培训行为的解释 R^2 为 0.490。

（2）高素质农民满意度的中介效应分析。为了进一步检验假设的中介作用，采用 Bootstrap ML 中介效应检验法检验中介效应是否显著，重复抽样次数 5 000 次，中介效应检验结果如表 0 - 16 所示。

表 0 - 16　Bootstrap ML 中介效应检验

路径	$Effect$	SE	Bias Corrected（95%）		
			LLCI	ULCI	p
个人期望-满意度-培训行为	−0.444	0.022	−0.487	−0.400	0.000
培训感知-满意度-培训行为	0.067	0.018	0.035	0.104	0.000
政府感知-满意度-培训行为	0.074	0.019	0.039	0.113	0.000
获得感知-满意度-培训行为	0.080	0.021	0.041	0.125	0.000

可以看出，中介路径个人期望-满意度-培训行为的估计为−0.444，Bias Corrected（95%）的置信区间为［−0.487，−0.400］，不包含 0，在 0.01 水平上达到显著，说明中介效应成立，假设 H12 高素质农民满意度在期望与行为之间起中介作用成立。中介路径培训感知-满意度-培训行为的估计为 0.067，Bias Corrected（95%）的置信区间为［0.035，0.104］，不包含 0，在 0.01 水平上达到显著，说明中介效应成立，假设 H13 高素质农民满意度在培训感知与行为之间起中介作用成立。中介路径政府感知-满意度-培训行为的估计为 0.074，Bias Corrected（95%）的置信区间为［0.039，0.113］，不包含 0，在 0.01 水平上达到显著，说明中介效应成立，假设 H14 高素质农民满意度在政府感知与行为之间起中介作用成立。中介路径获得感知-满意度-培训行为的估计为 0.080，Bias Corrected（95%）的置信区间为［0.041，0.125］，不包含 0，在 0.01 水平上达到显著，说明中介效应成立，假设 H15 高素质农民满意度在获得感知与行为之间起中介作用成立。

6. 研究结论

通过研究得出结论：期望对培训感知、政府感知、获得感知以及高素质农民满意度产生负向影响，其中，期望对获得感知的影响权重最大；期望、培训感知、政府感知和获得感知对高素质农民满意度产生正向影响，其中，获得感知对高素质农民满意度的影响权重最大；高素质农民满意度正向影响持续参与培训行为；培训感知、政府感知和获得感知对高素质农民持续参与培训行为产生直接、显著的影响，其中，政府感知对高素质农民持续参与培训行为影响最大；高素质农民满意度在期望与持续参与培训行为间、感知与持续参与培训行为间起到中介作用。

三、高素质农民培训效果评价及培训模式选择策略研究

(一) 高素质农民培训效果评估研究

通过对高素质农民、培训效果评估的相关研究进行梳理，对高素质农民和培训效果评估的概念作出界定。结合国内外相关研究，从培训机构、培训指标体系、培训效果评估的研究方法几方面进行研究综述。最终选取柯氏四级评估模型为本研究的理论模型，依据人力资本理论、成人学习理论和公共产品理论，建立高素质农民培训效果的评估指标体系并制定调研问卷。2004 年，沈阳市科技局学习借鉴福建南平科技特派员工作经验，在全国开创性启动科技特派员示范工程"青年农民上大学"培训班，选送优秀青年农民进入沈阳农业大学进行科技培训，实现了科技与农业农村农民的"零距离"对接，探索出"政府出资、大学培训、农民受益"的乡村人才培养新模式，培养出大批农村新型实用科技人才，为辽沈地区农业农村发展注入了新活力。2024 年 10 月 20 日，沈阳市"青年农民上大学"20 周年总结大会暨培训成果展在沈阳农业大学举办。大会指出，先后共有 6 534 名沈阳青年农民进入该校接受非学历培训，并将所学应用于农业生产，实现了沈阳市涉农区县（市）乡镇全覆盖，70％入学时年龄为 36～45 岁，2 771 名学员取得了国家职业技能证书。统计显示，学员户均种植面积超过 500 亩，46.7％的学员领办家庭农场或创建合作社，19.5％的学员注册了农产品品牌，累计推广新技术 3 500 余项。本研究以参与过沈阳市"高素质农民上大学"培训班的 279 名学员为调研对象，采用随机抽样的方法对高素质农民培训效果进行研究。对问卷和访谈得到的数据进行整理；借助柯氏四级评估模型，对学员反应、学习、行为改变、业务结果四个层级的平均分情况进行计算，更加直观地了解效果评估整体情况；对四个层级的量表进行数值化均值处理，将四个量表转化为四个数值型变量，对变量进行相关性检验，确定各因

素间是否存在显著的线性关系，对学员反应、学习、行为改变三部分的数值变量与业务结果的数值变量进行回归分析，探究影响高素质农民培训效果的影响因素。

1. 研究模型

柯氏四级评估理论最早由唐纳德·L. 柯克帕特里克（2007）提出，柯氏四级评估模型是在此基础上完善得来的，在培训评估方面较为系统全面，且经历了60多年检验，在世界各地都有着广泛的影响，在培训效果的研究上有着重要的意义。柯氏四级评估模型作为世界上应用最广泛的评估工具，具有全程性的特点。该模型认为评估需要从四个方面进行，即学员反应、学习、行为改变、业务结果，这四个方面的内容分别从不同的层次回答了培训评估中的不同问题，如表0-17所示。

表0-17　柯氏四级评估模型

层次	回答的问题
1. 学员反应	学员对培训项目的满意度高吗？
2. 学习	学员在培训中的学习情况怎么样？
3. 行为改变	学员经过学习后行为上有没有发生改变？
4. 业务结果	学员行为的变化对培训组织绩效的影响是不是积极的？

柯氏四级评估模型是用于评估培训效果的权威工具，该评估模型是从学员反应、学习、行为改变、业务结果四个层次对培训进行全方位的整体评估。每个层次的评估对最终的结果都有着一定的影响，每个层次都是非常重要的，不能省略某个层次直接进入下一层次的研究。基于柯氏四级评估模型，研究高素质农民培训效果评估的框架也将从学员反应、学习、行为改变、业务结果四个层次来展开。下面对四个层次分别进行论述。

第一，学员反应是用来测量参与培训的学员对所参与培训的反应情况，通常也被认为是顾客满意度的测量。通过得到培训学员对培训的反应情况，调整培训中的措施，以赢得更多学员积极、满意的参与反应。

第二，学习是指对培训内容的掌握程度，首先考核学员课上的学习认真程度，其次从学习的知识技能能否应用到农业生产来考量，以检验所教授知识的实用性。

第三，行为改变主要是考核学员在培训后行为方面会得到怎样的转变。

第四，业务结果是指学员在参与培训后能够达到的最终结果，举办培训的目的就是要实现这些结果。

2. 数据来源和指标体系构建

（1）数据来源。"高素质农民上大学"培训班的学员来自沈阳市农村地区从事农业以及农业相关产业生产的农民，且符合严格的选拔条件，包括初中及以上的受教育程度，两年及以上的专业生产经验，年龄在18～64周岁（对有产业项目者以及具有较强的实践经验者可适当放宽年龄限制），具备良好的道德品质和强烈的学习意愿，身体健康。报名由本人自愿申请，经县（市、区）科技局审核和市科技局批准后，由沈阳农业大学最终录取。本研究以参加过该培训班的学员为调研对象，于2018年9—12月在浑南区、苏家屯区、康平县、新民市、辽中区、法库县随机选取了学员，从学员反应、学习、行为改变、业务结果四个层次开展问卷调研，共发放问卷300份，回收有效问卷279份，问卷有效回收率为93%，并辅以访谈法深入了解培训效果。

（2）指标体系构建。高素质农民培训效果的评估模型主要包括四个结构变量，分别是学员反应、学习、行为改变、业务结果，其中学员反应由课程设计、教师授课质量、培训组织管理、政策扶持力度、自我感知五个维度构成，学习由学习效果、学习质量两个维度构成，行为改变由能力变化、知识应用、内心转变三个维度构成，业务结果由收入、生产效率、病虫害率、获得政府资助四个维度构成。鉴于4个潜变量无法直接进行测量，故进行各个潜变量的显变量设计，共计4个一级指标14个二级指标38个三级指标，最终形成高素质农民培训效果评估的指标体系，如表0-18所示。

表 0 - 18　高素质农民培训效果评估的指标体系

潜变量		测量变量
一级指标	二级指标	三级指标
B学员反应	B1 课程设计	B1 - 1 培训项目涉及的内容与我工作有关
		B1 - 2 培训课程内容的实用性、新颖性及难易度
		B1 - 3 培训教材
	B2 教师授课质量	B2 - 1 培训教师的专业性和方式的满意程度
		B2 - 2 授课质量
	B3 培训组织管理	B3 - 1 时间安排
		B3 - 2 培训设施满意程度（多媒体等设施）
		B3 - 3 后勤服务
		B3 - 4 培训考核方式
	B4 政策扶持力度	B4 - 1 您对政策扶持力度的满意情况
	B5 自我感知	B5 - 1 培训后您对自身知识的增长满意吗
		B5 - 2 培训后您对自身收入增长满意吗
		B5 - 3 培训后您对您事业的开展满意吗
C学习	C1 学习效果	C1 - 1 您对培训知识吸收如何
		C1 - 2 您通常能做到上课认真听讲吗
	C2 学习质量	C2 - 1 知识和技能的提高程度
D行为改变	D1 能力变化	D1 - 1 您的经营管理能力是否得到提高
		D1 - 2 您的环境保护意识是否得到提高
		D1 - 3 对农业政策的了解
		D1 - 4 对专业合作社的了解
		D1 - 5 法律意识
		D1 - 6 职业意识
	D2 知识应用	D2 - 1 工作中运用所学的知识与技能
		D2 - 2 解决实际问题的能力
	D3 内心转变	D3 - 1 您是否获得内心的满足感、荣耀感、成就感
		D3 - 2 您为高素质农民的身份感到自豪吗
		D3 - 3 参加培训是否赢得了他人的认可和尊重

（续）

潜变量		测量变量
一级指标	二级指标	三级指标
E 业务结果	E1 收入	E1-1 销售收入增多
		E1-2 实际利润增加
	E2 生产效率	E2-1 产业规模扩大
		E2-2 产量增加了
		E2-3 种植养殖质量提高
		E2-4 引进科技设施
		E2-5 成本下降
	E3 病虫害率	E3-1 病虫害率下降
		E3-2 减少了用药费用
		E3-3 减少了用药量
	E4 获得政府资助	E4-1 获得政府津贴增加

3. 高素质农民培训效果整体情况

（1）四个层级的平均分计算。基于柯氏四级评估模型，本研究对高素质农民培训效果的四个层级评分（取值范围 1~5 分）进行了平均分计算，以评估各层级及其具体指标的满意度情况。结果表明，四个层级按平均分从高到低依次为：学习（4.33 分）、学员反应（4.10 分）、行为改变（3.91 分）、业务结果（3.42 分）。其中，学习层级中的学习效果为 4.48 分，学习质量为 4.17 分；学员反应层级中的课程设计为 4.10 分，教师授课质量为 4.03 分，培训组织管理为 3.89 分，政策扶持力度为 4.35 分，自我感知为 4.15 分；行为改变层级中的能力变化为 3.85 分，知识应用为 3.98 分，内心转变为 3.90 分；业务结果层级中的收入为 3.53 分，生产效率为 3.45 分，病虫害率为 3.39 分，获得政府资助为 3.30 分。

（2）平均分结果分析。学习层级排名第一（4.33 分），其中，学习效果和学习质量均较高，说明课程内容和授课方式有效促进了学员的知识吸收和技能提升；学员反应层级排名第二（4.10 分），学员对课程设计、教师授课质量、政策扶持力度、自我感知较为满意，但培训组织管理需改进；行为改变层级排名第三（3.91分），学员对知识应用满意度高，但能力提升略显不足；业务结果层级排名第四（3.42分），说明所学知识在实际成效上需进一步积累和转化。

4. 问卷分析

（1）信度分析。信度分析用于检验问卷的一致性。本研究采用 Cronbach's α 系数评估调查问卷的信度，一般而言，Cronbach's α 须大于 0.7 以确保信度良好。结果表明，总量表的 Cronbach's α 系数为 0.943，各分量表（学员反应、学习、行为改变、业务结果）的 Cronbach's α 系数分别为 0.952、0.881、0.966、0.944，均大于 0.8，说明各变量具有良好的信度。

（2）效度分析。效度分析用于评估量表的测量准确性。本研究采用 KMO 和 Bartlett 球形检验确认因子分析的适用性。结果表明，KMO 值为 0.897，Bartlett 检验显著（Sig<0.01），说明数据适合因子分析。通过主成分分析和最大方差旋转提取了 4 个公因子，总方差贡献率为 70.27%，各测量项的因子负荷均大于 0.5，无交叉负荷，说明量表结构具有良好的效度。

5. 实证分析

（1）相关性分析。相关性分析用于揭示变量之间的线性关系，通常通过 Pearson 相关系数来衡量，其中，系数大于 0 表示正相关，系数小于 0 表示负相关。为初步探讨高素质农民培训效果各变量之间的关系，本研究将学员反应、学习、行为改变和业务结果四个量表转化为数值型变量并计算均值，进而进行相关性分析。结果表明，业务结果与学员反应、学习及行为改变均呈显著正相关关系（$p<0.05$），说明各变量之间属于正相关。

（2）回归分析。

①学员反应对业务结果的影响。通过相关性分析得出学员反应与业务结果具有较强的相关性，故可以进行回归分析。将学员反应与业务结果进行回归分析，如表 0 - 19 所示。

表0-19 学员反应对业务结果的回归分析

因变量	自变量	β	SE	Beta	t	p
Y	（常量）	0.495	0.231		2.147	0.033
	X_1	0.231	0.047	0.248	4.865	0.000

　　回归系数的结果表明学员反应对业务结果有显著性的影响（$p<$0.01），且 Beta 值为0.248。

　　②学习对业务结果的影响。通过相关性分析得出学习与业务结果具有较强的相关性，故可以进行回归分析。将学习与业务结果进行回归分析，如表0-20所示。

表0-20 学习对业务结果的回归分析

因变量	自变量	β	SE	Beta	t	p
Y	（常量）	0.495	0.231		2.147	0.033
	X_2	0.329	0.041	0.415	8.098	0.000

　　回归系数的结果表明学习对业务结果有显著性的影响（$p<0.01$），且 Beta 值为0.415。

　　③行为改变对业务结果的影响。通过相关性分析得出行为改变与业务结果具有较强的相关性，故可以进行回归分析。将行为改变与业务结果进行回归分析，如表0-21所示。

表0-21 行为改变对业务结果的回归分析

因变量	自变量	β	SE	Beta	t	p
Y	（常量）	0.495	0.231		2.147	0.033
	X_3	0.144	0.032	0.212	4.458	0.000

　　回归系数的结果表明行为改变对业务结果有显著性的影响（$p<$0.01），且 Beta 值为0.212。

　　通过回归分析得出本研究模型的具体公式为 $Y=0.495+0.231X_1+0.329X_2+0.144X_3$。对前文得出的回归系数结果进行整理，发现学员反应、学习、行为改变对业务结果均有显著性的影响（$p<0.01$）。对

影响程度进行排序得出，学习对于业务结果的影响最大（$Beta=$ 0.415），其次是学员反应对于业务结果的影响（$Beta=0.248$），行为改变对于业务结果的影响最小（$Beta=0.212$），如表 0-22 所示。

表 0-22　回归分析

因变量	自变量	β	SE	$Beta$	t	p
	（常量）	0.495	0.231		2.147	0.033
	学员反应	0.231	0.047	0.248	4.865	0.000
Y	学习	0.329	0.041	0.415	8.098	0.000
	行为改变	0.144	0.032	0.212	4.458	0.000
R	0.623					
R^2	0.388					
F	58.206					
p	0.000					

6. 研究结论

通过对学员反应、学习、行为改变的数值型变量和业务结果的数值变量进行相关性检验和回归分析，得出业务结果与学员反应、学习、行为改变之间均存在显著的线性相关关系（$p<0.05$），且各变量之间均属于正相关。另外，回归系数的结果表明学员反应、学习、行为改变对业务结果均有显著性的影响（$p<0.01$），且学习对于业务结果的影响最大（$Beta=0.415$），其次是学员反应对于业务结果的影响（$Beta=0.248$），行为改变对于业务结果的影响最小（$Beta=0.212$）。

（二）高素质青年农民培训效果评价及其影响因素研究

高素质青年农民是促使乡村全面振兴的先锋力量，是农业现代化的生力军。因此，高素质青年农民培训不仅关系到其个人发展，更是农业竞争力提升的重要保障。通过研究国内外关于农民培训效果评价和影响因素的相关文献，对高素质青年农民和培训效果评价的概念作出界定。依据人力资本理论、胜任素质理论和培训效果迁移理论，以分层随机抽样的方式，在辽宁省大连市 4 个县（市、区）、盘锦市 3 个县（市、区）、鞍山市 2 个县（市、区）和丹东市 3 个县（市、区）下的行政村进行分层随机抽样调查，调查对象为参与过培训、年龄在 16～45 周岁的高素质青年农民，最终筛选出 622 份高素质青年农民问卷，并对培训效果评价进行样本分析，对影响因素进行实证研究。其中，基于胜任素质模型，将高素质青年农民培训效果评价指标分为心理素质、管理技能、技术技能和文化素质；基于培训效果迁移模型，将高素质青年农民培训效果评价的影响因素指标分为参训者特征、培训设计和工作环境。运用 SPSS22.0 中的回归分析，分别验证心理素质、管理技能、技术技能和文化素质与培训效果影响因素（参训者特征、培训设计和工作环境 3 个指标）的关系。

1. 研究模型

根据对高素质青年农民培训效果的评价方式以及培训效果影响因素文献的回顾，引入哈佛大学教授麦克利兰（1973）的胜任素质理论，通过文献分析构建出高素质青年农民的胜任力素质，并结合鲍德温和福特（1988）的培训效果迁移模型，作为本研究概念模型的基础，如图 0-5 所示。

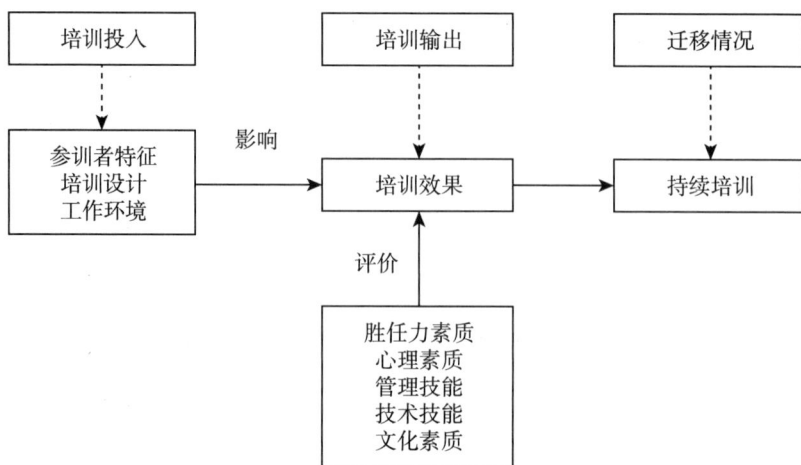

图 0-5　高素质青年农民培训效果评价及其影响因素研究概念模型

培训效果迁移模型和胜任素质模型在当前的研究中已经较为成熟，在借鉴成熟模型的基础上，构建适合本研究的概念模型，选取心理素质、管理技能、技术技能和文化素质4个变量作为评价高素质青年农民培训效果的变量，选取参训者特征、培训设计和工作环境3个变量作为找出高素质青年农民培训效果主要影响因素的变量，以这7个变量构建高素质青年农民培训效果模型，并系统梳理出它们之间的关系。

2. 数据来源和指标体系构建

（1）数据来源。2021年10月至2022年1月，调研团队在辽宁省内对高素质青年农民开展了问卷调查，覆盖大连市4个县（市、区）、盘锦市3个县（市、区）、鞍山市2个县（市、区）和丹东市3个县（市、区）的行政村，并基于经济发展水平中等地区进行分层随机抽样。调查对象为年龄在16～45岁、已参加过相关培训的高素质青年农民。此次调查采取线下问卷填写方式，共发放问卷653份，回收有效问卷622份，问卷有效回收率为95.3%。

（2）指标体系构建。

①高素质青年农民培训效果评价指标解释。在心理素质方面，从学习意愿与能力、自信心、职业意识与认同三个维度进行测量，划分8个三级指标；在管理技能方面，从经营管理能力、财务管理能力、市场运营能力和个人影响力四个维度进行测量，划分9个三级指标；在技术技能方面，从生产技术运用能力、现代农业设备操作能力和服务精神三个维度进行测量，划分5个三级指标；在文化素质方面，从农业生产知识、资源生态知识和法律法规知识三个维度进行测量，划分4个三级指标，如表0-23所示。

②培训效果影响因素指标解释。鲍德温和福特于1988年提出培训效果迁移模型，致力于分析影响培训效果的重要因素。该模型提出三个主要因素：参训者特征（能力、个性及动力），培训设计（学习环境、培训方式及自我管理），工作环境（管理者和同事支持、技术支持及执行机会）。结合相关学者的研究，在参训者特征方面，对能力、个性和参训动机三个维度分别进行调查，划分8个三级指标；在培训设计方面，对培训内容、培训教师、培训方式和培训支持力度四个维度分别进

行调查，划分11个三级指标；在工作环境方面，对执行机会和培训氛围两个维度分别进行调查，划分3个三级指标，如表0-24所示。

表0-23 高素质青年农民培训效果评价指标体系

一级指标	二级指标	三级指标
A 心理素质	A1 学习意愿与能力	A1-1 善于通过书籍或网络等方式自学获取农业知识
		A1-2 学习新知识或新技能的速度更快了
		A1-3 主动利用业余时间学习与工作相关的新知识和经验
	A2 自信心	A2-1 面对风险压力时可以更好地控制情绪、保持冷静
		A2-2 更加有足够的信心应对面临的风险
		A2-3 更加客观地处理紧急问题并分步骤采取相应的措施
	A3 职业意识与认同	A3-1 喜欢农民这个职业并为之感到自豪
		A3-2 认为农民是一个理想的值得终身追求的职业
B 管理技能	B1 经营管理能力	B1-1 懂得更多农业经营与管理方面的专业知识
		B1-2 懂得更多农产品销售方面的专业知识
	B2 财务管理能力	B2-1 对财务管理方面的知识了解更多
	B3 市场运营能力	B3-1 充分进行市场调查并对下一步行为做出合理规划
		B3-2 综合人、财、物、市场等情况确定市场定位、营销定位
		B3-3 及时准确地感知市场的各种新动向
	B4 个人影响力	B4-1 为人更加正直诚信、遵守市场规则
		B4-2 具备遭遇失败不服输、不放弃的精神
		B4-3 主动参加各种培训学习以及自费进修学习
C 技术技能	C1 生产技术运用能力	C1-1 具备了更强的农业生产技术
	C2 现代农业设备操作能力	C2-1 在技术研究、机械设备制造等问题解决中有更强的研究意识
		C2-2 能够熟练掌握现代化农业设备技术
	C3 服务精神	C3-1 不断创造新的服务内容，为客户提供更多的价值
		C3-2 更加关注客户对产品以及服务的满意度
D 文化素质	D1 农业生产知识	D1-1 对农业生产方面的知识了解更多
	D2 资源生态知识	D2-1 通过改良、修理养护土壤等方式关注生态循环发展
		D2-2 愿意为生态环境保护投入资源
	D3 法律法规知识	D3-1 掌握农业法律方面的签订合同、税务等一般知识

表 0 - 24　高素质青年农民培训效果影响因素指标体系

一级指标	二级指标	三级指标
E 参训者特征	E1 能力	E1 - 1 能较快地接受并吸收培训所学知识技能
		E1 - 2 将培训所学运用到农业生产中并且取得成效
		E1 - 3 独自解决农业生产中的困难和问题
	E2 个性	E2 - 1 对解决农业生产中的困难和问题有信心
		E2 - 2 对做好在农业生产中的事情有决心
	E3 参训动机	E3 - 1 参加培训能掌握更多的农业生产知识和技能
		E3 - 2 培训所学可以解决农业生产过程中的问题
		E3 - 3 参加培训的目的在于获得更高的收益
F 培训设计	F1 培训内容	F1 - 1 培训内容与培训需求关联程度高
		F1 - 2 培训内容丰富并具有吸引力
		F1 - 3 针对不同的农户培训需求设计不同的培训内容
		F1 - 4 培训内容很适合个人能力与工作要求
	F2 培训教师	F2 - 1 培训教师具有丰富的专业知识和经验
		F2 - 2 培训教师都是由有经验和资历的人员担任
	F3 培训方式	F3 - 1 培训教师的培训方法多样化且实用
		F3 - 2 培训的时间恰当
	F4 培训支持力度	F4 - 1 政府对培训投入的资金较多
		F4 - 2 政府对培训非常重视
		F4 - 3 周围亲戚朋友支持农民参加培训
G 工作环境	G1 执行机会	G1 - 1 将培训所学运用到农业生产工作中
		G1 - 2 培训后政府或相关单位对参训效果进行跟踪调查
	G2 培训氛围	G2 - 1 培训班有相应的约束和奖惩机制来鼓励农民参加培训

3. 高素质青年农民培训效果评价样本分析

（1）心理素质分析。参训学员在学习意愿与能力、自信心、职业意识与认同方面的提升情况普遍不理想。具体而言，在学习意愿与能力方面，对于"自学获取农业知识""更快学习新知识和技能""利用业余时间学习知识与经验"的评价，认为"不符合"和"非常不符合"的学员占比分别为 49.5%、43.7%、47.0%，认为"不确定"的学员分别为 24.4%、26.8%、21.3%。在自信心方面，对于"面对压力保持冷静""更有信心应对风险""更加客观地处理紧急问题并分步骤采取相应的措施"的评价，认为"不符合"和"非常不符合"的学员占比分别为 51.0%、46.6%、51.9%，认为"不确定"的学员占比分别为22.8%、24.9%、21.9%。在职业意识与认同方面，对于"更喜欢农民这个职业""更加认为农民是一个可以终身追求的职业"的评价，认为"不符合"和"非常不符合"的学员占比分别为 46.5%、47.5%，认为"不确定"的学员占比分别为 21.2%、19.8%。总体来看，心理素质培训效果较为有限，未能显著提升学员的学习意愿、自信心以及职业认同感。

（2）管理技能分析。参训学员在经营管理能力、财务管理能力、市场运营能力、个人影响力方面的提升情况普遍不理想。具体而言，在经营管理能力方面，对于"懂得更多农业经营管理专业知识""懂得更多农产品销售方面的专业知识"的评价，认为"不符合"和"非常不符合"的学员占比分别为 46.8%、45.0%，认为"不确定"的学员占比分别为 22.6%、23.0%。在财务管理能力方面，对于"了解更多财务管理知识"的评价，认为"不符合"和"非常不符合"的学员占比为46.0%，认为"不确定"的学员占比为 24.1%。在市场运营能力方面，对于"进行市场调查并对下一步行为做出规划""综合人、财、物、市场等情况确定市场和营销定位""及时感知市场新动向"的评价，认为"不符合"和"非常不符合"的学员占比分别为 46.3%、45.8%、48.9%，认为"不确定"的学员占比分别为 22.8%、23.8%、25.2%。在个人影响力方面，对于"为人诚信、遵守市场规则""具备不放弃、不服输精神""主动甚至自费参加培训学习"的评价，认为"不符合"及"非常不符合"的学员占比分别为 46.2%、46.8%、47.0%，认为"不确定"的学员占比分别为 25.8%、23.3%、22.7%。总体来看，参训农民在管理技能方面的提升效果较为有限，未能有效满足学员在实际经营管理、财务决策、市场运营及个人职业素养方面的核心需求。

（3）技术技能分析。参训学员在生产技术运用能力、现代设备操作能力和服务精神方面表现出较为积极的反馈。具体而言，在生产技术运用能力方面，对于"具备了更强的农业生产技术"的评价，认为"符合"和"非常符合"的学员占比为 57.9%，认为"不确定"的学员占比为31.7%。在现代设备操作能力方面，对于"在技术研究、机械设备制造等问题解决中有更强的研究意识""熟练掌握现代农业设备技术"的评价，认为"符合"和"非常符合"的学员占比分别为60.0%、59.0%，认为"不确定"的学员占比分别为28.0%、29.3%。在服务精神方面，对于"为客户提供有价值的服务内容""关注客户对产品服务的满意度"的评价，认为"符合"和"非常符合"的学员占比分别为61.4%、56.9%，认为不确定"的学员占比分别为27.7%、30.3%。总体来看，参训农民在技术技能方面的培训效果较为显著，生产技术运用能力、现代设备操作能力和服务精神均有所提升，说明培训在技术层面的内容设置较为贴合实际需求。然而，约三成学员对自身能力提升的感知仍存模糊。

（4）文化素质分析。参训学员在农业生产知识、资源生态知识和法律法规知识方面均有所提升，培训效果整体较好。具体而言，在农业生产知识方面，对于"了解更多农业生产知识"的评价，认为"符合"和"非常符合"的学员占比为57.1%，认为"不确定"的学员占比为31.2%。在资源生态知识方面，对于"通过改良、修理养护土壤等方式关注生态循环发展""愿意为生态环境保护投入资源"的评价，认为"符合"和"非常符合"的学员占比分别为60.3%、58.1%，认为"不确定"的学员占比分别为28.6%、27.7%。在法律法规知识方面，"掌握农业法律方面的签订合同、税务等一般知识"的评价，认为"符合"和"非常符合"的学员占比为57.1%，认为"不确定"的学员占比为30.4%。总体来看，参训农民在文化素质方面的培训效果较为显著，大部分学员对农业生产知识、资源生态知识和法律法规知识的掌握程度给予了积极评价，体现出培训在提升学员文化素养方面的成效。然而，约三成学员对自身能力提升的感知仍存模糊。

4. 问卷分析

（1）信度分析。信度分析用于检验问卷的一致性。本研究采用Cronbach's α系数评估调查问卷的信度，一般而言，Cronbach's α须大于0.7以确保信度良好。结果表明，总量表的Cronbach's α系数为0.981，各分量表（心理素质、管理技能、技术技能、文化素质、能力、个性、参训动机、培训内容、培训教师、培训方式、培训支持力度、执行机会、培训氛围）的 *Cronbach's α* 系数分别为 0.856、0.823、0.743、0.864、0.865、0.805、0.860、0.896、0.796、0.771、0.881、0.794、0.767，均大于 0.7，说明各变量具有良好的信度。

（2）效度分析。效度分析用于评估量表的测量准确性。本研究采用 KMO 和 Bartlett 球形检验确认因子分析的适用性。结果表明，*KMO* 值为 0.981，Bartlett 检验显著（*Sig*＜0.01），说明数据适合因子分析。通过主成分分析和最大方差旋转提取了 3 个公因子，总方差贡献率为 71.722%，各测量项的因子负荷均大于 0.5，无交叉负荷，说明量表结构具有良好的效度。

5. 实证分析

（1）心理素质影响因素分析。将能力、个性、参训动机、培训内容、培训教师、培训方式、培训支持力度、执行机会和培训氛围作为自变量，将心理素质作为因变量进行线性回归分析，结果如表 0-25 所示。

综上分析可见，能力、个性、执行机会和培训氛围对心理素质产生显著的正向影响，说明参训者特征指标中的能力、个性对心理素质产生显著正向影响，工作环境指标对心理素质产生显著正向影响，而培训设计指标对心理素质无显著正向影响。

表 0-25 心理素质的影响因素

自变量	非标准化系数		标准化系数 Beta	t	显著性
	B	标准错误			
（常量）	4.028	0.314	—	2.78	0.000***
能力	0.045	0.032	0.235	2.656	0.021**
个性	0.023	0.062	0.452	0.459	0.023**
参训动机	0.046	0.064	0.354	1.127	0.223
培训内容	0.057	0.036	0.133	2.378	0.053*
培训教师	0.026	0.056	0.346	0.476	0.212
培训方式	0.036	0.046	0.355	1.231	0.567
培训支持力度	0.058	0.062	0.726	0.389	0.078*
执行机会	0.009	0.042	0.176	1.998	0.039**
培训氛围	0.011	0.032	0.390	0.112	0.041**

注：*、** 和 *** 分别表示在 10%、5% 和 1% 置信水平上显著。

（2）管理技能影响因素分析。将能力、个性、参训动机、培训内容、培训教师、培训方式、培训支持力度、执行机会和培训氛围作为自变量，将管理技能作为因变量进行线性回归分析，结果如表0-26所示。

表0-26　管理技能的影响因素

自变量	非标准化系数		标准化系数 Beta	t	显著性
	B	标准错误			
（常量）	4.019	0.247	—	2.343	0.000***
能力	0.082	0.032	1.276	2.633	0.039**
个性	0.036	0.067	0.432	0.502	0.287
参训动机	0.056	0.060	0.354	1.076	0.289
培训内容	0.057	0.032	0.129	2.367	0.045**
培训教师	0.038	0.076	0.341	0.512	0.285
培训方式	0.078	0.047	0.354	1.145	0.675
培训支持力度	0.028	0.062	0.986	0.378	0.425
执行机会	0.005	0.039	0.194	2.218	0.427
培训氛围	0.031	0.037	0.590	0.078	0.353

注：*、** 和 *** 分别表示在10%、5%和1%置信水平上显著。

综上分析可见，能力和培训内容对管理技能产生显著的正向影响。说明参训者特征指标中的能力对管理技能产生显著正向影响，培训设计指标中的培训内容对管理技能产生显著正向影响，而工作环境指标对管理技能无显著正向影响。

（3）技术技能影响因素分析。将能力、参训动机、培训内容、培训教师、培训方式、培训支持力度、执行机会和培训氛围作为自变量，将技术技能作为因变量进行线性回归分析，结果如表0-27所示。

综上分析可见，参训者特征指标中的能力、培训设计指标中的培训内容、工作环境指标中的执行机会对技术技能具有显著的正向影响。

表0－27 技术技能的影响因素

自变量	非标准化系数		标准化系数 Beta	t	显著性
	B	标准错误			
（常量）	4.166	0.245	—	2.147	0.000***
能力	0.089	0.034	0.168	2.633	0.039**
参训动机	0.071	0.064	0.078	1.089	0.281
培训内容	0.054	0.034	0.098	2.562	0.020**
培训教师	0.018	0.090	0.012	0.205	0.282
培训方式	0.061	0.052	0.074	1.206	0.232
培训支持力度	0.025	0.067	0.029	0.402	0.436
执行机会	0.003	0.043	0.004	2.621	0.037**
培训氛围	0.032	0.045	0.724	0.041	0.373

注：＊、＊＊和＊＊＊分别表示在10％、5％和1％置信水平上显著。

（4）文化素质影响因素分析。将能力、参训动机、培训方式、培训支持力度、执行机会和培训氛围作为自变量，将文化素质作为因变量进行线性回归分析，结果如表0－28所示。

表0－28 文化素质的影响因素

自变量	非标准化系数		标准化系数 Beta	t	显著性
	B	标准错误			
（常量）	4.001	0.314	—	10.147	0.000***
能力	0.005	0.045	0.007	2.135	0.022**
参训动机	0.005	0.043	0.007	0.112	0.912
培训方式	0.085	0.034	0.158	2.523	0.012**
培训支持力度	0.081	0.052	0.102	2.517	0.021**
执行机会	0.089	0.051	0.106	1.762	0.077*
培训氛围	0.045	0.040	0.067	1.089	0.276

注：＊、＊＊和＊＊＊分别表示在10％、5％和1％置信水平上显著。

综上分析可见，参训者特征指标中的能力、培训设计指标中的培训方式和培训支持力度会对文化素质产生显著的正向影响。

6. 研究结论

研究发现，培训效果与高素质青年农民参训者特征、培训设计和工作环境之间均存在正向关系。具体为：在心理素质的影响因素中，参训者特征指标中的能力和个性、培训设计中的培训内容和培训支持力度、工作环境指标中的执行机会和培训氛围对其产生显著正向影响。在管理技能的影响因素中，参训者特征指标中的能力和培训设计指标中的培训内容对其产生显著正向影响。在技术技能的影响因素中，参训者特征指标中的能力、培训设计指标中的培训内容和工作环境指标中的执行机会对其产生显著正向影响；在文化素质的影响因素中，参训者特征指标中的能力、培训设计指标中的培训方式和培训支持力度、工作环境指标中的执行机会对其产生显著正向影响。从分析中可以看出，在心理素质、管理技能、技术技能和文化素质 4 个因变量中，主要是能力、培训内容和执行机会这 3 个部分对其影响较大。

（三）农民社会资本对农业技术培训评价的影响研究

数智化背景下，社会对技术层面的需求与日俱增，农业领域也不例外。因此，课题组对农民培训中的农业技术培训进行专门且深入的研究。通过对社会资本、农业技术培训评价的国内外相关研究进行梳理，最终选择 CIPP 评价模型（也被称作决策导向或改良导向模式，"CIPP"是由背景评价、输入评价、过程评价和结果评价四种评价的英文名称的首字母组成的缩略语）作为对农业技术培训进行评价的模型。依据人力资本理论、成人学习理论以及 CIPP 评价模型，并结合本研究实际特点，将农业技术培训评价的指标设定为背景评价、输入评价、过程评价和结果评价；依据社会资本理论，将农业技术培训评价影响因素的指标设定为社会信任、社会网络、社会参与、互惠规范。中化集团的农业业务以中化农业为运行主体，打造 MAP（Modern Agriculture Platform）现代农业技术服务平台。作为国内有效利用智慧农业为农户服务的农业企业，中化农业不仅通过企业特殊的社会资本影响了农户对农业技术培训的评价，还在对农户的农业技术培训中充分运用了智慧农业。基于此，首先，以参加中化 MAP 农业技术培训的农户为调研对象，采用随机抽样的方法向农户发放"问卷星"网络问卷，并对回收到的 1 611 份有效问卷进行数据分析。其次，将量表的数值化均值处理为数值变量，并测试变量之间的相关性，确定社会资本的 4 个自变量因素与农业技术培训评价的关系。最后，对社会信任、社会网络、社会参与、互惠规范的数值变量与农业技术培训评价的数值变量进行回归分析，探讨社会资本对农业技术培训评价的影响。

1. 研究模型

斯塔弗尔比姆及其同事在 20 世纪 60 年代末 70 年代初提出了 CIPP 评价模型，CIPP 评价模型将培训评价扩展到了整个培训过程。该模型的评价层级具体分析如下。

（1）背景评价。背景评价主要是在特定的环境下评估其需要、问题、资源和机会。其中，"需要"主要包括那些为实现目的所必需的、有用的事物，"问题"是指在满足需要时必须克服的障碍，"资源"是指在本地可以获取的专家资源和提供的服务，"机会"主要指满足需要和解决相关问题的时机。背景评价通过描述培训环境对培训目标做出诊断性评价，主要包括界定培训实施的环境或背景。本研究采用培训环境、课程设计、师资条件来对培训背景进行评价。

（2）输入评价。输入评价主要是评价培训相关资源，在搜集培训资源信息的基础上，评价现有培训资源以及判定培训计划方案利用资源的有效程度，分析是否需要外部资源帮助等问题。本研究采用教材建设来对培训的输入进行评价。

（3）过程评价。过程评价主要是在培训活动过程中，持续不断地跟进培训进度，对此给予同步监督与验证，及时反馈相关信息，为培训计划后续优化完善奠定基础。过程评价主要包括确认培训实施过程中的优缺点、提供培训方案的改进策略、记录发生的培训事件及活动、修正或重组培训过程、实施和完善培训方案、提供大量的过程记录等。本研究采用培训模式创新和教学评价来对培训过程进行评价。

（4）结果评价。结果评价主要是对学员的培训满意度、培训后应用培训所学技能到工作中的行为改善情况以及带来的绩效提升情况的分析与探讨，评价其是否能够到达既定目标，是对实际培训完成度的深入分析。结果评价主要包括了解培训方案是否满足既定的目标与需求，多角度地关注培训方案实施过程中产生的效果，评价结果的价值判断与经验总结分析，培训结束后各方收益情况比对分析等。本研究采用能力变化、知识应用、收入、生产效率来对培训结果进行评价。

2. 中化 MAP 农业技术培训的基本分析

（1）基本情况。中化集团成立于 1950 年，是国务院国务资产监督管理委员会监管的国有骨干企业，也是首批跻身世界 500 强的中国企业之一，农业是其核心主业之一。为推动农业业务的现代化发展，2016 年底，中化集团成立农业事业部，并推出 MAP（Modern Agriculture Platform）战略，即现代农业平台业务转型战略。该战略通过在全国布局技术服务中心，面向农户提供覆盖农业生产全过程的"7＋3"一站式服务，包括品种规划、作物营养、植物保护、检测服务、农机服务、农业技术培训、智慧农业以及烘干仓储、金融服务、粮食安心仓。MAP 模式致力于将农业生产要素与现代技术深度融合，构建从种植到收储再到销售的闭环管理体系，连接"消费升级"与"专业生产"，实现农户增收、产业增效和消费者获益。

（2）培训模式。中化 MAP 农业技术培训采用线下和线上相结合的模式，提供覆盖全面且灵活的服务。线下培训包括教室授课和田间培训两种形式，其中教室授课针对技术服务中心的农户和高素质农民，通过农艺师授课和政府合作培训实现知识传播；田间培训以共建农场为示范区，结合现场观摩和技术指导，带动周边农户学习先进技术。线上培训涵盖会议模式、App 学习和微信学习，通过技术和业务会议、智农/慧农 App、一对一农技服务、遥感监测、视频课程以及微信公众号推送，构建了一个多层次的线上学习平台。

（3）培训理念和培训对象。中化 MAP 农业技术培训以提升农户田间管理水平为核心理念，倡导"70％靠田间管理，30％看选种施肥"，通过全程参与式教学改变农户的种植管理习惯，提升产量并解决实际问题。培训对象涵盖所有农户，线上资源全面开放，而 50 亩以上土地的农户可额外享受一对一农艺师服务，以满足不同农户的需求层次。

（4）师资队伍。中化 MAP 农业技术培训的师资由内部农艺师和外聘农业高校教师组成，农艺师需具备农学硕士学历，通过严格选拔和系统培训，分为负责示范农场种植的生产农艺师和推动业务发展的推广农艺师。每位农艺师负责特定区域，通过"耕读学堂"线上平台学习最新农业技术及设备操作知识，并采用一对多授课与一对一实操指导相结合的形式，为农户提供精准的技术支持，帮助其掌握并应用现代农业技术。

（5）时间安排和内容。中化 MAP 农业技术培训根据农作物生长规律灵活安排时间和内容。培训通过线上征集农户需求后制定计划，线下以种植管理节点为基础多次开展，线上则利用 App、视频号和公众号发布针对性的内容。课程内容涵盖科学施肥、病虫草害防治、现代农业设备推广、政策解读等，根据农作物生长阶段和农户需求调整，具有较强的针对性与灵活性。培训前，农艺师通过线上沟通收集农户需求，并结合实际情况组织专项培训，农户可根据自身需求报名参与。

（6）培训特点。中化 MAP 农业技术培训以"企业＋农户"模式为核心，通过传授先进生产、管理和加工技术，提升农户农产品的规模、效率和质量。中化 MAP 与农户签订产销合同，建立利益联结机制，确保农户与企业直接对接，实现农业产业化经营。合作社作为主要载体，通过统一采购、农机服务和产品销售等服务，降低交易成本，增强市场话语权，减少价格波动风险，同时抑制机会主义行为，维护双方合作关系。

3. 数据来源和指标体系构建

（1）数据来源。2022 年 2 月对辽宁省接受中化 MAP 农业技术培训的农户开展问卷调研，调研范围覆盖辽宁省内 26 个中化 MAP 服务站，包括沈阳市、鞍山市、抚顺市、丹东市、盘锦市、铁岭市、营口市、阜新市 8 个城市。研究采用抽样调查法，通过与中化 MAP 农业技术培训相关工作人员对接，利用问卷星平台在线发放问卷的方式进行数据收集。共发放问卷 1 642 份，回收有效问卷 1 611 份，问卷有效回收率为 98.11%。

（2）指标体系构建。通过文献梳理和理论分析，得出中化 MAP 农业技术培训评价的各项变量，如表 0-29 所示。

表 0 - 29　中化 MAP 农业技术培训评价变量

一级变量	二级变量	三级变量
B 背景评价	B1 培训环境	B1 - 1 中化 MAP 农业技术培训提供的培训环境
	B2 课程设计	B2 - 1 培训内容与工作的相关性
		B2 - 2 培训内容的必需性
		B2 - 3 培训时间的合理性
	B3 师资条件	B3 - 1 农艺师的专业性
C 输入评价	C1 教材建设	C1 - 1 智农慧农 App 田间秀的适用性
		C1 - 2 卫星遥感技术的适用性
		C1 - 3 示范农场田间教学的适用性
D 过程评价	D1 培训模式创新	D1 - 1 中化 MAP 农业技术培训模式的受众性
	D2 教学评价	D2 - 1 中化 MAP 农业技术培训对农户的有用率
		D2 - 2 中化 MAP 农业技术培训管理和服务的满意度
		D2 - 3 中化 MAP 农业技术培训的吸引率
E 结果评价	E1 能力变化	E1 - 1 培训所学知识和技能的应用率
	E2 知识应用	E2 - 1 农业工作中问题的解决率
	E3 收入	E3 - 1 实际利润的增加值
	E4 生产效率	E4 - 1 生产效率的提高度
		E4 - 2 土地病虫害的下降率

　　基于社会资本理论以及本研究实际情况，得到社会资本对中化 MAP 农业技术培训评价影响的各项变量，如表 0 - 30 所示。

表 0 - 30　中化 MAP 农业技术培训评价影响因素变量

一级变量	二级变量	三级变量
F 社会信任	F1 制度信任	F1 - 1 对中化遵守合作协议和承诺的信任度
	F2 组织信任	F2 - 1 对培训老师和学员的信任度
	F3 培训信任	F3 - 1 对培训会提高自身农业技术能力的信任度
	F4 人际信任	F4 - 1 对亲朋友邻的信任度

（续）

一级变量	二级变量	三级变量
G 社会网络	G1 网络规模	G1-1 有来往的人占认识人的比例
	G2 网络密度	G2-1 亲朋好友占网络规模的比例
	G3 培训网络密度	G3-1 培训认识的人占网络规模的比例
	G4 网络交互频率	G4-1 与亲朋好友走动的频率
	G5 培训网络交互频率	G5-1 与培训认识的人走动的频率
	G6 网络融洽	G6-1 与亲朋好友相处的融洽度
	G7 培训网络融洽	G7-1 与培训认识的人相处的融洽度
H 社会参与	H1 参与主动性	H1-1 培训中询问信息的主动性
	H2 参与频率	H2-1 参与培训的频率
	H3 互助行为	H3-1 遇到困难亲朋好友互助态度
	H4 培训互助行为	H4-1 遇到困难培训认识的人互助态度
I 互惠规范	I1 培训制度	I1-1 培训制度的互惠规范性
	I2 管理制度	I2-1 培训管理制度的互惠规范性
	I3 社会归属感	I3-1 对培训氛围的喜欢程度

4. 问卷分析

（1）信度分析。信度分析用于检验问卷的一致性。本研究采用 Cronbach's α 系数评估调查问卷的信度，一般而言，Cronbach's α 须大于 0.7 以确保信度良好。结果表明，总量表的 Cronbach's α 系数为 0.881，大于 0.7，说明变量具有良好的信度。

（2）效度分析。效度分析用于评估量表的测量准确性。本研究采用 KMO 和 Bartlett 球形检验确认因子分析的适用性。结果表明，KMO 值为 0.950，Bartlett 检验显著（$Sig < 0.01$），说明数据适合因子分析，量表结构具有良好的效度。

5. 实证分析

（1）相关性分析。利用相关分析研究 Y（即农户对中化 MAP 农业技术培训的评价）和社会信任、社会网络、社会参与、互惠规范之间的相关关系，采用 Pearson 相关系数来表示各变量之间相关关系的强弱情况，如表 0-31 所示。

表 0-31　Pearson 相关分析

变量	平均值	标准差	Y	社会信任	社会网络	社会参与	互惠规范
Y	4.244	0.552	1				
社会信任	4.437	0.488	0.638	1			
社会网络	3.995	0.561	0.570	0.572	1		
社会参与	3.822	0.540	0.457	0.493	0.494	1	
互惠规范	4.360	0.656	0.284	0.267	0.259	0.199	1

具体分析可知：Y（即农户对中化 MAP 农业技术培训的评价）与社会信任、社会网络、社会参与、互惠规范之间均呈现出显著性，相关系数值分别是 0.638、0.570、0.457、0.284，并且相关系数值均大于 0，意味着与社会信任、社会网络、社会参与、互惠规范之间存在正相关关系。

（2）多元回归分析。通过前文的相关性分析可知，社会信任、社会网络、社会参与、互惠规范与农户对中化 MAP 农业技术培训的评价之间存在相关性，采用多元回归分析进一步探讨社会信任、社会网络、社会参与、互惠规范与农户对中化 MAP 农业技术培训评价的影响关系，如表 0-32 所示。

表 0-32　多元回归分析结果（$N=1\ 611$）

变量	培训评价	培训评价	背景评价	输入评价	过程评价	结果评价
社会资本	0.471*** (22.208)					
社会信任		3.685*** (17.110)	1.521*** (13.969)	0.427*** (12.588)	0.687*** (6.572)	1.051*** (12.187)
社会网络		0.113*** (4.114)	0.070*** (4.998)	0.005 (1.233)	0.038*** (2.817)	0.001 (0.068)
社会参与		0.702*** (7.268)	0.120** (2.466)	0.092*** (6.032)	0.273*** (5.817)	0.217*** (5.620)

（续）

变量	培训评价	培训评价	背景评价	输入评价	过程评价	结果评价
互惠规范		0.724*** (10.758)	0.187*** (5.508)	0.050*** (4.676)	0.324*** (9.922)	0.163*** (6.056)
受教育程度	−0.037*** (−11.397)	−0.028*** (−9.521)	−0.013*** (−8.784)	−0.001** (−2.459)	−0.007*** (−4.829)	−0.007*** (−5.877)
家庭承包总耕地亩*数	−0.001 (−0.557)	−0.002 (−0.876)	−0.000 (−0.143)	−0.000 (−0.265)	−0.001* (−1.665)	0.000 (0.115)
性别	0.004 (0.317)	−0.002 (−0.133)	0.003 (0.579)	−0.005*** (−2.878)	0.004 (0.695)	−0.003 (−0.771)
年龄	0.005 (1.236)	0.006* (1.647)	0.002 (1.012)	0.000 (0.664)	0.004** (2.095)	0.000 (0.036)
常数项	0.513*** (17.921)	0.283*** (9.992)	0.079*** (5.519)	0.039*** (8.732)	0.061*** (4.457)	0.104*** (9.155)
N	1 611	1 611	1 611	1 611	1 611	1 611
R^2	0.387	0.513	0.378	0.275	0.269	0.296
调节 R^2	0.384	0.510	0.374	0.270	0.264	0.291

注：*、** 和 *** 分别表示在10%、5%和1%置信水平上显著。

从表0-32可以看出，模型 R^2 值为0.513，说明社会信任、社会网络、社会参与、互惠规范可以解释农户对中化 MAP 农业技术培训的变化原因，模型整体的估计效果较好。社会资本对培训评价的回归系数值为0.471，通过1%的置信水平检验，表明社会资本对培训评价有显著的正向影响，农户社会资本越强，对农业技术培训评价越高。自变量中的社会信任、社会网络、社会参与以及互惠规范对培训评价的回归系数值分别是3.685、0.113、0.702、0.724，均通过1%的置信水平检验，表明均对培训评价有显著的正向影响，自变量中对农业技术培训评价的影响程度从高到低依次是社会信任、互惠规范、社会参与、社会网络。从社会资本对培训评价的影响结果来看，受教育程度、家庭承包总耕地亩数对培训评价的回归系数值分别为 −0.037、−0.001。农民受

---

* 亩为非法定计量单位，1 亩＝1/15 公顷。——编者注

教育程度的回归系数值通过 1% 的置信水平检验，表明农民的受教育程度对培训评价具有显著的负向影响，农民受教育程度越高，对农业技术培训的要求越严格，评价越低；农户家庭承包总耕地亩数对培训评价具有不显著的负向影响，表明农户家庭承包总耕地亩数越多，对农业技术培训的评价越低，但影响并不显著。农民的性别和年龄对培训评价的回归系数值分别为 0.004 和 0.005，表明农民的性别和年龄对培训评价具有不显著的正向影响，农民年龄越大，对农业技术培训评价越高。

6. 研究结论

（1）社会信任对农业技术培训评价的影响。社会信任对背景评价、输入评价、过程评价、结果评价的回归系数依次为 1.521、0.427、0.687、1.051，均通过 1% 的置信水平检验，且全部具有显著的正向影响。社会信任对培训评价的回归系数为 3.685，在社会资本的 4 个二级指标中对中化 MAP 农业技术培训评价的影响最显著。

（2）社会网络对农业技术培训评价的影响。社会网络对背景评价、输入评价、过程评价、结果评价的回归系数依次为 0.070、0.005、0.038、0.001，其中，背景评价和过程评价均通过 1% 的置信水平检验，具有显著的正向影响。社会网络对培训评价的回归系数为 0.113，在社会资本的 4 个二级指标中对中化 MAP 农业技术培训评价的影响第四显著。

（3）社会参与对农业技术培训评价的影响。社会参与对背景评价、输入评价、过程评价、结果评价的回归系数依次为 0.120、0.092、0.273、0.217，均通过 1% 的置信水平检验，且全部具有显著的正向影响。社会参与对培训评价的回归系数为 0.702，在社会资本的 4 个二级指标中对中化 MAP 农业技术培训评价的影响第三显著。

（4）互惠规范对农业技术培训评价的影响。互惠规范对背景评价、输入评价、过程评价、结果评价的回归系数依次为 0.187、0.050、0.324、0.163，均通过 1% 的置信水平检验，且全部具有显著的正向影响。互惠规范对培训评价的回归系数为 0.724，在社会资本的 4 个二级指标中对中化 MAP 农业技术培训评价的影响第二显著。

（四）农民胜任力素质评价及农民培训模式选择策略研究

基于智慧农业视角，结合农民教育培训的特点，对农民、胜任力素质、农民培训模式选择的概念作出界定，并根据人力资本理论、胜任素质理论、马斯洛需求层次理论和农业踏板理论，为智慧农业背景下农民胜任力素质评价及构建智慧农业背景下农民培训模式选择策略的总体思路、基本原则奠定理论基础。在知网文献库中搜索筛选智慧农业、农民素质相关文献 1 285 篇，结合胜任素质理论、需求层次理论，构建包含心理素质、科技素质、经营管理素质、文化素质 4 个一级指标、16 个二级指标及 35 个三级指标的智慧农业背景下农民胜任力素质评价体系。根据全国 28 个省（自治区、直辖市）（不含香港、澳门、台湾及北京市、上海市、天津市）农民培训数量比例，随机抽样调查参与农民培训的生产经营型农民，最终筛选出 407 份有效问卷。通过网络层次分析法（ANP）邀请专家对指标进行评分，确定各指标的权重，从而构建农民胜任力素质评价指标权重体系。结合调研数据和权重体系对农民胜任力素质进行评价，并提出相应的农民培训模式优化策略。

1. 研究模型

常用的评价方法包括模糊综合评判法、层次分析法（AHP）、网络层次分析法（AHP）和熵值法等。在智慧农业环境中，农户能力涉及多个指标与层级，且各层级间相互影响，因此 ANP 成为主要的研究方法。ANP 由萨蒂（1996）首次提出，它能够有效描述系统中各要素间的相互制约关系。相比 AHP，ANP 可以更精确地揭示复杂事物之间的内在联系，因此在实践中得到更广泛应用。其主要包括以下几个步骤。

第一步，设定决策目标 M 和准则向量 P，构造控制层和网络层 E。通过文献梳理和文本分析法，提取智慧农业对农民素质的要求，并结合对家庭农场主、农业专业合作社负责人、农业龙头企业经营者以及智慧农业相关专家的访谈，确定农民胜任力素质的评价准则，具体为四个维度：心理素质、科技素质、经营管理素质、文化素质，如图 0-6 所示。

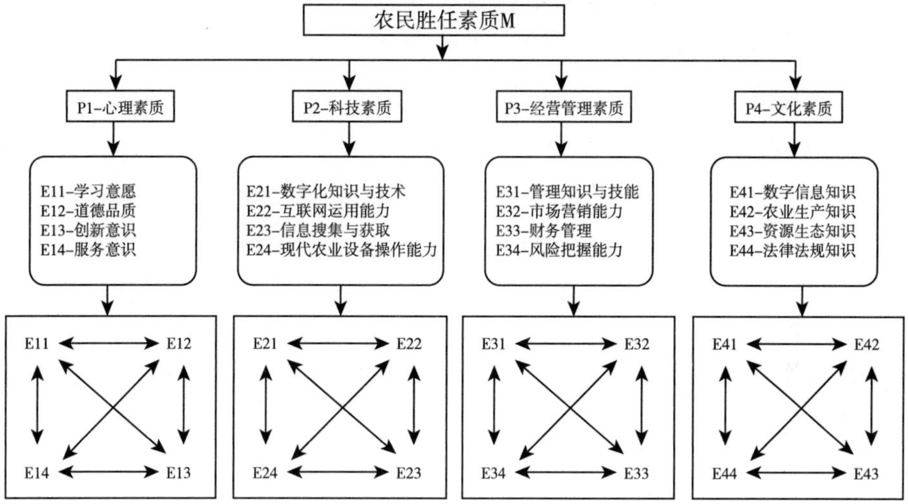

图 0－6　网络层次结构

第二步，构建超矩阵 W 并计算权重。以控制层对网络结构中的相互作用和反馈信息，基于网络层对控制层中的元素进行两两比较，从而求解网络层对于控制层的相对偏好和重要性。通过反复构建判断矩阵并进行归一化处理，最终得到各网络元素的排序权重特征向量矩阵 A，如图 0－7 所示。

$$
W\left[\begin{array}{cccccc}
 & e_{11} & & & & \\
 & \cdots & & P_1 P_2 & \cdots\ P_N & \\
 & & e_{11}\ \cdots\ e_{1n1} & e_{21}\ \cdots & e_{2n2} & e_{N1}\cdots e_{NN} \\
P_1 & e_{1n1} & W_{11} & W_{12} & \cdots & W_{1N} \\
P_2 & e_{21} & W_{21} & W_{22} & \cdots & W_{2N} \\
\cdots & \cdots & \cdots & \cdots & \cdots & \cdots \\
P_N & e_{2n2} & W_{N1} & W_{N2} & \cdots & W_{NN} \\
 & e_{N1} & & & & \\
 & \cdots & & & &
\end{array}\right]
\quad
A\begin{bmatrix} a_{11} & \cdots & a_{1N} \\ \cdots & \ddots & \cdots \\ a_{N1} & \cdots & a_{NN} \end{bmatrix}
$$

图 0－7　特征向量矩阵 A

第三步，计算加权超矩阵 W'。将 A 与 W 相乘得到加权超矩阵 W'，即 $W'=a_{ij}W$。

第四步，计算极限相对排序向量。通过计算极限相对排序向量，确定各准则的最终相对重要性。

2. 数据来源和指标体系构建

（1）数据来源。调查前期对全国（不含香港、澳门、台湾）31 个省（自治区、直辖市）的政府部门网站数据进行收集，统计 2010—2020 年各省份农民数量、培训项目数量及培训人次，以确定问卷发放比例。由于北京市、上海市、天津市培训农民数量较小，与其他省份未在同一量级，因此未纳入抽样范围。2022 年 10 月至 2023 年 1 月，针对全国农民胜任力素质开展问卷调查，按各省培训农民数量比例随机抽样，选取参与农民培训的生产经营型农民。通过"问卷星"线上一对一发放问卷，共发放 426 份，回收有效问卷 407 份，问卷有效回收率为 95.5%。

（2）指标体系构建。智慧农业背景下农民胜任力素质评价指标体系如表 0－33 所示。

表 0－33　智慧农业背景下农民胜任力素质评价指标及描述

一级指标	二级指标	三级指标	题　目
P1 心理素质	学习意愿	拥有积极的学习态度，主动学习新知识新技能	我拥有积极的学习态度，并愿意主动学习新知识和新技能
		可以快速地了解和掌握接触的新知识和技能	我能够迅速地了解和掌握接触到的新知识
	道德品质	正直诚信，在工作中尽职尽责，遵守职业规范	我为人正直诚信，在工作中能够尽职尽责，遵守职业规范
		承担社会责任与义务，愿为农业发展贡献自己的一份力量	我能够承担社会责任与义务，并愿意为农业发展贡献自己的一份力量
	创新意识	在生产经营中能够主动地发现问题，提出问题	我在生产经营中能够主动地发现问题，提出问题
		在生产经营中积极尝试用新的方式方法去解决问题	我在生产经营中会积极尝试用新的方式方法去解决遇到的问题
	服务意识	配合政府的宣传工作，分享农业信息知识与技能	我能够配合政府的宣传工作，分享农业信息知识与技能
		愿意主动分享农业生产经验，带动更多人致富	我愿意主动分享农业生产经验，带动更多人致富

（续）

一级指标	二级指标	三级指标	题　目
P2 科技素质	数字化 知识 与技术	在农业生产经营中对数字技术和装备的了解程度	我了解在农业生产经营中使用的数字技术和装备
		在农业生产经营过程中熟练掌握、运用智慧农业技术以及数字信息技术的程度	我在农业生产经营过程中能够熟练运用智慧农业技术以及数字信息技术
	互联网 运用能力	对互联网具有一定的了解并能熟练使用	我对互联网具有一定的了解并能够熟练使用
		能够通过互联网获取农业信息和农业服务	我能够通过互联网获取农业信息和农业服务
	信息搜集 与获取	在有需要时能够搜集到相关信息并筛选出自己需要的信息	我在有需要时能够搜集到相关信息并能筛选出自己需要的信息
		能够对搜集的信息进行分类整理，有效地指导生产经营的实践	我能够对搜集的信息进行分类整理，有效地指导生产经营的实践
	现代农业 设备操作 能力	对各种现代农业设备具有足够的了解	我对各种现代农业设备具有足够的了解
		在农业生产经营中，运用现代农业设备的熟练程度	我在农业生产经营中能够熟练运用现代农业设备
		针对不同的生产作业选择合适的现代农业技术和设备	我会针对不同的生产作业选择合适的现代农业技术和设备
P3 经营 管理素质	管理知识 与技能	具有一定的管理知识，具备良好的沟通协调能力	我具有一定的管理知识，并且具备良好的沟通协调能力
		能够在生产经营中做好规划统筹和决策执行	我能够在生产经营中能做好规划统筹和决策执行
		能够对手下的员工进行培训和指导，起到领导示范作用	我能够对手下的员工进行培训和指导，起到领导示范作用
	市场营销 能力	能够充分地进行市场调查并对下一步的行为做出合理的规划	我能够充分地进行市场调查并对下一步的行为做出合理的规划
		能够综合人、财、物、市场等情况确定市场定位、营销定位	我能够综合人、财、物、市场等情况确定市场定位、营销定位
	财务管理	建立健全农产品生产经营过程中的财务制度	我能够建立健全农产品生产经营过程中的财务制度
		在农产品生产、销售等环节建立收支账单	我能够在农产品生产、销售等环节建立收支账单
	风险把握 能力	在农业生产经营过程中能够预测和在一定程度上规避风险	我在农业生产经营过程中能够预测和在一定程度上规避风险
		在面对生产经营危机时能够冷静应对解决问题，保持积极的心态	我在面对生产经营危机时能够冷静应对解决问题，保持积极的心态

（续）

一级指标	二级指标	三级指标	题 目
P4 文化素质	数字信息 知识	对智慧农业、数字农业方面知识的了解程度	我了解智慧农业和数字农业方面的知识
		能够持续稳定地获得新的农业信息	我能够持续稳定地获得新的农业信息
	农业生产 知识	从事的农业生产领域方面知识的了解程度	我对自己从事的农业生产领域方面知识足够了解
		具备的农业生产知识能够应对生产经营中的问题	我所具备的农业生产知识能够使我应对在生产经营中遇到的问题
	资源生态 知识	对绿色生产、可持续性发展方面知识的了解程度	我了解绿色生产和可持续性发展方面的知识
		在农业生产经营过程中注重减少污染节约资源，主动采纳绿色生产技术	我在农业生产经营过程中注重减少污染，节约资源，主动采纳绿色生产技术
	法律法规 知识	对农业领域的保险法、食品安全法、土地承包法等相关法律法规的了解程度	我了解农业领域的保险法、食品安全法、土地承包法等相关法律法规
		掌握农业法律方面的签订合同、税务等一般知识	我掌握了农业法律方面的签订合同、税务等一般知识
		在农业生产与经营实践中能够运用法律法规维护自己的权益，并避免违法行为的发生	我在农业生产与经营实践中能够运用法律法规维护自己的权益，并避免违法行为的发生

3. 问卷分析

（1）信度分析。信度分析用于检验问卷的一致性。本研究采用 Cronbach's α 系数评估调查问卷的信度，一般而言，*Cronbach's α* 须大于 0.7 以确保信度良好。结果表明，心理素质、科技素质、经营管理素质、文化素质量表的 *Cronbach's α* 系数分别为 0.899、0.913、0.937、0.902，均大于 0.7，说明各变量具有良好的信度。

（2）效度分析。效度分析用于评估量表的测量准确性。本研究采用 KMO 和 Bartlett 球形检验确认因子分析的适用性。结果表明，*KMO* 值为 0.953，Bartlett 检验显著（*Sig*<0.01），说明数据适合因子分析，

量表结构具有良好的效度。

4. 农民胜任力素质评价

（1）专家打分确定独立控制层指标的权重。首先请 7 位专家对准则层的重要程度进行打分，以确定独立控制层指标（心理素质、科技素质、经营管理素质、文化素质）的权重。根据专家评分结果，心理素质、科技素质、经营管理素质、文化素质的权重分别为 0.22、0.30、0.28、0.20。

（2）各准则间的相对重要程度。根据专家评分结果，计算各准则下网络层指标的特征向量，并进行归一化处理，最终得出网络层各因素的权重向量为：

W_{E1} = （0.22，0.30，0.28，0.20）

W_{E2} = （0.34，0.13，0.32，0.21）

W_{E3} = （0.24，0.29，0.16，0.31）

W_{E4} = （0.26，0.36，0.19，0.19）

（3）确定各网络层对目标层的总权重。各网络层因素指标对目标层的总权重如表 0-34 所示。

表 0-34　各网络层因素指标对目标层的总权重

M	W_{E1}				W_{E2}				W_{E3}				W_{E4}			
	1	2	3	4	1	2	3	4	1	2	3	4	1	2	3	4
权重	0.05	0.07	0.06	0.04	0.10	0.05	0.09	0.06	0.07	0.08	0.04	0.09	0.05	0.07	0.04	0.04

计算综合评价得分：

$$M = \sum_{i=1}^{16} w_{mj} \cdot p_i (i = 1,2,\cdots,16; j = 1,2,3,4; m = 1,2,3,4)$$

通过专家打分或访谈等方式获取网络层各指标的数值，并根据上述公式计算农民胜任力素质的综合得分，以评估其胜任程度。若得分在 0～1 分则很不胜任，得分在 1～2 分则为不胜任，得分在 2～3 分则为基本胜任，得分在 3～4 分则为比较胜任，得分在 4～5 分则为高度胜任。

（4）网络层指标得分情况。通过对调研问卷数据的分析统计，对网络层心理素质、科技素质、经营管理素质、文化素质 4 个维度的各项指标得分情况进行汇总，并将统计结果制成表格。评价采用 5 级量表，表格中左侧第一列为二级指标，第一行为 1～5 分的自评选项；最右侧列为所有评价者在各问题上的综合平均得分以及各二级指标下的矩阵平均分，如表 0-35 所示。

从表 0-35 可以看出，心理素质维度矩阵平均得分为 4.06 分。其中，学习意愿矩阵平均得分为 4.02 分，道德品质矩阵平均得分为 3.98 分，创新意识矩阵平均得分为 4.18 分，服务意识矩阵半均得分为 4.06 分。

表 0-35　心理素质维度得分情况

二级指标	题　目	1分	2分	3分	4分	5分	平均分/分 题目	平均分/分 矩阵
学习意愿	我拥有积极的学习态度，并愿意主动学习新知识和新技能	10 (2.46%)	18 (4.42%)	64 (15.72%)	152 (37.35%)	163 (40.05%)	4.08	4.02
	我能够迅速地了解和掌握接触到的新知识	14 (3.44%)	21 (5.16%)	77 (18.92%)	152 (37.35%)	143 (35.14%)	3.96	
道德品质	我为人正直诚信，在工作中能够尽职尽责，遵守职业规范	14 (3.44%)	25 (6.14%)	78 (19.16%)	154 (37.84%)	136 (33.42%)	3.92	3.98
	我能够承担社会责任与义务，并愿意为农业发展贡献自己的一份力量	11 (2.70%)	21 (5.16%)	70 (17.20%)	144 (35.38%)	161 (39.56%)	4.04	
创新意识	我在生产经营中能够主动地发现问题，提出问题	9 (2.21%)	13 (3.19%)	56 (13.76%)	140 (34.4%)	189 (46.44%)	4.20	4.18
	我在生产经营中会积极尝试用新的方式方法去解决遇到的问题	9 (2.21%)	19 (4.67%)	53 (13.02%)	142 (34.89%)	184 (45.21%)	4.16	
服务意识	我能够配合政府的宣传工作，分享农业信息知识与技能	15 (3.69%)	22 (5.41%)	68 (16.71%)	144 (35.38%)	158 (38.82%)	4.00	4.06
	我愿意主动分享农业生产经验，带动更多人致富	11 (2.70%)	17 (4.18%)	56 (13.76%)	152 (37.35%)	171 (42.01%)	4.12	
小计		93 (2.86%)	156 (4.79%)	522 (16.03%)	1180 (36.24%)	1305 (40.08%)		4.06

　　从表 0-36 可以看出，科技素质维度矩阵平均分为 2.06 分。其中，数字化知识与技术矩阵平均分为 2.14 分，互联网运用能力矩阵平均分为 2.13 分，信息搜集与获取矩阵平均分为 1.90 分，现代农业设备操作能力矩阵平均分为 2.07 分。

表 0-36　科技素质维度得分情况

二级指标	题　目	1分	2分	3分	4分	5分	平均分/分 题目	平均分/分 矩阵
数字化知识与技术	我了解在农业生产经营中使用的数字技术和装备	141 (34.64%)	148 (36.36%)	82 (20.15%)	24 (5.90%)	12 (2.95%)	2.06	2.14
	我在农业生产经营过程中能够熟练运用智慧农业技术以及数字信息技术	119 (29.24%)	150 (36.86%)	84 (20.64%)	40 (9.83%)	14 (3.44%)	2.21	
互联网运用能力	我对互联网具有一定的了解并能够熟练使用	110 (27.03%)	154 (37.84%)	87 (21.38%)	39 (9.58%)	17 (4.18%)	2.26	2.13
	我能够通过互联网获取农业信息和农业服务	151 (37.10%)	149 (36.61%)	69 (16.95%)	27 (6.63%)	11 (2.70%)	2.01	
信息搜集与获取	我在有需要时能够搜集到相关信息并能筛选出自己需要的信息	172 (42.26%)	144 (35.38%)	66 (16.22%)	15 (3.69%)	10 (2.46%)	1.89	1.90
	我能够对搜集的信息进行分类整理，有效地指导生产经营的实践	173 (42.51%)	139 (34.15%)	65 (15.97%)	19 (4.67%)	11 (2.70%)	1.91	
现代农业设备操作能力	我对各种现代农业设备具有足够的了解	126 (30.96%)	149 (36.61%)	86 (21.13%)	33 (8.11%)	13 (3.19%)	2.16	2.07
	我在农业生产经营中能够熟练运用现代农业设备	127 (31.20%)	158 (38.82%)	82 (20.15%)	29 (7.13%)	11 (2.70%)	2.11	
	我会针对不同的生产作业选择合适的现代农业技术和设备	152 (37.35%)	159 (39.07%)	66 (16.22%)	20 (4.91%)	10 (2.46%)	1.96	
	小计	1271 (34.70%)	1350 (36.86%)	687 (18.76%)	246 (6.72%)	109 (2.98%)		2.06

　　从表 0-37 可以看出，经营管理素质维度矩阵平均分为 3.63 分。其中，管理知识与技能矩阵平均分为 3.54 分，市场营销能力矩阵平均

分为 3.71 分，财务管理矩阵平均分为 3.64 分，风险把握能力矩阵平均分为 3.65 分。

表 0 - 37　经营管理素质维度得分情况

二级指标	题　目	1分	2分	3分	4分	5分	平均分/分	
							题目	矩阵
管理知识与技能	我具有一定的管理知识，并且具备良好的沟通协调能力	25 (6.14%)	51 (12.53%)	74 (18.18%)	159 (39.07%)	98 (24.08%)	3.62	
	我能够在生产经营中能够做好规划统筹和决策执行	26 (6.39%)	63 (15.48%)	78 (19.16%)	154 (37.84%)	86 (21.13%)	3.52	3.54
	我能够对手下的员工进行培训和指导，起到领导示范作用	29 (7.13%)	55 (13.51%)	95 (23.34%)	146 (35.87%)	82 (20.15%)	3.48	
市场营销能力	我能够充分地进行市场调查并对下一步的行为做出合理的规划	26 (6.39%)	49 (12.04%)	71 (17.44%)	152 (37.35%)	109 (26.78%)	3.66	
	我能够综合人、财、物、市场等情况确定市场定位、营销定位	23 (5.65%)	40 (9.83%)	67 (16.46%)	155 (38.08%)	122 (29.98%)	3.77	3.71
财务管理	我能够建立健全农产品生产经营过程中的财务制度	22 (5.41%)	49 (12.04%)	64 (15.72%)	152 (37.35%)	120 (29.48%)	3.73	
	我能够在农产品生产、销售等环节建立收支账单	34 (8.35%)	50 (12.29%)	71 (17.44%)	160 (39.31%)	92 (22.60%)	3.56	3.64
风险把握能力	我在农业生产经营过程中能够预测和在一定程度上规避风险	30 (7.37%)	46 (11.30%)	79 (19.41%)	157 (38.57%)	95 (23.34%)	3.59	
	我在面对生产经营危机时能够冷静应对解决问题，保持积极的心态	23 (5.65%)	45 (11.06%)	74 (18.18%)	155 (38.08%)	110 (27.03%)	3.70	3.65
	小计	238 (6.50%)	448 (12.23%)	673 (18.37%)	1 390 (37.95%)	914 (24.95%)		3.63

从表 0 - 38 可以看出，文化素质维度矩阵平均分为 2.24 分。其中，数字信息知识矩阵平均分为 2.32 分，农业生产知识矩阵平均分为 2.31

分，资源生态知识矩阵平均分为 2.08 分，法律法规知识矩阵平均分为 2.25 分。

表 0-38　文化素质维度得分情况

二级指标	题　目	1分	2分	3分	4分	5分	平均分/分	
							题目	矩阵
数字信息知识	我了解智慧农业和数字农业方面的知识	111 (27.27%)	144 (35.38%)	106 (26.04%)	36 (8.85%)	10 (2.46%)	2.24	2.32
	我能够持续稳定地获得新的农业信息	85 (20.88%)	154 (37.84%)	106 (26.04%)	49 (12.04%)	13 (3.19%)	2.39	
农业生产知识	我对自己从事的农业生产领域方面知识足够了解	81 (19.90%)	149 (36.61%)	111 (27.27%)	49 (12.04%)	17 (4.18%)	2.44	2.31
	我所具备的农业生产知识能够使我应对在生产经营中遇到的问题	112 (27.52%)	161 (39.56%)	89 (21.87%)	35 (8.60%)	10 (2.46%)	2.19	
资源生态知识	我了解绿色生产和可持续性发展方面的知识	136 (33.42%)	151 (37.10%)	85 (20.88%)	26 (6.39%)	9 (2.21%)	2.07	2.08
	我在农业生产经营过程中注重减少污染，节约资源，主动采纳绿色生产技术	134 (32.92%)	152 (37.35%)	80 (19.66%)	35 (8.60%)	6 (1.47%)	2.08	
法律法规知识	我了解农业领域的保险法、食品安全法、土地承包法等相关法律法规	98 (24.08%)	145 (35.63%)	104 (25.55%)	47 (11.55%)	13 (3.19%)	2.34	2.25
	我掌握了农业法律方面的签订合同、税务等一般知识	100 (24.57%)	159 (39.07%)	88 (21.62%)	51 (12.53%)	9 (2.21%)	2.29	
	我在农业生产与经营实践中能够运用法律法规维护自己的权益，并避免违法行为的发生	123 (30.22%)	151 (37.10%)	95 (23.34%)	30 (7.37%)	8 (1.97%)	2.14	
小计		980 (26.75%)	1 366 (37.29%)	864 (23.59%)	358 (9.77%)	95 (2.59%)	2.24	

将各级指标的平均分带入 ANP 模型构建的网络层次指标权重体

系，计算智慧农业背景下农民胜任力素质水平的综合得分。

综合评价得分＝$0.05 \times 4.02 + 0.07 \times 3.98 + 0.06 \times 4.18 + 0.04 \times 4.06 + 0.10 \times 2.14 + 0.05 \times 2.13 + 0.09 \times 1.90 + 0.06 \times 2.07 + 0.07 \times 3.54 + 0.08 \times 3.71 + 0.04 \times 3.64 + 0.09 \times 3.65 + 0.05 \times 2.32 + 0.07 \times 2.31 + 0.04 \times 2.08 + 0.04 \times 2.25 = 2.978\,1$

5. 研究结论

智慧农业对农民的胜任力素质提出了新要求，具体表现在对科技文化素质、数字信息知识技能、学习能力抗风险意识、服务意识等方面。结合前人的研究结果，构建本研究的 4 个一级指标 16 个二级指标，通过网络层次分析法确定各级指标权重。通过问卷调研对智慧农业背景下生产经营型农民的胜任力素质水平进行测量，结果显示当前智慧农业背景下生产经营型农民的胜任力素质综合得分为 2.98 分，处于 2～3 分区间，属于基本胜任。表明在当前智慧农业背景下农民的整体胜任力素质处于中等水平，基本能够满足智慧农业发展的需要，但仍存在较大的发展空间。从具体的评价方面来看，心理素质平均得分 4.06 分，处于高度胜任的水平；科技素质平均得分 2.06 分，处于基本胜任的较低水平；经营管理素质平均得分 3.63 分，处于比较胜任的水平；文化素质平均得分 2.24 分，处于基本胜任的水平。

6. 农民培训模式选择

（1）心理素质类培训。心理素质类培训侧重基础教育和通识课程，以提升农民整体素质为目标，包括基础文化、思想道德和法律法规教育，常作为文化知识和职业技能培训的补充，具有公共产品属性。培训应依托职业院校、农业高校或成人教育学校，通过"学校＋企业"的订单培养模式或"职业院校＋合作社＋农户"的模式，推动农民终身教育和思维方式、道德素质的全面提升。

（2）文化素质类培训。文化素质类培训包括基础文化知识（如农业生产、种植养殖技术、数字化信息）和职业类别知识（如特定农作物、牲畜养殖及相关技术与设备使用）。培训主体分为政府主导的院校制定定向培训计划和企业主导的项目及产业相关知识培训。培训模式可采用"学校＋企业"的订单培养模式、"职业院校＋合作社＋农户"的模式以及网络平台培训模式。

（3）经营管理素质类培训。经营管理素质类培训旨在提升农民的经营管理能力。随着农业规模化和智慧农业的发展，农业大户对市场信息、营销方法及产业管理的需求增加。培训模式应注重经营与商业知识的结合，可采用"职业院校＋合作社＋农户"的模式、"培训专家＋农户"的一对一培训模式、典型示范型培训模式以及数字化在线培训模式。

（4）科技素质类培训。科技素质类培训涵盖项目技能培训和实用技术培训。项目技能培训由政府或企业主导，通过计划制定和资金支持，围绕技术标准与操作规范开展；实用技术培训则聚焦农业生产中的专项技术推广。根据培训主体的公共或非公共属性，培训模式可采用典型示范型培训模式、"公司＋农户"的合作培训模式、农技服务模式、"职业院校＋合作社＋农户"的模式、"培训专家＋农户"的一对一培训模式、网络平台培训模式以及数字化在线培训模式。

四、研究结论与对策建议

（一）研究结论

1. 关于高素质农民持续参与培训行为的影响因素

（1）期望负向影响感知。实证结果表明，期望负向影响感知。其中，期望对获得感知的影响权重最大。感知分为培训感知、政府感知和获得感知，期望的测量变量包括对培训相关内容的期望、对政府作用的期望和对收入水平的期望。高素质农民在参与培训前的期望对参与培训后的感知产生显著影响，高素质农民在参与培训前内心产生的期望越高，参与培训后的感知就越低；反之，高素质农民在参与培训前内心产生的期望越低，参与培训后的感知就越高。

（2）感知正向影响持续参与培训行为。实证结果表明，感知正向影响持续参与培训行为，其中，政府感知对高素质农民持续参与培训行为的影响权重最大。政府感知正向影响高素质农民持续参与培训行为。政府感知的测量变量包括对政府部门监督管理的评价、对政府部门资金投入力度的评价和对政府部门政策扶持力度的评价。高素质农民对政府部门在培训方面起到的作用的满意程度对其是否会持续参与培训产生显著影响，高素质农民对政府部门在培训方面起到的作用越满意，其产生持续参与培训行为的可能性就越大；反之，高素质农民对政府部门在培训方面起到的作用越不满意，其产生持续参与培训行为的可能性就越小。

培训感知正向影响高素质农民持续参与培训行为。培训感知的测量变量包括对培训师资队伍的评价、对培训时间安排的评价、对培训主体的评价和对培训费用的评价。高素质农民对参加培训的相关因素的满意程度在很大程度上影响其是否会持续参与培训的行为，高素质农民对培训的相关因素越满意，其产生持续参与培训行为的可能性就越大；反之，高素质农民对培训的相关因素越不满意，其产生持续参与培训行为的可能性就越小。

获得感知正向影响高素质农民持续参与培训行为。获得感知的测量变量包括对自身技能的评价、对荣誉获得的评价、对收入水平的评价和对知识交流能力的评价。高素质农民对自身参与培训后的个人获得的满意程度对其是否会持续参与培训产生很大影响，高素质农民对自身参与培训后的个人获得情况越满意，其产生持续参与培训行为的可能性就越大；反之，高素质农民对自身参与培训后的个人获得情况越不满意，其产生持续参与培训行为的可能性就越小。

（3）感知正向影响高素质农民满意度，期望负向影响高素质农民满意度。实证结果表明，培训感知正向影响高素质农民满意度、政府感知正向影响高素质农民满意度、获得感知正向影响高素质农民满意度、期望负向影响高素质农民满意度。其中，获得感知对高素质农民满意度的影响权重最大。高素质农民对培训的感知越高，对高素质农民培训的满意度就越高；高素质农民在参与培训前对培训的期望越高，参与培训后对培训的满意度就越低。

（4）高素质农民满意度正向影响高素质农民持续参与培训行为。实证结果表明，高素质农民满意度正向影响持续参与培训行为、高素质农民满意度在期望与行为之间起中介作用、高素质农民满意度在培训感知与行为之间起中介作用、高素质农民满意度在政府感知与行为之间起中介作用、高素质农民满意度在获得感知与行为之间起中介作用。

2. 关于高素质农民培训效果及培训模式选择策略

（1）高素质农民培训效果评估。通过平均分分析发现，四个层级平均分从高到低的排名为学习、学员反应、行为改变、业务结果，说明从知识的学习到所学知识真正产生变化，需要时间、知识和能力的积累，需要有从量变到质变的过程。此外，实证结果表明，业务结果与学员反应、学习、行为改变之间存在显著正相关关系；学员反应、学习、行为改变对业务结果均有显著的正向影响，其中，学习的影响最大，其次是学员反应，行为改变的影响最小。

（2）高素质青年农民培训效果评价及其影响因素。通过对高素质青年农民培训评价样本分析发现，心理素质和管理技能培训效果相对欠佳，技术技能和文化素质培训表现较为突出，但约三成学员对心理素质和管理技能培训效果的提升感知仍存模糊。此外，实证结果表明，在心理素质的影响因素中，参训者特征指标中的能力和个性、培训设计指标中的培训内容和培训支持力度、工作环境指标中的执行机会和培训氛围对其产生显著正向影响；在管理技能的影响因素中，参训者特征指标中的能力和培训设计指标中的培训内容对其产生显著正向影响。在技术技能的影响因素中，参训者特征指标中的能力、培训设计指标中的培训内容和工作环境指标中的执行机会对其产生显著正向影响；在文化素质的影响因素中，参训者特征指标中的能力、培训设计指标中的培训方式和培训支持力度、工作环境指标中的执行机会对其产生显著正向影响。综合来看，能力、培训内容和执行机会是影响心理素质、管理技能、技术技能和文化素质的关键因素。

（3）农民社会资本对农业技术培训的影响。实证结果表明，社会信任、社会网络、社会参与及互惠规范均对农业技术培训评价产生显著正向影响，影响程度由高到低依次是社会信任、互惠规范、社会参与、社会网络。

（4）农民胜任力素质评价及农民培训模式选择策略。通过 ANP 网络层次分析法对智慧农业背景下生产经营型农民的胜任力素质水平进行测量，结果表明，农民的胜任力素质综合得分为 2.98 分，属于基本胜任。说明农民的胜任力素质基本能够满足智慧农业发展的需要，但仍存在较大的发展空间。具体而言，心理素质平均得分为 4.06 分，处于高度胜任水平；科技素质平均得分为 2.06 分，处于基本胜任水平；经营管理素质平均得分为 3.63 分，处于比较胜任水平；文化素质平均得分为 2.24 分，处于基本胜任水平。通过对智慧农业背景下现有农民培训模式的梳理，结合胜任力素质提升需求，构建了农民培训模式选择基本策略。具体而言，心理素质类培训模式包括"学校＋企业"的订单培养模式以及"职业院校＋合作社＋农户"的模式，文化素质类培训模式包括"学校＋企业"的订单培养模式、"职业院校＋合作社＋农户"的模式以及网络平台培训模式，经营管理素质类培训模式包括"职业院校＋合作社＋农户"的模式、"培训专家＋农户"的一对一培训模式、典型示范型培训模式以及数字化在线培训模式，科技素质类培训模式包括典型示范型培训模式、"公司＋农户"的合作培训模式、农技服务模式、"职业院校＋合作社＋农户"的模式、"培训专家＋农户"的一对一培训模式、网络平台培训模式以及数字化在线培训模式。

（二）对策建议

1. 关于高素质农民持续参与培训行为

（1）实施期望管理以提升感知有效性和满意度并激励其持续参与培训。研究表明，期望（收入水平的期望、对培训相关内容的期望和对政府作用的期望）能够对感知（培训感知、政府感知和获得感知）和满意度产生消极的影响，而满意度在期望与高素质农民持续参与培训之间起到中介作用。

第一，收入增长期望是高素质农民持续参与培训关键，需结合新型农业农村建设需求，明确定位责任，突出培训在提升长期收益中的关键作用。为此，政府应加强政策宣传引导，多渠道宣传新型农业农村建设的战略目标，明确农民角色责任，借助政策文件等传递培训价值；培训机构应多展示成功案例，用案例引导高素质农民提升对收入增长的合理预期，帮助其避免过度关注短期收益，从而防止因期望与实际效果不符而导致的心理落差和满意度下降；培训机构应提供经济模型与评估工具，帮助高素质农民设定合理的收入增长预期，确保其目标切合实际，增强其获得感知，进而激发高素质农民持续参与培训的积极性。

第二，高素质农民对培训内容的期望主要集中在培训是否具有实用性和针对性，要确保高素质农民对培训相关内容的合理期望，培训设计应围绕其务农时间、经营规模以及经营生产类别等方面设计多样化的培训项目，确保期望与培训效果相符，从而增强高素质农民对培训效果的认可与预期。为此，培训机构应按务农时间与经营规模分层设计，对"新晋农民"（务农时间短、规模小）开展大班制的"启蒙式培训"，对"熟练农民"（有规模、务农有段时间）开展小班制的"提升式培训"，对"精英农民"（规模大、务农久，如家庭农场主等新型农业经营主体负责人）开展专家一对一的"领航式培训"；应根据高素质农民的经营生产类别进行针对性设计，种植业农民应侧重作物管理与病虫害防治培训，养殖业农民应侧重疫病防治及饲料管理知识，生态或有机农业农民加强环保、可持续发展与有机认证培训，农产品加工营销经营者应开展市场营销、品牌建设及增值加工专项培训。通过差异化期望管理，高素质农民能够更好地感知培训效果、提升满意度，催生持续参与培训的动力。

第三，高素质农民对政府作用的期望在于其能够有效支持培训的实施和推广，要确保高素质农民对政府作用的合理期望，政府应积极发挥引导和协调的职能。为此，应优化培训环境，完善软硬件设施，与相关机构合作，通过法律形式提供必要的资源和政策保障；应定期传递培训成效信息，保持信息透明，帮助高素质农民形成切实可行的期望，理解培训的真实价值，避免因不切实际的期待导致的失望和满意度降低，提高其参与培训的积极性与持续性；政府在发挥积极作用的同时，应适度将培训资源的配置职能交予市场，简政放权，确保培训的高效性和可持续发展。

（2）增强高素质农民感知以提升满意度并激励其持续参与培训。研究表明，高素质农民的感知（培训感知、政府感知和获得感知）能够对高素质农民满意度产生积极影响，同时，满意度在感知与高素质农民持续参与培训之间起到中介作用。

第一，培训感知是高素质农民对培训相关内容的感知，涵盖了培训师资队伍的评价、培训时间安排的评价、培训主体的评价和培训费用的评价。为此，要增强高素质农民培训感知以提升满意度并激励其持续参与培训。应加强师资队伍建设，完善培养机制，提升教师专业水平并建立相应团队，培训教师应深入农业生产基地进行实践指导，推广理论知识，政府应制定统一标准，确保授课质量，促进资源共享，设立奖惩制度评估教学效果；应合理安排培训时间，将培训安排在秋季后至春季前，采用分段式培训模式，根据农民实际需求设置培训时长，提高培训效率和学习效果；应强化高素质农民培训主体行为，协调农业大学、高职院校及农民专业合作社等多方力量，通过走访、问卷及意见箱等方式收集高素质农民需求，提升培训质量；政府应制定合理的培训费用，出台补贴政策，探索多元化融资渠道，降低农民经济负担，培训机构需明确费用构成，提升农民对投资回报的认知。

第二，政府感知是高素质农民对政府部门所做行为的感知，涵盖了政府部门监督管理的评价、政府部门资金投入力度的评价和政府部门政策扶持力度的评价。为此，要增强高素质农民政府感知以提升满意度并激励其持续参与培训。应加强培训监督管理制度，建立完善的评价考核体系，明确监管范围和职责，拓宽监督渠道，保障内外监督机制的有效运作，增强透明度和公信力；政府应加大对培训资金的投入，调整财政支出结构，逐步增加专项资金投入，制定培训预算方案，建立明确的资金分配制度，实施项目化管理，拓展资金来源渠道，促进社会参与和市场合作；应加强政策支持，制定专属优惠政策，鼓励高素质农民扎根农村，防止人口外流，扶持政策需结合人才培养、技能提升和综合素质，符合当地发展要求，促进产业与经济发展，实现高素质农民培训的制度化与法制化。

第三，获得感知是农民通过参与培训所获得的收益感受，涵盖了自身技能的评价、荣誉获得的评价、收入水平的评价和知识交流的评价。为此，培训主体应增强高素质农民获得感知，以提升满意度并激励其持续参与培训。应增强技能提升的实用性，引导培训内容务实，实现农民培训与线下实操结合，可定期举办"农业技术日"，邀请专家现场讲解和演示最新技术，帮助农民在实践中掌握所需技能；建立荣誉激励机制，设立高素质农民荣誉称号和认证体系，定期评选表现优秀的农民并给予表彰，提升农民的成就感和自豪感，增强对职业发展的信心；应关注收入水平的提升，在培训结束后，提供市场信息和创业指导，帮助农民找到合适的销售渠道和商业模式，同时，建立创业扶持基金，为参与培训的农民提供小额贷款或补贴，降低创业风险；应促进知识交流，建立农民学习交流平台，定期举办经验分享会和研讨会，鼓励农民之间互动与合作，通过社交媒体和微信群组创建线上交流空间，让农民随时随地分享心得和技术，营造积极的学习氛围，增强他们对培训的持续参与感和归属感。

2. 关于高素质农民培训效果及培训模式选择策略

（1）优化高素质农民学员反应、学习、行为改变以提升培训成效。研究表明，学员反应、学习和行为改变能够对培训成效产生积极影响。

第一，学员反应涵盖了课程设计、教师授课质量、培训组织管理、政策扶持力度和自我感知。为此，培训主体应优化学员反应，以提升培训成效。应完善课程设计，培训项目应结合学员工作实际，确保内容匹配职业发展和日常工作，课程内容需实用、新颖，引入最新行业趋势和技术进展，课程难度需适中，采用渐进式学习方法，教材应系统严谨，定期更新，以提升学习全面性，需提升教师授课质量，选聘具备专业背景和丰富实践经验的教师，注重长短结合和先进引领，完善课程评价机制，奖励教学效果好的教师；应加强培训组织管理，根据农民工作的季节性特征灵活安排时间，农闲时以"固定课堂"为主，农忙时采取其他方式，确保现代化培训设施完好，优化学习环境，提供良好后勤服务，采用多元化考核方式综合评估学员能力；应增强政策扶持力度，基于学员需求调整政策措施，包括资金支持、培训补贴和资源配置等，鼓励学员自我评估，定期提供自评工具，帮助学员反思学习成果，并根据评估结果提供个性化反馈，激发学习动力。

第二，学习涵盖了学习效果和学习质量。为此，要优化学习以提升培训成效。应创造具有价值的学习效果，加强与学员的互动与学习，将培训班办到田间地头、大棚圈舍、农业园区、示范基地等，使得培训内容与产业链的实际生产周期相结合，确保农业生产与农民培训的同步，不断引入前沿知识和技术，突破路径锁定，促进对培训知识的理解、消化与利用；应保障学习质量，采用不同培训方式，针对不同需求和背景的学员，确保培训内容的针对性和有效性，利用开放教育资源和知识共享理念，提高学员的知识与技能。

第三，行为改变涵盖了能力变化、知识应用和内心转变。为此，要优化行为改变以提升培训成效。应激发能力变化，整合多方资源，健全培训体系，分层分类开展轮训，提升核心能力，培育学员多种意识（主人翁意识、责任意识、公共意识和集体意识等），强化对农业政策的理解与运用，系统融入法律知识培训，帮助学员提升法律意识和法治素养，建立职业发展中心，培养学员的职业认知，引导其将农业视为具有长期价值、需智慧与专注投入的职业领域；应促进知识应用，培训过程中注重受训者的综合实践技能训练，提升他们分析和解决现实问题的能力，从而有效促进所学知识的实际应用；应促使内心转变，鼓励学员借助互联网平台分享培训内容，转变学员角色，激发内生动力，提升对农民身份与培训的认知认同。

（2）强化心理素质和管理技能的实效性，优化参训者特征、培训设计和工作环境以提升培训成效。研究表明，培训效果在心理素质、管理技能、技术技能和文化素质四个维度的评估中，心理素质和管理技能仍需进一步提升。

第一，心理素质涵盖了学习意愿与能力、自信心和职业意识与认同，管理技能涵盖了经营管理能力、财务管理能力、市场运营能力和个人影响力。为此，从心理素质角度来看，应定期举办答题检测，评估参训者对培训内容的掌握情况，建立奖励机制以激励学习积极性，提升学习意愿与能力，搭建农民心理品质咨询平台，选拔具有心理学背景的志愿者提供心理咨询服务；从管理技能的角度来看，在以市场为主体的大环境下，应明确农业发展方向，理解市场在农产品全流程中的作用，积极参与竞争，收集信息，合理判断与预测供给情况，降低销售风险，通过系统培训提升青年农民金融素养，促进其掌握成本控制技巧，制定科学的生产计划，应着重培养农民的生产协调与人力资源管理能力，实现全过程的合理分工，提高生产效率与资源利用率。

第二，参训者特征、培训设计以及工作环境的某些子维度能够提升高素质青年农民的心理素质、管理技能、技术技能和文化素质。应注重参训者能力和个性的提升，注重技能的传授，以"授之以渔"为目标，贯彻理论与实操、数字资源与实体资源、培训教材与文化素养的"三结合"原则，帮助参训者快速吸收知识，增强对解决农业生产困难的信心和决心，进而对心理素质、管理技能、技术技能和文化素质产生积极影响，培养出热爱农业、掌握技术、善于经营的新一代高素质农民；应依据不同农户的具体需求，设计个性化的培训方案，以满足多层次的学习要求，确保培训内容与参训者的个人能力及职业要求相符，使其能够在实际工作中灵活运用所学知识；应增强执行机会和优化培训氛围，通过政府或相关机构对培训效果进行定期跟踪调查，随机抽查审核培训执行情况，对发现的问题及时提出调整意见，促进参训者将所学更好应用于实践，以激励其持续参与后续培训。

（3）增强农户社会资本以提升培训成效。研究表明，农户社会资本中的社会信任、社会网络、社会参与和互惠规范能够对农业技术培训评价产生积极的影响。

第一，加强农户之间的社会信任建设。从制度信任、组织信任和培训信任角度看，需确保合作协议的清晰性与透明性，详细列明双方的权利与义务，避免模糊条款引发的误解；培训机构应确保教师具备专业背景与教学能力，同时，鼓励学员之间建立良好的互动与合作关系，通过整合农业技术人员与示范农场，增强农户对培训的信任；农业技术人员与乡村能人的沟通能够促进知识传播，乡村能人凭借其信息处理能力能够提高新技术实施的成功率，并在技术人员指导下培训其他农民，从而提升整体培训效果。

第二，促进互惠规范的建立。从培训制度、培训管理制度和社会归属感角度看，培训机构应确保课程安排的公平性和灵活性，充分考虑不同农户的需求和时间安排，建立差异化的培训制度，使不同文化水平和经济条件的农户都能够受益；应建立透明的管理流程，明确学员在培训中的参与权利与义务，针对培训期间的合作行为，设立评价与激励制度，确保管理制度在促进互惠合作方面具有实际效果；应营造积极、支持性的培训氛围，增强农户对培训环境的归属感。

第三，提升农户的社会参与。从培训网络融洽度、参与主动性、参与频率和互助行为角度看，培训机构应营造积极、包容的学习环境，促进学员间的互动与交流，通过小组活动、联谊活动和社交平台增强学员的归属感和参与感；应采取鼓励机制，激发学员在培训中积极提问与表达需求；应提供更多灵活和多样化的培训机会，增加农户参与培训的频率；应鼓励农户相互帮助，促进互助文化的形成，通过组织互助小组和案例分享，让学员分享在实践中遇到的挑战及解决方案，增进他们之间的互助意识，并在培训后持续推进农户之间的互助行为，扩大培训的正向影响。

第四，优化农户社会网络建设。从网络规模、网络密度、培训网络密度、网络交互频率、培训网络交互频率、网络融洽度和培训网络融洽度角度看，培训机构应通过组织技术交流会和农业论坛、举办区域性技术共享会议或跨区域技术考察等活动，拓展农户的社交圈，增强与外部专家和同行的联系，扩大社会网络，增强农户与更多农业从业者的互动频率，提升社会交往的有效性；应鼓励农户参与社群化农业合作项目，增加与亲朋好友的合作机会，通过共同经营农业项目或农产品，强化家庭和邻里间的合作纽带；应建立长期的知识共享机制，将临时关系转化为长期合作伙伴，创建线上农业技术小组或专业平台，增强学员间的持续互动；应通过定期组织聚会和农业合作项目，促进农户与网络成员的互动，特别是在播种或收获等关键季节，鼓励通过合作劳动和资源共享，增加与亲朋好友的交往频率和互动深度；应通过跟踪服务，持续提供技术回访与线上咨询；应通过设置农业合作社或联合推广项目，引导农户在项目中相互支持与分工合作，构建和谐的合作关系。

（4）提高农民胜任力素质，构建多元化培训模式，倡导个性化模式选择。研究表明，当前智慧农业背景下生产经营型农民的胜任力素质（心理素质、科技素质、经营管理素质和文化素质）属于基本胜任。

第一，强化农民心理素质。从学习意愿、道德品质、创新意识和服务意识角度看，应优化培训内容，避免信息碎片化，确保内容系统化和实用性。应简化知识获取途径，增强农民的学习便捷性；应重点提升农民的责任感和诚信意识，鼓励他们在农业生产中坚持高标准的道德规范，通过榜样示范和实际案例的分享，引导农民认识到良好的道德品质不仅是个人发展的基石，也是提升农业生产效益和促进可持续发展的重要保障；应鼓励农民积极尝试新技术、新模式，提升他们的科技应用能力和适应能力，通过引入先进的农业科技，如智能设备、精准农业技术和数据管理系统，帮助农民理解并掌握智慧农业的最新发展动向，探索更加高效、环保的农业实践，增强他们对新技术的信任感和应用能力；农民不仅需要提升个人的生产能力，还需具备服务全产业链的意识，主动融入合作社、产业联盟等平台，促进资源共享与协作。

第二，提升农民科技素质。从数字化知识与技术、互联网运用能力、信息搜集与获取和现代农业设备操作能力角度看，应通过系统化培训帮助农民掌握智慧农业的核心技术，如物联网、大数据、人工智能和遥感技术，培训应涵盖从数据采集、分析到决策支持的全流程操作，确保农民能够熟练应用这些技术进行精准农业操作；应提升农民对农业互联网平台和数字工具的熟练掌握与应用，培训应围绕如何有效利用农业电商平台、农产品交易市场以及在线农业技术支持平台，帮助农民通过互联网拓宽销售渠道、获取市场动态和学习先进的农业技术，此外，培训还应包括如何使用在线支付系统、管理线上订单和数据安全知识，以确保农民能够安全、便捷地进行数字化交易操作；应注重培养农民快速、高效地获取和利用农业相关信息的能力，培训内容应帮助农民掌握使用智能设备或数字化工具获取最新的市场行情、气象预测、政策动态以及农业技术发展的技能，此外，培训应加强农民对信息筛选和评估能力的培养，提升他们在应对信息碎片化和虚假化风险时的辨别力；培训应重点提升农民对先进农业机械和设备的操作与维护技能，培训课程应涵盖设备的安装、调试、操作步骤，以及常见故障的排查与维护，确保农民能够在实际操作中高效应用这些设备。

第三，加强农民经营管理素质。从管理知识与技能、市场营销能力、财务管理和风险把握能力角度看，培训应重点帮助农民掌握基本的管理理论和实践方法，如生产流程的优化、资源配置的合理化等，确保他们能够有效组织农业生产，同时，应注重培养农民的领导能力，使其能够为团队成员提供指导和培训，发挥领导示范作用；培训应帮助农民掌握如何有效开展市场调查，深入了解市场需求、竞争格局和消费者偏好，确保他们能够根据市场动态调整生产和营销策略，特别是在数字化时代，农民需要掌握现代营销工具，如利用电商平台和社交媒体进行产品推广，扩大农产品的市场覆盖范围；培训应帮助农民建立健全农产品生产经营中的财务制度，确保各个环节的资金流动透明可控，培训内容还应包括预算管理、成本控制、现金流管理和利润核算等基础财务知识，确保农民能够根据财务数据合理安排生产投入与经营支出；应帮助农民建立系统的风险识别和管理机制，提升他们在农业生产经营过程中对潜在风险的预测和应对能力，包括如何识别与评估各种农业风险，如市场价格波动、气候变化、病虫害以及政策调整等外部风险，以及管理内部运营过程中可能出现的财务、技术或人员管理方面的风险。

第四，增强农民文化素质。从数字信息知识、农业生产知识、资源生态知识和法律法规知识角度看，培训应着力帮助农民提升对智慧农业和数字农业的基础认知与应用能力，农民应系统了解物联网、大数据、人工智能等新兴技术在农业生产中的具体应用场景，如精准施肥、智能灌溉、作物生长监测等；应重点帮助农民掌握其从事的农业生产领域的核心知识，确保他们能够有效应对生产经营中的各种问题，培训内容应全面覆盖从种植到收获的各个环节，包括作物选择与轮作规划、肥料和水资源的高效利用策略，以及极端天气或突发事件下的生产管理措施；培训应帮助农民理解绿色生产和可持续发展理念，掌握节约资源、减少污染的技术与方法；培训应帮助农民了解与农业相关的核心法律法规，如保险法、食品安全法、土地承包法等，进而依法规范其生产和经营活动。

第五，在提升农民胜任力素质的同时，应构建多元化的培训模式，以适应智慧农业发展的全产业链岗位升级需求。应通过校企合作或职业院校联合合作社开展订单式培养模式，设置针对性心理辅导课程和压力管理实践课程，以优化心理素质类培训；应结合线上平台和地方特色资源强化文化素质类培训，提升农民综合文化素养；应借助职业院校与合作社的联合优势，强化农户对市场营销、财务管理和农产品供应链管理的系统培训，推广"一对一"专家指导与典型示范培训模式，通过实地观摩和现场辅导提升农民的经营管理能力；应推广技术示范区、"公司＋农户"合作模式及数字化在线培训等模式，加速科技素质的普及与实践应用。

专题报告一｜
高素质农民持续参与培训行为的影响因素研究

　　开展高素质农民培训，有利于提升农民人力资本，有效提高农民的生产经营能力，改进农业生产方式，提高农业生产效率，促进农民增收致富，培养出社会需要的高素质农民，进而实现"农民富"的乡村振兴战略目标，推进我国农业农村现代化的发展。但是，数智化赋能农业产业创新发展，与之相匹配的知识更趋专业化与智能化，与此同时，数智技术助力知识的传播扩散与更新迭代不断加速，对高素质农民的知识和技能提出了更高的要求，高素质农民进行单次培训无法获得持续性的培训效果，无法满足农民自身和社会的需要。因此，课题组就如何提升高素质农民持续参与培训的积极性，使高素质农民参与培训成为动态持续的行为进行研究。本专题以高素质农民为研究对象，探讨影响其持续参与培训行为的因素。通过梳理国内外关于高素质农民培训和持续参与行为的研究进展，对高素质农民、高素质农民培训和持续参与行为的概念作出界定。依据期望-确认理论、动机理论和满意度理论，通过文献分析法、问卷调查法和实证分析法对高素质农民持续参与培训行为的影响因素进行分析。根据国内外的研究基础，结合本专题的内容和特点确定变量的具体测量指标并制定调研问卷。本专题以分层随机抽样的方式，在辽宁省大连市、鞍山市、盘锦市和锦州市 4 个城市进行调查，调查对象为具有一定专业知识和技能、以农业生产经营收入作为家庭主要收入来源、参与过培训、有劳动能力、年龄在 16～64 周岁的高素质农民，通过最终回收筛选出的 1 088 份高素质农民问卷调查数据，对高素质农民持续参与培训行为的影响因素进行实证研究。运用 SPSS 22.0 中的回归分析，分别验证期望对感知、感知对高素质农民持续参与培训行为、感知和期望对高素质农民满意度、高素质农民满意度对高素质农民持续参与培训行为的影响；构建高素质农民期望、培训感知、政府感知、获得感知和高素质农民满意度与高素质农民持续参与培训行为关系的结构方程模型并进行检验分析，检验结果表明初始拟合结构良好，得到拟合度较好的结构方程模型，对 AMOS 22.0 的输出结果进行路径分析和相关的假设检验，分析各部分指标的影响权重，验证高素质农民满意度的中介作用；分析期望、感知、高素质农民满意度与持续参与培训行为之间的作用机理。

通过研究发现，期望负向影响培训感知、政府感知和获得感知，其中，期望对获得感知的影响权重最大；培训感知、政府感知和获得感知正向影响持续参与培训行为，其中，政府感知对高素质农民持续参与培训行为的影响权重最大；培训感知、政府感知和获得感知正向影响高素质农民满意度，期望负向影响高素质农民满意度，其中，获得感知对高素质农民满意度的影响权重最大；高素质农民满意度正向影响高素质农民持续参与培训行为、高素质农民满意度在期望与行为之间起中介作用、高素质农民满意度在培训感知与行为之间起中介作用、高素质农民满意度在政府感知与行为之间起中介作用、高素质农民满意度在获得感知与行为之间起中介作用。

一、理论基础与概念界定

（一）理论基础

1. 期望-确认理论

期望-确认理论由理查德·L. 奥利弗于 1980 年提出，在其研究中用该理论解释消费者的满意度形成过程。期望-确认理论认为，消费者的满意度取决于其先前的期望与实际体验之间的差距。王铎等（2020）指出，期望-确认理论认为，消费者在使用产品或服务之前自身的期望与使用产品或服务后的感知之间的差距决定了消费者满意度的高低，差距越小，满意度越高；影响消费者是否持续使用该产品或服务的最关键因素便是消费者自身的满意度，消费者满意度越高，其产生持续参与行为的可能性就越大。期望-确认理论中共包括5个变量，分别为参与前期望、参与后感知、期望确认程度、满意度及重复参与意愿。

根据期望-确认理论研究消费者行为的思路，可以进一步引申应用于高素质农民培训问题中。高素质农民持续参与培训的过程如下：第一，高素质农民在参与培训之前会在内心形成最初的期望，即想要达到怎样的效果；第二，他们开始接受培训，第一次培训结束后，高素质农民会对培训的内容和效果产生一定的感知，将培训前和培训后的效果和行为进行对比，并且确定他们的期望在多大程度上得到验证；第三，高素质农民会基于他们的确认水平以及最初的期待，产生满意或情感；第四，对培训效果满意的高素质农民会产生继续参与培训的行为，而对培训效果不满意的高素质农民则不会再产生参与高素质农民培训的行为。本专题基于期望-确认理论模型，构建高素质农民持续参与培训行为的影响因素模型，如图1-1所示。

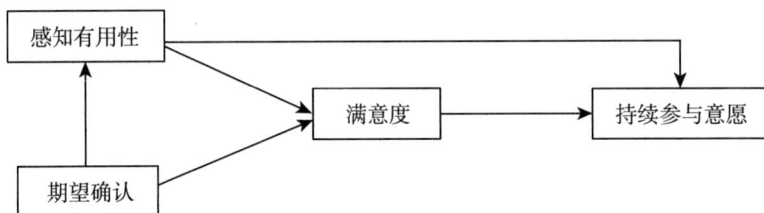

图1-1　期望-确认理论模型

2. 动机理论

胡银花（2016）认为，动机是引发行为的内在原因和动力，因而常常用来解释行为的发生机制。行为的产生前提一定有动机的存在，当人们内心产生某些需要时，就会产生驱动力，在确定目标之后这种驱动力就转变成动机，驱动人们进行有目标的活动。动机与行为之间存在多种可能性，不同的动机作用下可能会产生相同的行为，不同的行为可能具有相同或相似的动机。尹洁林等（2021）指出，动机一般分成两种：一种是内在动机（更注重内在的本质，得到直接的满足），另一种是外在动机（可以得到间接的满意，是一种可分离的结果）。

高素质农民选择是否参与培训和是否持续参与培训也会受到动机因

素的影响。高素质农民会考虑自己参加培训的原因和目的，从而决定自己的行为。仲秋雁（2010）在众包社区用户持续参与行为的实证研究中，将外在动机分为感知有用性和外部激励，将内在动机分为享受乐趣、提高能力、虚拟社区感和自我肯定。在本专题中，依据相关学者对感知的划分以及对高素质农民参与培训行为的影响因素研究结果，将感知分为培训感知、政府感知和获得感知。其中，获得感知的二级指标包括自身技能、荣誉获得、收入水平和知识交流能力。

3. 满意度理论

满意度理论是顾客满意理论中的基本概念。李平（2020）指出，顾客满意度是指一种满足程度，这种满足程度是在消费行为之后产生的。影响满意度的因素有事前期望和事后感知，满意度即是事前期望和事后感知之间的反差，满意度的高低会影响人们的后续行为。吕天宇（2020）指出，随着满意度理论的不断应用和推广，目前利用满意度理论的研究已经包括商业行为、公共服务、政府、教育服务和企业制度改革等方面，且满意度的评价对象也不再局限于产品和服务。只要测量对象的行为存在期望和感知两个因素，便可以应用满意度理论进行测量。在本专题中，高素质农民在选择是否持续参与高素质农民培训时会考虑自身参与培训前的期望与参与培训后的感知之间的差距，进而影响选择是否多次参与培训的行为。

（二）概念界定

1. 高素质农民

张红智等（2021）认为，高素质农民的特点有受教育程度高、会经营、善管理、有农业专业技术、示范带动作用强五个方面。吕莉敏（2022）认为，在乡村振兴背景下，高素质农民具有新的职业理念、高水准的职业素养、爱岗敬业的职业情怀、广泛的经营范围和强劲的带动能力。本专题将高素质农民界定为：具有一定专业知识和技能，以农业生产经营收入作为家庭主要收入来源，且参与过培训、有劳动能力、年龄在16～64周岁的农民。

2. 高素质农民培训

李萌（2018）认为，培训是指有组织地将知识、技能、信息、观念、标准、要求等向特定对象进行单向传输的行为，是通过短期的课程讲授使受训者的基本知识和技能快速提升的过程。吉则尔夫（2020）认为，高素质农民培训作为农民教育中的一种类型，是通过长、短期的教育培训，将有培训意愿且符合培训要求的农民作为教育培训对象，对这些农民进行集中系统培训，使农民快速掌握他们所在产业的知识信息、技能的过程。高素质农民培训涉及范围广，培训方式和培训内容多种多样。本专题将高素质农民培训界定为：以政府为主导，对高素质农民进行集中组织化教育和培训的行为。

3. 持续参与行为

行为的基本意思是举止行动，是一种外在表现出来的活动，受到思想的支配。持续是指延续、继续，不中断进程。Fang（2009）认为，持续参与行为是指参与者在活动中保持活动状态的时间长度。Ma（2007）认为，参与者的贡献即是参与者持续参与行为的体现。Shah（2006）对开源软件社区中用户参与的相关研究发现，长期参与者的动机在于感知乐趣，这种感受到的乐趣是长期存在的，而短期参与者的动机只在于获取价值，当个体的需要得到满足后，短期参与者便不再需要参与到社区活动中。相对于初始意愿，用户的持续性行为才是信息系统持续得以应用的关键因素。本专题将持续参与行为界定为：高素质农民一年内参与两次及以上培训的行为。

二、研究模型与指标体系构建

（一）研究模型

本专题引入理查德·L. 奥利弗（1980）最早提出的期望-确认理论，作为高素质农民持续参与培训行为影响因素概念模型的基础。将期望-确认理论中的感知有用性分为与高素质农民培训相关的培训感知、政府感知和获得感知，探索期望、培训感知、政府感知、获得感知与高素质农民持续参与培训行为之间的关系，并验证满意度的中介作用。结合赖园园（2017）关于网络问答社区用户持续参与行为研究的方法和成果，将期望-确认理论中的持续参与意愿修正为持续参与行为。研究框架如图1-2所示。

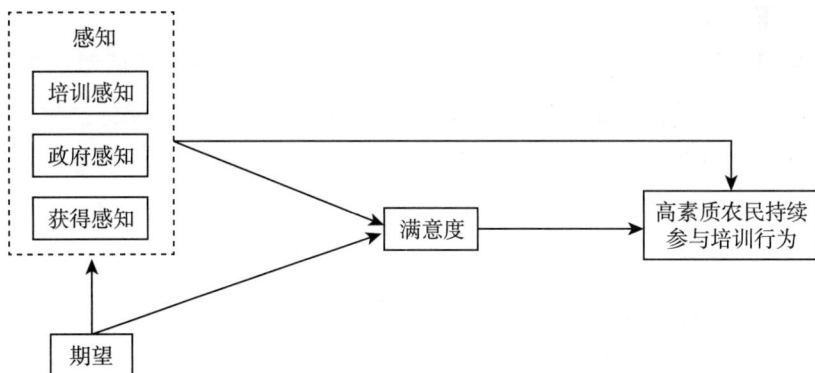

图1-2 高素质农民持续参与培训行为的影响因素研究框架

（二）指标体系构建

1. 期望

张晓东（2020）指出，在满意度理论中，期望既能指体验产品或服务时的心理预测，也能指体验某种产品或服务前心理形成的预期效果。本专题将期望界定为一种心理预期水平或期待，是指高素质农民在持续参与培训前凭借自己的认知能力，利用自身所掌握和理解的信息在个人内心形成的一种标准和期待。

2. 感知

培训感知是指个人或集体对培训相关内容的感知。根据聂彬（2020）关于高素质农民培训的相关研究，大部分学者在培训因素方面都会选取培训的师资队伍、时间安排、培训主体和培训费用作为研究高素质农民参与培训的影响因素的解释变量。本专题中，培训感知是指高素质农民在持续参与培训后对培训的师资队伍、时间安排、培训主体和培训费用是否满意的实际感受。

政府感知是指个人或集体对政府部门所做行为的感知。通过黄双令（2013）关于高素质农民培训问题的研究发现，有关学者选取政府部门的监督管理、资金投入力度以及政策扶持力度作为研究高素质农民参与培训的影响因素的解释变量。本专题中，政府感知是指高素质农民在持续参与培训后对政府部门的监督管理、资金投入力度以及政策扶持力度是否满意的实际感受。

获得感知从广义上解释为人们在获取某种利益或好处后是否感到满足的感知。通过相关研究发现，获得感知包括自身技能、荣誉、收入和知识交流方面的内容。本专题中，获得感知是指高素质农民持续参与培训后对自身技能、荣誉奖励、收入、知识交流方面的改变是否满意的实际感受。

3. 满意度

常颖（2020）认为，满意是个体的一种心理感受，是个体对产品或服务等的事前期望与体验后所得到实际感受的反差，将这个反差用数值表示，就变成了满意度。可以看出，在体验前自身心理期望越高，对体验后得到的实际感受的评价越低。也就是说，一般情况下期望与满意度通常表现为负相关关系，即期望越高，满意度越低。本专题中，满意度是指高素质农民参与培训后对自身收入、培训内容和政府作用的满意程度。

4. 持续参与培训行为

对于高素质农民培训问题而言，高素质农民自愿、持续地参与培训是衡量培训对高素质农民产生积极作用的关键。"持续参与"区别于

"初次参与"，它是指个体长时间、频繁地参与某项活动的行为。通过对持续参与行为相关研究的文献梳理，发现学者们将持续参与行为的概念理解为在个人比较明确的认知意向下所产生的计划行为或理性行为。本专题将持续参与培训行为界定为高素质农民一年之内参与两次及以上培训的行为。

本专题中，每个题项均采用李克特 5 级量表的评分模式，题项选择中的选项 1～5 分别表示"非常不满意""不满意""一般""满意""非常满意"。问卷结果中有空白部分或被调查的高素质农民所填写的问卷内容违背现实或不符合研究要求等的问卷，都会被视为无效问卷，在描述性分析和实证分析中将这些数据剔除。高素质农民持续参与培训行为的影响因素模型包含 6 个潜变量，分别是期望、培训感知、政府感知、获得感知、高素质农民满意度及高素质农民持续参与培训行为，各个潜变量都不能直接用于测量，因此设计各潜变量的观测变量。高素质农民持续参与培训行为的影响因素指标体系如表 1-1 所示。

表 1-1　高素质农民持续参与培训行为的影响因素指标体系

观测变量	编号	测量项内容	参考来源
期望	A1	收入水平的期望	卢新元（2018）
	A2	对培训相关内容的期望	李雪（2015），宫春婕（2015）
	A3	对政府作用的期望	
培训感知	B1	培训师资队伍的评价	胡芮（2016），陈瑜（2018），
	B2	培训时间安排的评价	张笑宁（2019），徐辉（2016）
	B3	培训主体的评价	
	B4	培训费用的评价	
政府感知	C1	政府部门监督管理的评价	翟黎明（2016），徐辉（2016），
	C2	政府部门资金投入力度的评价	何嵘珍（2019）
	C3	政府部门政策扶持力度的评价	
获得感知	D1	自身技能的评价	朱奇彪等（2014），徐辉（2016），
	D2	荣誉获得的评价	马艳艳等（2018）
	D3	收入水平的评价	
	D4	知识交流的评价	

（续）

观测变量	编号	测量项内容	参考来源
高素质农民满意度	E1	培训后的收入是否满足预期	李慧静（2015），仲秋雁等（2011），卢新元（2018）
	E2	培训内容是否满足预期	
	E3	政府作用是否满足预期	
高素质农民持续参与培训行为	F1	下次继续参与高素质农民培训	张虹（2018），赖园园（2017），邹菊梅（2017）
	F2	长期参与高素质农民培训	
	F3	鼓励他人长期参与高素质农民培训	

三、高素质农民持续参与培训行为的影响因素的实证分析

（一）调查方案设计与数据来源

本专题主要采用问卷调查法，以分层随机抽样的方式，在辽宁省大连市、鞍山市、盘锦市和锦州市4个城市进行调查，调查对象为参与过培训、有劳动能力、年龄在16～64周岁的高素质农民。在调查前，研究团队接受了系统的培训，对调研过程中的注意事项和要求已完全掌握。问卷内容共包括7个部分：个人基本信息、个人期望、培训感知、政府感知、获得感知、高素质农民满意度和高素质农民持续参与培训行为。问卷中共涉及31个问题，其中个人基本信息部分包括8个问题，个人期望部分包括3个问题，培训感知部分包括5个问题，政府感知部分包括4个问题，获得感知部分包括5个问题，高素质农民满意度部分包括3个问题，高素质农民持续参与培训行为部分包括3个问题。在调查方法上，采取随机抽样调查，并采用线上和线下相结合的方式，线上调查借助的主要工具为"问卷星"，线下调查的形式是实地调研。采取两种方式发放问卷的过程都有调查员进行监督和指导，以保证问卷的高质量和数据的真实性。问卷回收后，对问卷进行测试、修正，对奇异值和逻辑不当的数据予以删除。共发放问卷1 200份，回收有效问卷1 088份，有效率为90.67%。

具体而言，问卷内容主要包括参加培训农民的个人基本信息（参与培训次数、性别、年龄、家庭成员数、受教育程度、从事农业生产的年限、多次参与培训的原因、接受培训的内容）、个人期望（您期望自己的收入水平是什么程度、您对培训相关内容的期望达到什么程度、您期望政府起到的作用是什么程度）、培训感知（师资队伍、时间安排、培训主体、培训费用）、政府感知（政府部门的监督管理、资金投入力度、政策扶持力度）、获得感知（自身技能、荣誉获得、收入增加、知识交流）、高素质农民满意度（培训后的收入是否满足

预期、培训内容是否满足预期、政府作用是否满足预期）、高素质农民持续参与培训行为（您下次是否会继续参与高素质农民培训、您是否会长期参与高素质农民培训、您是否会鼓励您身边的人长期参与高素质农民培训）。

（二）描述性统计分析与问卷分析

1. 描述性统计分析

（1）样本人口统计学特征描述。从表 1-2 可以看出，调查对象中参与培训次数主要以 3 次为主，占比为 36.7%，其他培训次数的占比相差不多，均在 15% 左右。性别中男性人数为 737 人，占比为 67.7%；女性人数为 351 人，占比为 32.3%。年龄中主要以 31~40 岁为主，占比为 31.5%，20 岁及以下的占比为 0，其他年龄段的占比均在 17% 左右。家庭成员数中 2 人及以下、3~5 人、6 人及以上的占比均在 33% 左右。受教育程度中主要以初中为主，占比为 40.4%；小学及以下的占比为 22.9%，高中、中专及技校的占比为 20.0%，大专的占比为 16.7%。从事农业生产的年限中主要以 3~10 年、超过 10 年为主，占比分别为 42.4%、40.3%；多次参与培训的原因中市场需求、政府引导、个人动机、亲友推荐分布比较均匀，占比均在 25% 左右，最多的原因是亲友推荐。接受培训的内容中主要以现代农业理论知识、国内外先进经验、市场及产品营销信息、系统综合的职业素养培训、目前从事工作的实用现代知识技能和知识为主，占比均在 10% 及以上。

表 1-2　样本人口统计学特征描述

统计变量	选项	样本数/人	所占百分比/%
参与培训次数	1 次	189	17.4
	2 次	177	16.3
	3 次	399	36.7
	4 次	169	15.5
	5 次及以上	154	14.1
性别	男	737	67.7
	女	351	32.3

（续）

统计变量	选项	样本数/人	所占百分比/%
年龄	20 岁及以下	0	0.0
	21~30 岁	188	17.3
	31~40 岁	343	31.5
	41~50 岁	200	18.4
	51~60 岁	191	17.5
	61~64 岁	166	15.3
家庭成员数	2 人及以下	358	32.9
	3~5 人	359	33.0
	6 人及以上	371	34.1
受教育程度	小学及以下	249	22.9
	初中	439	40.4
	高中、中专及技校	218	20.0
	大专	182	16.7
	本科及以上	0	0.0
从事农业生产的年限	3 年及以下	188	17.3
	3~10 年（不含 3 年）	462	42.4
	超过 10 年	438	40.3
多次参与培训的原因	市场需求	265	24.4
	政府引导	262	24.1
	个人动机	258	23.7
	亲友推荐	303	27.8
接受培训的内容	农业相关政策	103	9.5
	现代农业理论知识	113	10.4
	相关法律法规	97	8.9
	创业知识与技能	100	9.2
	国内外先进经验	109	10.0
	科学与文化教育	99	9.1
	市场及产品营销信息	128	11.8
	系统综合的职业素质培训	111	10.2
	手机应用技能和农村电子商务知识	106	9.7
	目前从事工作的实用现代知识技能和知识	122	11.2

注：样本总数为 1 088 份（N=1 088）。

（2）高素质农民期望分析。由表1-3可以看出，在"参与培训前，您期望自己的收入水平是什么程度"的问题上，多数被调查者期望偏低（52.76%），有13.88%的人期望偏高，期望一般的占比为33.36%，说明被调查的高素质农民中，在参与培训前对自己收入水平提高的期望低的人数高于期望高的人数；在"参与培训前，您对培训相关内容的期望达到什么程度"的问题上，被调查者期望偏低的占比达39.70%，36.31%的人期望偏高，期望一般的占比为23.99%，说明被调查的高素质农民中，在参与培训前对培训相关内容的期望低的人数高于期望高的人数；在"参与培训前，您期望政府起到的作用是什么程度"的问题上，被调查者期望偏低的占比与期望偏高的占比相同，均为39.06%，期望一般的占比为21.88%，说明被调查的高素质农民中，在参与培训前对政府起到的作用的期望高低人数相同。总体来看，高素质农民参与培训前对培训效果及相关因素的期望是偏低的。

表1-3　高素质农民期望基本信息统计

题　目	频数和百分比	非常低	低	一般	高	非常高
参与培训前，您期望自己的收入水平是什么程度	频数/人	207	367	363	151	0
	百分比/%	19.03	33.73	33.36	13.88	0.00
参与培训前，您对培训相关内容的期望达到什么程度	频数/人	169	263	261	302	93
	百分比/%	15.53	24.17	23.99	27.76	8.55
参与培训前，您期望政府起到的作用是什么程度	频数/人	234	191	238	214	211
	百分比/%	21.51	17.55	21.88	19.67	19.39

注：样本总数为1 088份（N=1 088）。

（3）高素质农民感知分析。

①培训感知。由表1-4可以看出，在"您对目前参与培训的师资队伍的满意程度"问题上，38.79%的被调查者倾向于不满意，41.91%的被调查者倾向于满意，选择一般的占比为19.30%，说明被调查的高素质农民中对目前参与培训的师资队伍倾向于满意的人数多于倾向于不满意的人数；在"您对目前参与培训的时间安排的满意程度"问题上，41.08%的人倾向于不满意，38.42%的人倾向于满意，选择一般的占比为20.50%，说明被调查的高素质农民中对目前参与培训的时间安排倾向于不满意的人数多于倾向于满意的人数；在"您对目前参与培训的培训

主体的满意程度"问题上，40.44％的人倾向于不满意，39.71％的人倾
向于满意，选择一般的占比为19.85％，说明被调查的高素质农民中对目
前参与培训的培训主体倾向于不满意的人数多于倾向于满意的人数；在
"您对目前参与培训的培训费用的满意程度"问题上，42.37％的人倾向于
不满意，37.41％的人倾向于满意，选择一般的占比为20.22％，说明被调
查的高素质农民中对目前参与培训的培训费用倾向于不满意的人数多于倾
向于满意的人数。总体来看，高素质农民对参与培训后的培训感知是偏低
的，说明培训的时间安排、培训主体和培训费用需要进一步优化。

表 1-4　培训感知基本信息统计

题　　目	频数和百分比	非常不满意	不满意	一般	满意	非常满意
您对目前参与培训的师资队伍的满意程度	频数/人	216	206	210	210	246
	百分比/％	19.85	18.94	19.30	19.30	22.61
您对目前参与培训的时间安排的满意程度	频数/人	217	230	223	209	209
	百分比/％	19.94	21.14	20.50	19.21	19.21
您对目前参与培训的培训主体的满意程度	频数/人	210	230	216	249	183
	百分比/％	19.30	21.14	19.85	22.89	16.82
您对目前参与培训的培训费用的满意程度	频数/人	221	240	220	191	216
	百分比/％	20.31	22.06	20.22	17.56	19.85

注：样本总数为 1 088 份（$N=1 088$）。

此外，在"关于培训的哪个因素会影响您多次参与培训的行为"问
题上，大部分被调查者选择了时间安排（21.32％），其次是师资队伍
（21.14％），再次是培训费用（19.40％），然后是培训主体（19.30％），
最后是培训方式（18.84％），具体见表 1-5。

表 1-5　培训感知题项信息统计

题　　目	选项	样本数/人	所占百分比/％
关于培训的哪个因素会影响您多次参与培训的行为	师资队伍	230	21.14
	培训方式	205	18.84
	时间安排	232	21.32
	培训主体	210	19.30
	培训费用	211	19.40

注：样本总数为 1 088 份（$N=1 088$）。

②政府感知。由表1-6可以看出，在"您对目前政府部门的监督管理的满意程度"问题上，40.62%的人倾向于不满意，41.18%的人倾向于满意，18.20%的人选择一般，说明被调查的高素质农民中对目前政府部门的监督管理倾向于满意的人数多于倾向于不满意的人数；在"您对目前政府部门的资金投入力度的满意程度"问题上，40.16%的人倾向于不满意，40.08%的人倾向于满意，19.76%的人选择一般，说明被调查的高素质农民中对目前政府部门的资金投入力度倾向于不满意的人数多于倾向于满意的人数；在"您对目前政府部门的政策扶持力度的满意程度"问题上，38.97%的人倾向于不满意，40.81%的人倾向于满意，20.22%的人选择一般，说明被调查的高素质农民中对目前政府部门的政策扶持力度倾向于满意的人数多于倾向于不满意的人数。总体来看，说明政府在高素质农民培训项目上需要投入更多的资金。

表1-6　政府感知基本信息统计

题　　目	频数和百分比	非常不满意	不满意	一般	满意	非常满意
您对目前政府部门的监督管理的满意程度	频数/人	237	205	198	223	225
	百分比/%	21.78	18.84	18.20	20.50	20.68
您对目前政府部门的资金投入力度的满意程度	频数/人	237	200	215	228	208
	百分比/%	21.78	18.38	19.76	20.96	19.12
您对目前政府部门的政策扶持力度的满意程度	频数/人	215	209	220	224	220
	百分比/%	19.76	19.21	20.22	20.59	20.22

注：样本总数为1 088份（N=1 088）。

此外，在"关于政府行为的哪个因素会影响您继续参与培训的行为"问题上，大部分被调查者选择了政策扶持力度（35.39%），其次是资金投入力度（33.27%），最后是政府的监督管理（31.34%），具体见表1-7。

表1-7　政府感知题项信息统计

题　　目	选项	样本数/人	所占百分比/%
关于政府行为的哪个因素会影响您继续参与培训的行为	监督管理	341	31.34
	资金投入力度	362	33.27
	政策扶持力度	385	35.39

注：样本总数为1 088份（N=1 088）。

③获得感知。由表1-8可以看出，在"您认为培训对您的自身技能提高是否满足了您的预期"问题上，30.05％的人倾向于不满足，36.95％的人倾向于满足，33.00％的人选择一般，说明被调查的高素质农民中认为满足了参与培训后提高自身技能的预期的人数多于不满足预期的人数；在"您认为培训对您的荣誉获得是否满足了您的预期"问题上，37.13％的人倾向于不满足，37.69％的人倾向于满足，25.18％的人选择一般，说明被调查的高素质农民中认为满足了参与培训后获得荣誉的预期的人数多于不满足预期的人数；在"您认为培训对您的收入增加是否满足了您的预期"问题上，有18.11％的人倾向于不满足，53.95％的人倾向于满足，27.94％的人选择一般，说明被调查的高素质农民中认为满足了参与培训后收入增加的预期的人数多于不满足预期的人数；在"您认为培训对您的知识交流的促进是否满足了您的预期"问题上，19.85％的人倾向于不满足，52.58％的人倾向于满足，27.57％的人选择一般，说明被调查的高素质农民中认为满足了参与培训后促进知识交流的预期的人数多于不满足预期的人数。总体来看，说明被调查的高素质农民在参与培训后的获得感知是较高的。

表1-8　获得感知基本信息统计

题　　目	频数和百分比	非常不满足	不满足	一般	满足	非常满足
您认为培训对您的自身技能	频数/人	162	165	359	194	208
提高是否满足了您的预期	百分比/%	14.89	15.16	33.00	17.83	19.12
您认为培训对您的荣誉获得	频数/人	129	275	274	265	145
是否满足了您的预期	百分比/%	11.86	25.27	25.18	24.36	13.33
您认为培训对您的收入增加	频数/人	88	109	304	280	307
是否满足了您的预期	百分比/%	8.09	10.02	27.94	25.73	28.22
您认为培训对您的知识交流	频数/人	112	104	300	302	270
的促进是否满足了您的预期	百分比/%	10.29	9.56	27.57	27.76	24.82

注：样本总数为1 088份（N＝1 088）。

此外，在"从个人角度考虑，什么原因最能导致您选择多次参与培训"的问题上，59.65％的被调查者选择了增加收入，14.06％的被调查者选择了提高自身技能，13.79％的被调查者选择了获得荣誉，12.50％的被调查者选择了促进知识交流，详见表1-9。

表1-9 获得感知题项信息统计

题　目	选项	样本数/人	所占百分比/％
从个人角度考虑，什么原因最能导致您选择多次参与培训	提高自身技能	153	14.06
	获得荣誉	150	13.79
	增加收入	649	59.65
	促进知识交流	136	12.50

注：样本总数为1 088份（$N=1 088$）。

（4）高素质农民满意度分析。由表1-10可以看出，在"培训后的收入是否满足预期"问题上，50.09％的人倾向于不满足，34.19％的人倾向于满足，15.72％的人选择一般，说明被调查的高素质农民中倾向于不满足的人数多于满足的人数；在"培训内容是否满足预期"问题上，50.09％的人倾向于不满足，34.47％的人倾向于满足，15.44％的人选择一般，说明被调查的高素质农民中倾向于不满足的人数多于满足的人数；在"政府作用是否满足预期"问题上，49.17％的人倾向于不满足，34.47％的人倾向于满足，16.36％的人选择一般，说明被调查的高素质农民中倾向于不满足的人数多于倾向于满足的人数。

表1-10 高素质农民满意度基本信息统计

题　目	频数和百分比	非常不满足	不满足	一般	满足	非常满足
培训后的收入是否满足预期	频数/人	282	263	171	192	180
	百分比/％	25.92	24.17	15.72	17.65	16.54
培训内容是否满足预期	频数/人	262	283	168	197	178
	百分比/％	24.08	26.01	15.44	18.11	16.36
政府作用是否满足预期	频数/人	266	269	178	193	182
	百分比/％	24.45	24.72	16.36	17.74	16.73

注：样本总数为1 088份（$N=1 088$）。

（5）高素质农民持续参与培训行为分析。由表1-11可以看出，在"您下次是否会继续参与高素质农民培训"问题上，34.56%的人倾向于不愿意，49.54%的人倾向于愿意，选择一般的占比为15.90%，说明被调查的高素质农民中倾向于愿意的人数多于倾向于不愿意的人数；在"您是否会长期参与高素质农民培训"问题上，50.46%的人倾向于不愿意，31.16%的人倾向于愿意，选择一般的占比为18.38%，说明被调查的高素质农民中倾向于不愿意的人数多于倾向于愿意的人数；在"您是否会鼓励您身边的人长期参与高素质农民培训"问题上，33.27%的人倾向于不愿意，32.72%的人倾向于愿意，选择一般的占比为34.01%，说明被调查的高素质农民中倾向于不愿意的人数多于倾向于愿意的人数。

表1-11　高素质农民持续参与培训行为基本信息统计

题　　目	频数和百分比	非常不愿意	不愿意	一般	愿意	非常愿意
您下次是否会继续参与高素质农民培训	频数/人	185	191	173	260	279
	百分比/%	17.00	17.56	15.90	23.90	25.64
您是否会长期参与高素质农民培训	频数/人	265	284	200	155	184
	百分比/%	24.36	26.10	18.38	14.25	16.91
您是否会鼓励您身边的人长期参与高素质农民培训	频数/人	191	171	370	178	178
	百分比/%	17.55	15.72	34.01	16.36	16.36

注：样本总数为1 088份（$N=1\,088$）。

2. 问卷的信度与效度分析

（1）信度分析。信度分析又称可靠性分析，是证明问卷可靠性的方法，本专题采用克隆巴赫（Cronbach's α）信度系数来检查调查问卷研究变量在各个测量题项上的一致性程度。一般认为，变量要有良好的信度，则 Cronbach's α 系数须大于0.7。

从表1-12可以看出，个人期望、培训感知、政府感知、获得感知、满意度、培训行为的 Cronbach's α 系数分别为0.813、0.896、0.839、0.863、0.836、0.880，都大于0.7，说明研究的变量均具有较好的可靠性。

表 1-12　可靠性分析

变量	Cronbach's α 系数	项数
个人期望	0.813	3
培训感知	0.896	5
政府感知	0.839	4
获得感知	0.863	5
满意度	0.836	3
培训行为	0.880	3

（2）效度分析。效度分析是指尺度量表达到测量指标准确程度的分析，是为了验证研究测验的准确性。因此，对回收后的有效问卷量表进行效度分析。一般进行探索性因子分析的可行性检验需要满足两个条件（Field，2007）：一是 KMO 值大于 0.7，二是 Bartlett 球形检验显著（Sig 值小于 0.1）。

利用 SPSS22.0 进行探索性因子分析，对量表进行 KMO 和 Bartlett 球形检验，结果如表 1-13 所示。

表 1-13　KMO 和 Bartlett 球形检验

KMO 取样适切性量数		0.916
Bartlett 球形检验	近似卡方	13 806.139
	自由度	253
	显著性	0.000

由表 1-13 可知，KMO 值为 0.916，0.916＞0.7，达到数据标准值，表示变量间存在共同因素，可以对变量进行因子分析。Bartlett 球形检验显著（Sig 值小于 0.01），表明问卷数据适合进行因素分析。接下来采用主成分分析法提取因子，并以特征根大于 1 为因子提取公因子，因子旋转时采用方差最大正交旋转进行因素分析。分析结果见表 1-14。

表 1 - 14　总方差解释

成分	初始特征值			提取载荷平方和			旋转载荷平方和		
	总计	方差百分比/%	累积百分比/%	总计	方差百分比/%	累积百分比/%	总计	方差百分比/%	累积百分比/%
1	8.037	34.945	34.945	8.037	34.945	34.945	3.650	15.868	15.868
2	2.713	11.794	46.739	2.713	11.794	46.739	3.401	14.788	30.656
3	2.071	9.003	55.742	2.071	9.003	55.742	2.853	12.404	43.060
4	1.573	6.840	62.582	1.573	6.840	62.582	2.502	10.879	53.939
5	1.220	5.303	67.885	1.220	5.303	67.885	2.248	9.773	63.712
6	1.045	4.545	72.430	1.045	4.545	72.430	2.005	8.718	72.430
7	0.554	2.408	74.838						
8	0.493	2.143	76.981						
9	0.462	2.008	78.989						
10	0.446	1.940	80.929						
11	0.428	1.860	82.789						
12	0.424	1.845	84.633						
13	0.415	1.805	86.438						
14	0.391	1.702	88.140						
15	0.373	1.620	89.761						
16	0.358	1.557	91.317						
17	0.344	1.494	92.812						
18	0.327	1.420	94.231						
19	0.308	1.338	95.569						
20	0.304	1.324	96.893						
21	0.289	1.257	98.150						
22	0.216	0.941	99.091						
23	0.209	0.909	100.000						

注：提取方法为主成分分析法。

从表 1 - 14 的因素分析结果可以看出，共得到 6 个因素，大于 1 的特征值分别为 8.037、2.713、2.071、1.573、1.220、1.045，方差解释能力分别为 34.945%、11.794%、9.003%、6.840%、5.303%、4.545%，总解释能力达到 72.430%，大于 60%，表明筛选出来的 6 个因素具有良好的代表性。因素负荷量系数如表 1 - 15 所示。

表 1 - 15 旋转后的成分矩阵

变量	题目	成分					
		1	2	3	4	5	6
个人期望	A1	−0.111	−0.136	−0.116	−0.100	0.803	−0.128
	A2	−0.165	−0.153	−0.113	−0.101	0.838	−0.116
	A3	−0.138	−0.198	−0.139	−0.085	0.794	−0.092
培训感知	B1	0.795	0.038	0.018	0.114	−0.096	0.101
	B2	0.841	0.079	0.038	0.234	−0.097	0.140
	B3	0.816	0.114	0.052	−0.043	−0.101	0.151
	B4	0.813	0.079	0.079	0.154	−0.071	0.102
	B5	0.806	0.106	0.066	0.111	−0.116	0.041
政府感知	C1	0.062	0.094	0.757	0.362	−0.081	0.097
	C2	0.020	0.112	0.795	0.154	−0.138	0.132
	C3	0.074	0.147	0.813	0.036	−0.070	0.185
	C4	0.068	0.075	0.801	0.102	−0.111	0.076
获得感知	D1	0.031	0.750	0.086	0.242	−0.100	0.175
	D2	0.080	0.809	0.083	0.122	−0.159	0.193
	D3	0.096	0.771	0.137	0.055	−0.066	0.112
	D4	0.113	0.760	0.085	0.126	−0.167	0.129
	D5	0.088	0.737	0.073	0.137	−0.092	0.028
满意度	E1	0.200	0.215	0.171	0.379	−0.167	0.667
	E2	0.211	0.221	0.209	0.177	−0.153	0.778
	E3	0.192	0.243	0.206	0.086	−0.131	0.781
培训行为	F1	0.197	0.231	0.202	0.821	−0.101	0.136
	F2	0.166	0.230	0.195	0.816	−0.102	0.146
	F3	0.187	0.203	0.210	0.755	−0.127	0.191

由表1-15可知，各个测量题项的因素负荷量均大于0.5，且未出现交叉载荷的情况，每个题项均归属于对应的因素，A1～A3对应的是个人期望，B1～B5对应的是培训感知，C1～C4对应的是政府感知，D1～D5对应的是获得感知，E1～E3对应的是满意度，F1～F3对应的是培训行为，表示每一个题目都能很好地描述其对应

的维度。

　　采用验证性因素分析进行各变量内部题项的收敛效度检验，主要目的在于检定实际的测量数据与理论架构的适配度。根据黄芳铭（2005）的建议，量表的效度检验包含以下条件。首先，一个测量模型如果满足下列几个条件，则称为具有收敛效度：因素负荷量可以评估每个负荷量是否具有统计显著性，须大于 0.7；组成信度（CR）表示构面题目的内部一致性，信度越高显示这些题项的一致性越高，须大于 0.7；平均变异数萃取量（AVE）是计算潜在变量各个测量题目对该变量的变异解释能力，若 AVE 值越大，则表示题项有越高的信度与收敛效度，建议其标准值须大于 0.5。其次，模型整体拟合指标。进行验证性因子分析效度检验时，需要对模型的拟合情况进行评价，对测量模型进行修正，提高模型的拟合度。根据 Hu 和 Bebtler（1998）的建议，模型拟合参数主要选择 X^2/df（<3.0）、GFI（>0.90）、$AGFI$（>0.90）、CFI（>0.90）和 $RMSEA$（<0.07）等指标。

　　在验证性因子分析模型中，外生可测变量 P 为 23 个，内生的可测变量 q 为 0 个。在待估计的参数中，测量系数有 23 个，潜变量之间的协方差有 15 个，误差项的方差有 29 个，总计为 67 个。根据模型识别的 t 法则，模型的参数个数 $t=61<(p+q+1)\times(p+q)/2=276$，自由度 df 为 215，表明模型是过度识别的，因此模型参数可以估计和进行拟合度检验（图 1-3）。

　　利用 AMOS 软件对因子模型进行估计，结果如表 1-16 所示。可以看到，23 个观测变量的标准化系数均大于 0.5，它们对应的标准化系数 t 值均通过了参数的显著性检验。个人期望、培训感知、政府感知、获得感知、满意度和培训行为的组成信度 CR 均大于 0.7，AVE 都大于 0.5，均符合标准。

　　从表 1-17 可以看出，问卷验证性因子分析模型拟合指数中的 GFI 为 0.959、$AGFI$ 为 0.947、$RMSEA$ 为 0.040，都符合模型拟合较好的检验标准。通过观察其他数据结果发现，NFI 为 0.958，TLI 为 0.968，CFI 为 0.973，都大于 0.9。此外，X^2/df 为 2.745，该结果在参考标准区间 [1，3] 内。总体而言，说明问卷验证性因子分析拟合效果好。

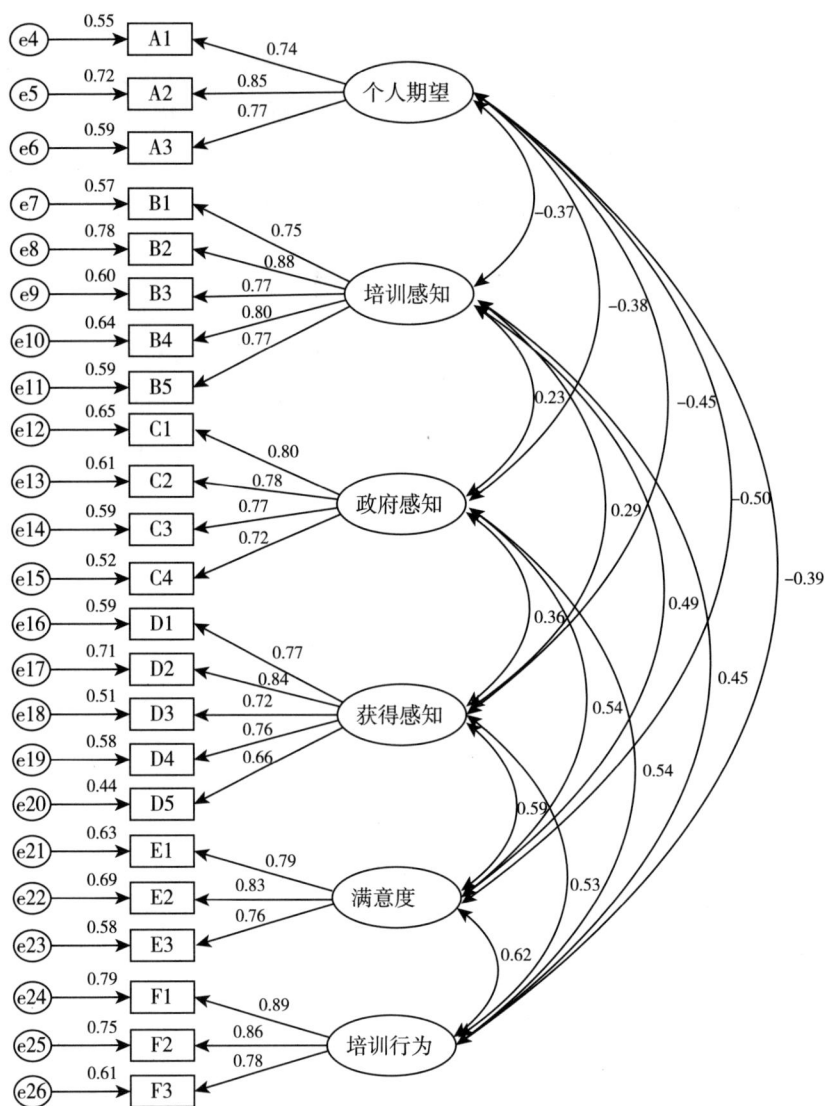

图 1-3 验证性因子分析模型

表 1-16 验证性因子模型路径系数及相关统计量

路径	Estimate	S.E.	C.R.	P	因子载荷	CR	AVE
A1←个人期望	1.000				0.741	0.829	0.618
A2←个人期望	1.461	0.060	24.496	***	0.847		
A3←个人期望	1.543	0.068	22.844	***	0.766		

（续）

路径	Estimate	S.E.	C.R.	P	因子载荷	CR	AVE
B1←培训感知	1.000				0.752	0.896	0.635
B2←培训感知	1.143	0.039	29.583	***	0.884		
B3←培训感知	0.979	0.038	25.708	***	0.773		
B4←培训感知	1.041	0.039	26.683	***	0.798		
B5←培训感知	1.003	0.039	25.654	***	0.769		
C1←政府感知	1.000				0.805	0.852	0.591
C2←政府感知	0.955	0.037	25.986	***	0.780		
C3←政府感知	0.930	0.037	25.446	***	0.766		
C4←政府感知	0.514	0.022	23.704	***	0.722		
D1←获得感知	1.000				0.771	0.867	0.567
D2←获得感知	1.034	0.037	28.037	***	0.842		
D3←获得感知	0.879	0.037	23.631	***	0.717		
D4←获得感知	0.948	0.038	25.127	***	0.759		
D5←获得感知	0.572	0.026	21.687	***	0.664		
E1←满意度	1.000				0.791	0.838	0.633
E2←满意度	1.036	0.039	26.621	***	0.830		
E3←满意度	0.959	0.039	24.477	***	0.764		
F1←培训行为	1.000				0.891	0.882	0.715
F2←培训行为	0.949	0.026	36.811	***	0.863		
F3←培训行为	0.787	0.026	30.824	***	0.779		

注：*、** 和 *** 分别表示在 10%、5% 和 1% 置信水平下显著。

表 1-17 问卷验证性因子分析模型检验拟合指数

拟合指数	参考标准	值	拟合情况
X^2		590.089	
$\mathrm{d}f$		215	
$X^2/\mathrm{d}f$	1~3	2.745	是
SRMR	≤0.05	0.030	是
GFI	≥0.90	0.959	是
AGFI	≥0.90	0.947	是

（续）

拟合指数	参考标准	值	拟合情况
RMSEA	≤0.08	0.040	是
NFI	≥0.90	0.958	是
TLI	≥0.90	0.968	是
CFI	≥0.90	0.973	是

从问卷验证性因子分析模型的检验和评价结果可以看出，验证性因子分析可以较好地解释前面探索性因子分析的结果。这 23 个题项收敛于 6 个因子，其中，培训行为测量题项的收敛效果最好，验证性因子模型的拟合效果也比较好，使用 6 个因子 23 个题项的测量问卷是比较可靠的。

（三）实证分析

1. 期望对感知的影响

（1）研究假设。一般来说，一个人的心理期望会对其感知产生很大影响，两者通常表现为负相关关系，即期望越高，感知越低。此外，在期望-确认理论中，期望与感知有用性之间也存在负相关关系。本专题将感知分为培训感知、政府感知和获得感知。

H1：期望负向影响培训感知。

H2：期望负向影响政府感知。

H3：期望负向影响获得感知。

（2）指标选取。在顾客满意度的研究中，顾客期望是指顾客使用过去的经验或非经验信息来对未来公司提供的产品或服务的质量做出判断或预测。在美国政府客户满意度模型中，顾客期望被定义为公众使用过去的经验或非经验信息来对未来政府提供的产品或服务质量做出判断或预测（王韵滋，2019）。本专题综合考虑这两个模型，根据研究内容，选取对收入水平的期望、对培训相关内容的期望、对政府作用的期望作为衡量期望的 3 个指标，如表 1-18 所示。

表 1-18 期望的测量变量

潜变量	测量变量
期望	对收入水平的期望
	对培训相关内容的期望
	对政府作用的期望

（3）期望对感知影响的回归分析。从表 1-19 可以看出：模型 1 的
R^2 为 0.115，调整后的 R^2 为 0.110，说明模型 1 解释培训感知变异百分
比为 11%；方差分析 F 值为 23.454，在 0.01 水平上达到显著，说明模
型 1 可以接受；异方差检验 DW 值为 1.938，接近 2，说明模型 1 不存
在异方差；每一个变量的 VIF 值均低于 5，说明模型 1 不存在共线性，
估计的结果是稳定的；最后结合标准化回归系数可以看出，期望对培训
感知有显著的负向影响（$\beta = -0.291$，$p < 0.01$），假设 H1 成立。

表 1-19 期望对培训感知的影响分析（模型 1）

变量	非标准化系数		标准化系数	t	Sig	共线性统计量	
	B	标准误差				容差	VIF
（常量）	4.011	0.286		14.008	0.000		
培训次数	0.018	0.037	0.019	0.491	0.623	0.535	1.870
性别	-0.049	0.073	-0.019	-0.676	0.499	0.983	1.017
年龄	0.052	0.035	0.059	1.474	0.141	0.518	1.930
家庭成员数	-0.040	0.041	-0.028	-0.971	0.332	0.997	1.003
受教育程度	-0.091	0.044	-0.077	-2.081	0.038	0.598	1.671
个人期望	-0.335	0.035	-0.291	-9.641	0.000	0.895	1.117

注：$R^2 = 0.115$，调整后 $R^2 = 0.110$，$F = 23.454$，$DW = 1.938$。

从表 1-20 可以看出，模型 2 中的 R^2 值、调整后 R^2 值、F 值、DW
值、VIF 值都符合检验标准。结合标准化回归系数可以看出，期望对
政府感知有显著的负向影响（$\beta = -0.283$，$p < 0.01$），假设 H2 成立。

从表 1-21 可以看出，模型 3 中的 R^2 值、调整后 R^2 值、F 值、DW
值、VIF 值都符合检验标准。结合标准化回归系数可以看出，期望对
获得感知有显著的负向影响（$\beta = -0.339$，$p < 0.01$），假设 H3 成立。

表 1 - 20　期望对政府感知的影响（模型 2）

变量	非标准化系数		标准化系数	t	Sig	共线性统计量	
	B	标准误差				容差	VIF
（常量）	3.782	0.258		14.660	0.000		
培训次数	0.020	0.033	0.024	0.616	0.538	0.535	1.870
性别	0.060	0.066	0.026	0.904	0.366	0.983	1.017
年龄	−0.004	0.032	−0.005	−0.116	0.908	0.518	1.930
家庭成员数	0.005	0.037	0.004	0.137	0.891	0.997	1.003
受教育程度	−0.150	0.039	−0.140	−3.804	0.000	0.598	1.671
个人期望	−0.293	0.031	−0.283	−9.374	0.000	0.895	1.117

注：$R^2=0.120$，调整后 $R^2=0.115$，$F=24.602$，$DW=1.891$。

表 1 - 21　期望对获得感知的影响（模型 3）

变量	非标准化系数		标准化系数	t	Sig	共线性统计量	
	B	标准误差				容差	VIF
（常量）	4.382	0.221		19.842	0.000		
培训次数	−0.033	0.028	−0.44	−1.158	0.247	0.535	1.870
性别	−0.062	0.056	−0.031	−1.103	0.270	0.983	1.017
年龄	0.004	0.027	0.006	0.156	0.876	0.518	1.930
家庭成员数	0.052	0.032	0.045	1.642	0.101	0.997	1.003
受教育程度	−0.125	0.034	−0.132	−3.717	0.000	0.598	1.671
个人期望	−0.312	0.027	−0.339	−11.633	0.000	0.895	1.117

注：$R^2=0.179$，调整后 $R^2=0.175$，$F=39.305$，$DW=1.964$。

2. 感知对高素质农民持续参与培训行为的影响

（1）研究假设。根据相关学者研究经验并结合实际情况，假设培训感知、政府感知和获得感知分别能直接影响高素质农民持续参与培训的行为，且存在正相关关系，即感知越高，越会产生持续参与培训行为。

H4：培训感知正向影响持续参与培训行为。

H5：政府感知正向影响持续参与培训行为。

H6：获得感知正向影响持续参与培训行为。

（2）指标选取。培训感知是指高素质农民对其参与的培训相关内容及因素的实际感受。陈瑜（2018）在研究高素质农民培训成效影响因素的问题上，以福建农林大学开展的高素质农民培训班为研究对象，在培训因素下建立了课程内容、师资队伍、教学方式等二级指标。张笑宁（2019）通过对陕西省以果蔬高素质农民培训为主的太白县和延长县的调查研究发现，培训主体、培训内容、培训方式等因素都会对高素质农民是否选择参与培训造成影响。根据相关研究，本专题将对培训师资队伍的评价、对培训时间安排的评价、对培训主体的评价和对培训费用的评价作为培训感知的测量变量（表 1－22）。

表 1－22　培训感知的测量变量

潜变量	测量变量
培训感知	对培训师资队伍的评价
	对培训时间安排的评价
	对培训主体的评价
	对培训费用的评价

　　政府感知是指个人或集体对政府部门所做行为的感知。通过对前人关于高素质农民培训问题的研究，发现有关学者选取政府部门的监督管理、资金投入力度以及政策扶持力度作为研究高素质农民参与培训的影响因素的解释变量（黄双令，2013）。本专题中，政府感知是指高素质农民在持续参与培训后对政府部门的监督管理、资金投入力度以及政策扶持力度是否满意的实际感受（表 1－23）。

表 1－23　政府感知的测量变量

潜变量	测量变量
政府感知	对政府部门监督管理的评价
	对政府部门资金投入力度的评价
	对政府部门政策扶持力度的评价

　　获得感知是指高素质农民在参与培训后所得到的实际感受。朱奇彪等（2014）对浙江省部分农业培训班学员通过问卷调查和访谈的方式进行调研，得出认知感知指标下技能和收入的提高对培训意愿的影响显

著。在本专题中，选取高素质农民对自身技能、荣誉获得、收入水平和知识交流能力的评价作为获得感知的测量变量（表1-24）。

表1-24 获得感知的测量变量

潜变量	测量变量
获得感知	对自身技能的评价
	对荣誉获得的评价
	对收入水平的评价
	对知识交流能力的评价

（3）感知对行为的回归分析。从表1-25可以看出，模型4中的R^2值、调整后R^2值、F值、DW值、VIF值都符合检验标准。结合标准化回归系数可以看出，培训感知对持续参与培训行为有显著的正向影响（$\beta=0.368$，$p<0.01$），假设H4成立。

表1-25 培训感知对高素质农民持续参与培训行为的影响（模型4）

变量	非标准化系数		标准化系数	t	Sig	共线性统计量	
	B	标准误差				容差	VIF
（常量）	2.094	0.300		6.985	0.000		
培训次数	0.023	0.037	0.023	0.617	0.537	0.535	1.870
性别	0.031	0.074	0.012	0.421	0.674	0.983	1.017
年龄	0.013	0.036	0.014	0.355	0.723	0.517	1.933
家庭成员数	−0.026	0.042	−0.017	−0.615	0.539	0.997	1.003
受教育程度	−0.157	0.043	−0.127	−3.643	0.000	0.632	1.583
培训感知	0.385	0.030	0.368	12.988	0.000	0.961	1.041

注：$R^2=0.168$，调整后$R^2=0.164$，$F=36.480$，$DW=1.876$。

从表1-26可以看出，模型5中的R^2值、调整后R^2值、F值、DW值、VIF值都符合检验标准。结合标准化回归系数可以看出，政府感知对持续参与培训行为有显著的正向影响（$\beta=0.457$，$p<0.01$），假设H5成立。

表 1 - 26 政府感知对高素质农民持续参与培训行为的影响（模型 5）

变量	非标准化系数		标准化系数	t	Sig	共线性统计量	
	B	标准误差				容差	VIF
（常量）	1.685	0.289		5.828	0.000		
培训次数	0.020	0.036	0.020	0.544	0.587	0.535	1.870
性别	−0.019	0.071	−0.007	−0.261	0.794	0.983	1.017
年龄	0.035	0.034	0.038	1.023	0.307	0.518	1.930
家庭成员数	−0.045	0.040	−0.029	−1.109	0.268	0.998	1.002
受教育程度	−0.104	0.042	−0.084	−2.496	0.013	0.622	1.609
政府感知	0.530	0.032	0.457	16.785	0.000	0.951	1.051

注：$R^2=0.237$，调整后 $R^2=0.233$，$F=56.078$，$DW=2.004$。

从表 1 - 27 可以看出，模型 6 中的 R^2 值、调整后 R^2 值、F 值、DW 值、VIF 值都符合检验标准。结合标准化回归系数可以看出，获得感知对持续参与培训行为有显著的正向影响（$\beta=0.461$，$p<0.01$），假设 H6 成立。

表 1 - 27 获得感知对高素质农民持续参与培训行为的影响（模型 6）

变量	非标准化系数		标准化系数	t	Sig	共线性统计量	
	B	标准误差				容差	VIF
（常量）	1.109	0.304		3.650	0.000		
培训次数	0.051	0.036	0.051	1.406	0.160	0.534	1.872
性别	0.051	0.071	0.019	0.721	0.471	0.982	1.018
年龄	0.031	0.035	0.033	0.903	0.367	0.518	1.930
家庭成员数	−0.074	0.040	−0.049	−1.840	0.066	0.995	1.005
受教育程度	−0.097	0.042	−0.078	−2.316	0.021	0.619	1.616
获得感知	0.603	0.036	0.461	16.656	0.000	0.924	1.083

注：$R^2=0.235$，调整后 $R^2=0.231$，$F=55.328$，$DW=1.915$。

3. 感知和期望对高素质农民满意度的影响

（1）研究假设。已有研究表明，感知与预期之差对满意度有直接影响。暂且考虑预期不变的情况下，感知越高，满意度也就越高，培训感知对满意度存在正向影响。

H7：培训感知正向影响高素质农民满意度。

H8：政府感知正向影响高素质农民满意度。

H9：获得感知正向影响高素质农民满意度。

一般情况下，期望与满意度通常表现为负相关关系，即期望越高，满意度越低。

H10：期望负向影响高素质农民满意度。

（2）高素质农民满意度的指标选取。高素质农民满意度是指高素质农民对高素质农民培训的总体评价，是实际感受与其期望比较的程度。根据这一定义，再参考满意度经典模型中对满意度这一结构变量的观测变量的选取，本专题选取培训后的收入是否满足预期、培训内容是否满足预期、政府作用是否满足预期作为高素质农民满意度的测量变量（表1-28）。

表1-28　高素质农民满意度的测量变量

潜变量	测量变量
高素质农民满意度	培训后的收入是否满足预期
	培训内容是否满足预期
	政府作用是否满足预期

（3）感知和期望对满意度的回归分析。从表1-29可以看出，模型7中的R^2值、调整后R^2值、F值、DW值、VIF值都符合检验标准。结合标准化回归系数可以看出，培训感知对高素质农民满意度有显著的正向影响（$\beta=0.403$，$p<0.01$），假设H7成立。

表1-29　培训感知对高素质农民满意度的影响（模型7）

变量	非标准化系数		标准化系数	t	Sig	共线性统计量	
	B	标准误差				容差	VIF
（常量）	1.502	0.294		5.110	0.000		
培训次数	0.004	0.037	0.004	0.111	0.912	0.535	1.870
性别	0.026	0.073	0.010	0.360	0.719	0.983	1.017

（续）

变量	非标准化系数		标准化系数	t	Sig	共线性统计量	
	B	标准误差				容差	VIF
年龄	0.041	0.035	0.044	1.154	0.249	0.517	1.933
家庭成员数	0.025	0.041	0.016	0.603	0.547	0.997	1.003
受教育程度	−0.107	0.042	−0.086	−2.515	0.012	0.632	1.583
培训感知	0.421	0.029	0.403	14.475	0.000	0.961	1.041

注：$R^2 = 0.194$，调整后 $R^2 = 0.189$，$F = 43.293$，$DW = 1.958$。

从表1-30可以看出，模型8中的 R^2 值、调整后 R^2 值、F 值、DW 值、VIF 值都符合检验标准。结合标准化回归系数可以看出，政府感知对高素质农民满意度有显著的正向影响（$\beta = 0.443$，$p < 0.01$），假设 H8 成立。

表 1-30　政府感知对高素质农民满意度的影响（模型8）

变量	非标准化系数		标准化系数	t	Sig	共线性统计量	
	B	标准误差				容差	VIF
（常量）	1.272	0.290		4.378	0.000		
培训次数	0.001	0.036	0.001	0.036	0.971	0.535	1.870
性别	−0.025	0.071	−0.009	−0.347	0.729	0.983	1.017
年龄	0.065	0.035	0.070	1.871	0.062	0.518	1.930
家庭成员数	0.005	0.040	0.003	0.126	0.899	0.998	1.002
受教育程度	−0.065	0.042	−0.053	−1.552	0.121	0.622	1.609
政府感知	0.512	0.032	0.443	16.144	0.000	0.951	1.051

注：$R^2 = 0.224$，调整后 $R^2 = 0.220$，$F = 52.141$，$DW = 1.998$。

从表1-31可以看出，模型9中的 R^2 值、调整后 R^2 值、F 值、DW 值、VIF 值都符合检验标准。结合标准化回归系数可以看出，获得感知对高素质农民满意度有显著的正向影响（$\beta = 0.489$，$p < 0.01$），假设 H9 成立。

从表1-32可以看出，模型10中的 R^2 值、调整后 R^2 值、F 值、DW 值、VIF 值都符合检验标准。结合标准化回归系数可以看出，个人期望对高素质农民满意度有显著的负向影响（$\beta=-0.401$，$p<0.01$），假设 H10 成立。

表 1-31　获得感知对高素质农民满意度的影响（模型 9）

变量	非标准化系数		标准化系数	t	Sig	共线性统计量	
	B	标准误差				容差	VIF
（常量）	0.509	0.298		1.708	0.088		
培训次数	0.033	0.035	0.034	0.943	0.346	0.534	1.872
性别	0.047	0.070	0.018	0.667	0.505	0.982	1.018
年龄	0.061	0.034	0.065	1.798	0.072	0.518	1.930
家庭成员数	-0.027	0.040	-0.018	-0.677	0.499	0.995	1.005
受教育程度	-0.046	0.041	-0.037	-1.111	0.267	0.619	1.616
获得感知	0.637	0.035	0.489	17.942	0.000	0.924	1.083

注：$R^2=0.258$，调整后 $R^2=0.254$，$F=62.757$，$DW=1.963$。

表 1-32　期望对高素质农民满意度的影响（模型 10）

变量	非标准化系数		标准化系数	t	Sig	共线性统计量	
	B	标准误差				容差	VIF
（常量）	3.839	0.287		13.364	0.000		
培训次数	0.015	0.037	0.015	0.405	0.685	0.535	1.870
性别	0.015	0.073	0.006	0.198	0.843	0.983	1.017
年龄	0.068	0.036	0.073	1.901	0.058	0.518	1.930
家庭成员数	0.006	0.042	0.000	0.001	0.999	0.997	1.003
受教育程度	-0.031	0.044	-0.025	-0.702	0.483	0.598	1.671
个人期望	-0.480	0.035	-0.401	-13.770	0.000	0.895	1.117

注：$R^2=0.181$，调整后 $R^2=0.177$，$F=39.844$，$DW=1.816$。

4. 高素质农民满意度对高素质农民持续参与培训行为的影响

（1）研究假设。前文已经指出，满意度是用数字衡量出的事前期望与体验后所得到实际感受的相对关系的心理状态。Shi（2010）以 Facebook 为研究对象，发现个体的满意度正向影响其持续参与行为。

因此可以提出高素质农民满意度与持续参与培训行为成正相关关系，即高素质农民满意度越高，越会产生持续参与培训的行为。

H11：高素质农民满意度正向影响持续参与培训行为。

由上述分析可知，期望、培训感知、政府感知、获得感知有助于提高高素质农民满意度，而满意度正向影响高素质农民持续参与培训行为，期望、培训感知、政府感知、获得感知有助于促进高素质农民持续参与培训。因此，提出如下假设。

H12：高素质农民满意度在期望与行为之间起中介作用。

H13：高素质农民满意度在培训感知与行为之间起中介作用。

H14：高素质农民满意度在政府感知与行为之间起中介作用。

H15：高素质农民满意度在获得感知与行为之间起中介作用。

（2）高素质农民持续参与培训行为的指标选取。高素质农民持续参与培训行为是指高素质农民参与两次及以上培训的行为。在顾客满意度模型和政府满意度模型中，一般采用顾客忠诚、顾客抱怨、信任等作为表现个体后续行为的变量。在本专题中，通过直接和间接两种方式进行高素质农民满意度的测量，选取高素质农民是否下次继续参与高素质农民培训、是否会长期参与高素质农民培训和是否会鼓励他人长期参与高素质农民培训作为高素质农民持续参与培训行为的测量变量（表1-33）。

表1-33　高素质农民持续参与培训行为的测量变量

潜变量	测量变量
高素质农民持续参与培训行为	是否下次继续参与高素质农民培训
	是否会长期参与高素质农民培训
	是否会鼓励他人长期参与高素质农民培训

（3）高素质农民满意度对高素质农民持续参与培训行为的回归分析。从表1-34可以看出，模型11中的 R^2 值、调整后 R^2 值、F 值、DW 值、VIF 值都符合检验标准。结合标准化回归系数可以看出，高素质农民满意度对持续参与培训行为有显著的正向影响（$\beta = 0.532$，$p < 0.001$），假设 H11 成立。

表 1-34 高素质农民满意度对高素质农民持续参与培训行为的影响（模型 11）

变量	非标准化系数		标准化系数	t	Sig	共线性统计量	
	B	标准误差				容差	VIF
（常量）	1.831	0.268		6.831	0.000		
培训次数	0.023	0.034	0.024	0.684	0.494	0.535	1.870
性别	0.008	0.068	0.003	0.117	0.907	0.983	1.017
年龄	−0.001	0.033	−0.001	−0.042	0.907	0.983	1.017
家庭成员数	−0.044	0.038	−0.029	−1.158	0.247	0.998	1.002
受教育程度	−0.133	0.039	−0.108	−3.391	0.001	0.634	1.577
满意度	0.534	0.026	0.532	20.664	0.000	0.963	1.039

注：$R^2=0.311$，调整后 $R^2=0.307$，$F=81.263$，$DW=1.934$。

5. 结构方程模型分析

（1）高素质农民持续参与培训行为的影响因素验证分析。通过前面的信效度分析，得到的结论是问卷具有很好的信效度。接下来采用 AMOS 22.0 进行结构方程分析，结果如图 1-4 所示。

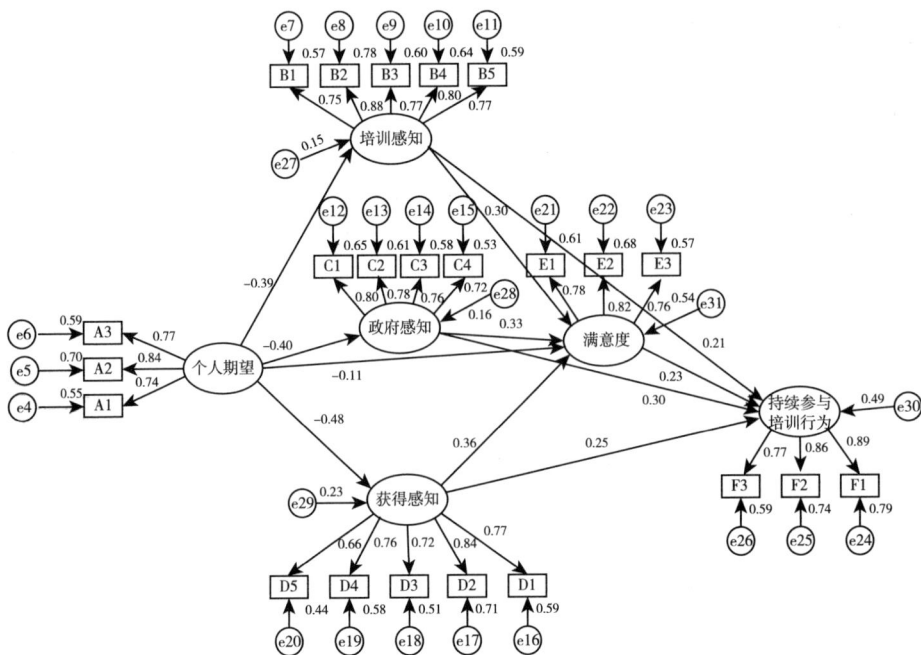

图 1-4 结构方程模型

如图1-4所示，在期望与培训感知、政府感知、获得感知的关系中，期望对获得感知的影响权重是最大的；在培训感知、政府感知、获得感知与高素质农民持续参与培训行为的关系中，政府感知对高素质农民持续参与培训行为的影响权重是最大的；在期望、培训感知、政府感知、获得感知与高素质农民满意度的关系中，获得感知对高素质农民满意度的关系权重是最大的。

从表1-35中可以看出，结构方程模型拟合指数中的$GFI=0.954$、$AGFI=0.942$、$RMSEA=0.042$，都符合模型拟合较好的检验标准。此外，$NFI=0.953$，$TLI=0.964$，$CFI=0.969$，都大于0.9。$X^2/\mathrm{d}f=2.963$，该结果在参考标准区间 [1，3] 内。总体来看，说明结构方程模型拟合效果好。

表1-35　结构方程模型检验拟合指数

拟合指数	参考标准	值	拟合情况
X^2		648.896	
$\mathrm{d}f$		219	
$X^2/\mathrm{d}f$	1~3	2.963	是
$SRMR$	≤0.05	0.050	是
GFI	≥0.90	0.954	是
$AGFI$	≥0.90	0.942	是
$RMSEA$	≤0.08	0.042	是
NFI	≥0.90	0.953	是
TLI	≥0.90	0.964	是
CFI	≥0.90	0.969	是

从表1-36可以看出，个人期望对培训感知有显著的负向影响（$\beta=-0.390$，$p<0.01$），模型对培训感知的解释R^2为0.152，假设H1期望负向影响培训感知成立；个人期望对政府感知有显著的负向影响（$\beta=-0.403$，$p<0.01$），模型对政府感知的解释R^2为0.163，假设H2期望负向影响政府感知成立；个人期望对获得感知有显著的负向影响（$\beta=-0.479$，$p<0.01$），模型对获得感知的解释R^2为0.229，假设H3期望负向影响获得感知成立。

表 1 - 36　结构方程模型路径参数

路径	Estimate	S.E.	C.R.	p	标准化估计	R^2
培训感知←个人期望	-0.603	0.056	-10.766	***	-0.390	0.152
政府感知←个人期望	-0.667	0.061	-10.993	***	-0.403	0.163
获得感知←个人期望	-0.680	0.053	-12.857	***	-0.479	0.229
满意度←个人期望	-0.177	0.058	-3.040	***	-0.113	0.542
满意度←培训感知	0.300	0.032	9.326	***	0.295	
满意度←政府感知	0.310	0.031	9.858	***	0.327	
满意度←获得感知	0.394	0.039	10.200	***	0.356	
培训行为←培训感知	0.247	0.037	6.589	***	0.215	0.490
培训行为←政府感知	0.324	0.037	8.675	***	0.302	
培训行为←获得感知	0.311	0.045	6.979	***	0.249	
培训行为←满意度	0.255	0.052	4.861	***	0.226	

个人期望对满意度有显著的负向影响（$\beta = -0.113$，$p < 0.01$），假设 H10 期望负向影响高素质农民满意度成立；培训感知对满意度有显著的正向影响（$\beta = 0.295$，$p < 0.01$），假设 H7 培训感知正向影响高素质农民满意度成立；政府感知对满意度有显著的正向影响（$\beta = 0.327$，$p < 0.01$），假设 H8 政府感知正向影响高素质农民满意度成立；获得感知对满意度有显著的正向影响（$\beta = 0.356$，$p < 0.01$），假设 H9 获得感知正向影响高素质农民满意度成立；模型对满意度的解释 R^2 为 0.542。

培训感知对培训行为有显著的正向影响（$\beta = 0.215$，$p < 0.01$），假设 H4 培训感知正向影响持续参与培训行为成立；政府感知对培训行为有显著的正向影响（$\beta = 0.302$，$p < 0.01$），假设 H5 政府感知正向影响持续参与培训行为成立；获得感知对培训行为有显著的正向影响（$\beta = 0.249$，$p < 0.01$），假设 H6 获得感知正向影响持续参与培训行为成立；满意度对培训行为有显著的正向影响（$\beta = 0.226$，$p < 0.01$），假设 H11 高素质农民满意度正向影响持续参与培训行为成立；模型对培训行为的解释 R^2 为 0.490。

（2）高素质农民满意度的中介效应分析。为了进一步检验假设的中介作用，采用 Bootstrap ML 中介效应检验法检验中介效应是否显著，重复抽样次数 5 000 次，中介效应检验结果如表 1-37 所示。

表 1-37　Bootstrap ML 中介效应检验

路径	*Effect*	SE	Bias Corrected（95%）		
			LLCI	*ULCI*	*p*
个人期望-满意度-培训行为	−0.444	0.022	−0.487	−0.400	0.000
培训感知-满意度-培训行为	0.067	0.018	0.035	0.104	0.000
政府感知-满意度-培训行为	0.074	0.019	0.039	0.113	0.000
获得感知-满意度-培训行为	0.080	0.021	0.041	0.125	0.000

从表 1-37 可以看出，中介路径个人期望-满意度-培训行为的估计为 −0.444，Bias Corrected（95%）的置信区间为 [−0.487，−0.400]，不包含 0，在 0.01 水平上达到显著，说明中介效应成立，假设 H12 高素质农民满意度在期望与行为之间起中介作用成立。中介路径培训感知-满意度-培训行为的估计为 0.067，Bias Corrected（95%）的置信区间为 [0.035，0.104]，不包含 0，在 0.01 水平上达到显著，说明中介效应成立，假设 H13 高素质农民满意度在培训感知与行为之间起中介作用成立。中介路径政府感知-满意度-培训行为的估计为 0.074，Bias Corrected（95%）的置信区间为 [0.039，0.113]，不包含 0，在 0.01 水平上达到显著，说明中介效应成立，假设 H14 高素质农民满意度在政府感知与行为之间起中介作用成立。中介路径获得感知-满意度-培训行为的估计为 0.080，Bias Corrected（95%）的置信区间为 [0.041，0.125]，不包含 0，在 0.01 水平上达到显著，说明中介效应成立，假设 H15 高素质农民满意度在获得感知与行为之间起中介作用成立。

四、研究结论与对策建议

(一) 研究结论

1. 期望负向影响感知

实证分析结果表明，期望负向影响感知。其中，期望对获得感知的影响权重最大。在本专题中，感知分为培训感知、政府感知和获得感知，期望的测量变量包括对培训相关内容的期望、对政府作用的期望和对收入水平的期望。高素质农民在参与培训前的期望对参与培训后的感知产生很大影响。高素质农民在参与培训前内心产生的期望越高，参与培训后的感知就越低；反之，高素质农民在参与培训前内心产生的期望越低，参与培训后的感知就越高。

2. 感知正向影响持续参与培训行为

实证分析结果表明，感知正向影响持续参与培训行为，其中，政府感知对高素质农民持续参与培训行为的影响权重最大。政府感知正向影响高素质农民持续参与培训行为。在本专题中，政府感知的测量变量包括对政府部门监督管理的评价、对政府部门资金投入力度的评价和对政府部门政策扶持力度的评价。高素质农民对政府部门在培训方面起到的作用的满意程度对其是否会持续参与培训产生很大影响。高素质农民对政府部门在培训方面起到的作用越满意，其产生持续参与培训行为的可能性就越大；反之，高素质农民对政府部门在培训方面起到的作用越不满意，其产生持续参与培训行为的可能性就越小。

培训感知正向影响高素质农民持续参与培训行为。在本专题中，培训感知的测量变量包括对培训师资队伍的评价、对培训时间安排的评价、对培训主体的评价和对培训费用的评价。高素质农民对参加培训的相关因素的满意程度在很大程度上影响其是否会持续参与培训的行为，高素质农民对培训的相关因素越满意，其产生持续参与培训行为的可能性就越大；反之，高素质农民对培训的相关因素越不满意，其产生持续参与培训行为的可能性就越小。

获得感知正向影响高素质农民持续参与培训行为。在本专题中，获得感知的测量变量包括对自身技能的评价、对荣誉获得的评价、对收入水平的评价和对知识交流能力的评价。高素质农民对自身参与培训后的个人获得的满意程度对其是否会持续参与培训产生很大影响。高素质农民对自身参与培训后的个人获得情况越满意，其产生持续参与培训行为的可能性就越大；反之，高素质农民对自身参与培训后的个人获得情况越不满意，其产生持续参与培训行为的可能性就越小。

3. 感知正向影响高素质农民满意度，期望负向影响高素质农民满意度

实证分析结果证明，培训感知正向影响高素质农民满意度、政府感知正向影响高素质农民满意度、获得感知正向影响高素质农民满意度、期望负向影响高素质农民满意度。其中，获得感知对高素质农民满意度的影响权重最大。高素质农民对培训的感知越高，对高素质农民培训的满意度就越高；高素质农民在参与培训前对培训的期望越高，参与培训后对培训的满意度就越低。

4. 高素质农民满意度正向影响高素质农民持续参与培训行为

实证分析结果表明，高素质农民满意度正向影响持续参与培训行为，高素质农民满意度在期望与行为之间起中介作用，高素质农民满意度在培训感知与行为之间起中介作用，高素质农民满意度在政府感知与行为之间起中介作用，高素质农民满意度在获得感知与行为之间起中介作用。

（二）对策建议

通过样本描述性统计分析发现，总体来看，样本高素质农民对参与培训前的期望总体较低，培训感知和政府感知较低、获得感知较高，样本高素质农民满意度较低，样本高素质农民持续参与培训行为较低。在培训感知中，样本高素质农民对师资队伍、培训时间和培训主体的安排倾向于不满意的人数多于倾向于满意的人数。在政府感知中，样本高素质农民对政府的资金投入力度不满意的人数多于满意的人数。通过实证

分析培训感知、政府感知、获得感知、高素质农民满意度和高素质农民持续参与培训行为的关系，表明政府感知对高素质农民持续参与培训行为的影响权重是最大的。基于以上分析，提出如下建议。

1. 加大培训宣传力度，提高高素质农民培训认可度

宣传工作是培训工作的重要组成部分，宣传工作直接决定了参加培训的农民质量，也间接影响到培训效果。因此，为提高农民自身素质，更好地切合时代发展要求，必须加大高素质农民培训宣传力度。

（1）充分利用多种媒体。可以将网络、多媒体等现代化手段与报刊、广播等传统手段相结合进行宣传，宣传内容可以包括国家出台的与"三农"发展相关的最新文件，营造良好的氛围来支持高素质农民培训，赋予新农村建设内生动力。

（2）深入农村内部。安排专业人员深入农村内部进行宣传，在农村开展集会宣讲、入户讲解、发放手册等活动，将相关信息放入村内信息公开栏中，让更多的人看到与培训相关的信息，扩大参与农民培训的人员范围，提高农民对培训的认知度和接受度。利用农闲时间由村干部及专门机构在村内组织开展一些活动，如涉农方面的知识竞赛、培训活动等，促进乡村农民间的知识文化交流，提高农民学习积极性，促使农民发现培训给自身带来的优势，进而产生持续参与培训的行为。

（3）建立农村服务机构。建立专门的服务咨询机构，以专业技术水平较高的人作为主体，并设立服务咨询电话，集中解决农民在日常生产中遇到的各类问题，为他们提供技术服务指导，增强他们对相关政策的了解。在切实解决农民问题、满足农民需求的过程中对高素质农民培训工作进行宣传，加深农民对培训的认可程度。

2. 完善高素质农民培训体系，提高高素质农民培训感知

（1）合理安排培训时间。要合理安排和设定高素质农民的培训时间，分段进行培训。农业受季节影响较大，具有生产周期，春秋季节是农忙时节，而冬季属于农耕的闲暇季节，农民大多处于"停业"状态，时间较自由和充裕，相对而言会有更多的时间和精力去参加培训。因此，可以将更多的培训设定在秋季后春季前，并实行分段式培训。此外，在培训时长上也应充分考虑农民的实际诉求，培训时长不宜过长，每节课中间设定一定的休息时间，并且可以进行集中培训，提高农民培训效率。

（2）强化高素质农民培训主体行为。在乡村振兴战略背景下，为提高农民在生产、经营和管理等方面的综合能力和文化素质，必须对农民进行系统培训，以便更好地满足现代农业生产发展需求。现阶段高素质农民培训仍坚持以政府为主导，农业大学、农业高职院校和农民专业合作社等多方协调与配合的方式。在开展培训前，各方要切实关注农民需求，可通过发放问卷、打电话、建立意见箱等方式，对高素质农民的建议和意见进行收集整理，更好地满足高素质农民的培训需求，有效提高培训质量。研究表明，高素质农民的受教育程度对政策实施、农村经济发展、产业结构调整以及参与培训的积极性有很大影响。因此，必须加强农村基础教育，提升农村基础教学质量。此外，高素质农民的培训力度也要随之增加。在参加培训的学员范围方面，要进一步扩大培训主体范围，除家庭农场主、种植养殖大户、农村经纪人等外，还应让那些成为高素质农民潜力较大、参与培训意愿较强、综合素质较高的农民有更多的机会参加培训，如青年农民、农村创业者、女性农民和失地农民等。

（3）加强师资队伍建设。首先，要完善培训师资的培养机制，在相关院所和院校建立专门的高素质农民培训师资培训班，对培训班教师的专业水平和素养进行系统培训，并不断选拔和吸纳具备专业知识和技能的人才，根据教师不同的研究方向及特点建立相应的培训师资队伍。依据理论与实践相结合的原则，培训教师要到农业生产基地亲自指导，给予农民各方面的帮助，在此过程中将相应的理论知识进行宣传和介绍，提高农民对农业生产技术和专业技能知识的了解程度。建立"一对一"及"一对多"的培训制度，以高级职称的培训教师作为导师，对一个或多个农民给予相应的帮助，对他们进行长期而稳定的培养。其次，要整合师资资源，扩展师资知识库，在授课内容上政府要严格把关，制定统一的标准，并且各机构间应做到资源共享。为监督和评估教师的教学水平和能力，评价教师的培训效果，可以制定相应的奖惩制度，督促教师认真对待培训工作，切实为农民提供帮助。最后，建立师资的考评制度和退出机制，政府及培训机构应对授课教师各方面的定期检查结果进行评价考核，及时清理考评不合格的培训教师，优化培训师资队伍结构。

3. 加大对培训的支持投入力度，提高高素质农民政府感知

（1）加大培训资金的投入。我国高素质农民培训资金主要来自政府投入，因此，政府必须起到主导作用，与各金融机构加强沟通，积极调整财政支出结构，逐步加大对高素质农民培训专项资金的投入力度。应制定相应的培训预算方案，建立并执行明确的分配制度，将使用的每一笔资金都进行项目化管理，做好资金使用的监管工作，让使用效益达到最大化。此外，还应扩展培训资金的来源渠道，推动社会化的参与和市场间的合作，推进财政资源向农村倾斜，鼓励龙头企业、农民合作社等社会组织加入进来，可以设立省级、地市级或县（市、区）级的高素质农民培训专项基金，鼓励相关人员和机构将资金投入培训项目中，从而增加政府部门对培训资金的投入力度。

（2）加强政策支持。政府应加强对高素质农民培训的相关政策支持，为高素质农民提供更大更广更优质的成长平台，为他们提供更多元化的成长机会和更多的资源，从而提高高素质农民持续参与培训的积极性。应为他们制定专属的优惠政策，促进他们扎根农村，发挥自身优势，促进农业现代化发展，防止农村人口外流现象的发生。此外，可以将优惠政策的方向向训后倾斜，出台相关优惠政策鼓励参与过高素质农民培训的农民或基层干部创业；可以对参与培训的农民进行测验，依据不同的水平颁发不同层次的职业资格证书，并提供相关的便利及优惠措施，从而提高农民参与培训的热情和积极性。高素质农民培训的扶持政策要涉及人才培养、人才技能、综合素质等方面，要符合当地发展实际，要对当地产业和经济发展起到带动和促进的作用，最终使高素质农民培训达到制度化、法制化要求。

（3）加强培训负责部门间协调。为提高高素质农民培训的效果和水平，鼓励高素质农民多次参加培训，政府应加强培训部门间的协作，省市级相关部门应组建培训协调组，在培训协调组出台通知或要求等政策文件后，由省政府向各下级单位及机构发布，并要求各地建立高素质农民培训项目管理机制，制定管理办法等。此外，政府也可以充分调动社会力量积极参与到农民培训中来，形成公办、民办培训机构优势互补的农民培训体系。为提高培训机构的可靠性和说服力，各级政府应依据公开、公正和透明的原则，由培训协调组负责组织专业人士对培训机构进行相关方面的考核，考核通过的培训机构将进行公开招标。为保证整个高素质农民培训系统的有序运行，各级政府及各项目协调组应积极与负责培训各部分的专业部门及培训机构制定并签署相关书面合同，明确项目的责任、目标及要求。在高素质农民培训项目上，政府行为要从"管制干预型"向"服务引导型"转变，在政府主导的基础上加强高素质农民培训负责部门间的协调，促进高素质农民培训项目的规范化和制度化发展，从而提高高素质农民持续参与培训的积极性。

（4）加强培训监督管理力度。为提高高素质农民培训质量和培训效果，保障培训项目的顺利实施，必须重视培训监督工作，加强培训监督管理力度。首先，政府部门及相应机构应加强对培训机构的日常监督力度，健全培训质量的评价考核体系，更加明确对培训机构进行日常监管的范围和职责，从而提高培训机构开展高素质农民培训工作的规范性。其次，要努力拓宽监督渠道，做好内外监督保障工作。对内而言就是要做好自我监督工作，制定合理有效的制度，在日常工作中用相应制度规范行为，每日进行总结和反省，从而提高自身的工作能力和水平，建设为农服务、扎根基层、勇于奉献的培训队伍。对外监督包括政府监督和社会监督。政府及相关机构通过定期监督和不定期监督，检查培训机构制度建设、培训项目资金投入和使用、高素质农民培训满意度等情况。社会监督包括成立高素质农民培训监督小组、设置举报电话和邮箱、聘请第三方机构等方式，鼓励社会各方面人员和机构积极参与到高素质农民培训的监督工作中，努力让高素质农民培训项目得到全民认可，促进高素质农民持续参与培训。

4. 强化培训后续追踪服务，提高高素质农民满意度

为了让培训机构更好地改进高素质农民培训工作，提高高素质农民持续参与培训的积极性，加强和改进高素质农民培训后续追踪服务是十分必要的。通过培训后续追踪服务，培训机构能够及时获得信息反馈，为改进培训工作提供大量便利条件。为加强理论与实践的结合，促使高素质农民能更好地将理论知识应用于实际生活中，在课堂学习后，可以与农场主或相关实践基地取得联系，带领农民去实地考察和实践，从而

改善并提高高素质农民培训效果。此外，通过回访及时了解培训需求，了解高素质农民参与培训后在日常生产和经营活动中遇到的困难和问题，对高素质农民进行实质性的指导和帮助，同时做好跟踪记录，在后续的高素质农民培训中进行提升。通过走访调查、电话回访、发放问卷、进行现场技术指导等方式巩固高素质农民培训效果，促进日后高素质农民培训工作的更好开展。

专题报告二
高素质农民培训效果评估研究

　　沈阳市是辽宁省的省会城市，是东北地区重要的中心城市。沈阳市高度重视对农业人才的培育，从 2004 年起开始实施沈阳市科技特派员示范工程"青年农民上大学"培训班，通过多年的不断探索，到 2018 年基本形成了较为成熟、完善的培训机制，培养出大批农村新型实用科技人才，但对于培训效果评估一直未建立比较完备的体系。培训是一个需要不断进行思考与完善的过程，但培训评估这一重要环节时常被忽略。对培训进行评估是对上一次培训的良好收尾，也是下一次即将进行的培训项目得以改进的起点，因此做好培训评估是非常有必要的。高素质农民培训效果评估的重要性，不仅体现在培训给农民学员所带来的知识、文化、技能的综合素质的全面提高，也体现在通过参与培训所产生的农业生产的直接或间接的收益。本专题通过实地调研，并采用回归分析的方法对沈阳市的高素质农民培训效果加以分析，以促进高素质农民培训工作更好地开展，推动高素质农民的综合素质得到全面提高，为农业现代化提供人才支撑。通过对农民、高素质农民、培训效果评估的相关研究进行梳理，对农民、高素质农民和培训效果评估的概念作出界定。结合国内外相关研究，从培训机构、培训指标体系、培训效果评估的研究方法几方面进行研究综述。最终选取柯氏四级评估模型为理论模型，依据人力资本理论、成人学习理论和公共产品理论，建立高素质农民培训效果的评估指标体系并制定调研问卷。以参与过沈阳市"高素质青年农民上大学"培训班的 279 名学员为调研对象，采用随机抽样的方法对高素质农民培训效果进行研究。对问卷和访谈得到的数据进行整理；借助柯氏四级评估模型，按照学员反应、学习、行为改变、业务结果逐个层级进行描述性分析，对各个层级的平均分情况进行计算，更加直观地了解效果评估整体情况；对四个层级的量表进行数值化均值处理，将四个量表转化为四个数值型变量，对变量进行相关性检验，确定各因素间是否存在显著的线性关系，并根据理论分析提出假设，对学员反应、学习、行为改变三部分的数值变量与业务结果的数值变量进行回归分析，探究影响高素质农民培训效果的影响因素。

研究发现，学员反应、学习、行为改变都对业务结果产生一定的影响。通过平均分的计算从整体上了解各层级的综合情况，四个层级平均分从高到低的排名为学习、学员反应、行为改变、业务结果，说明从知识的学习到所学知识真正产生变化，需要时间的积累、知识的积累、能力的积累，需要有从量变到质变的过程；回归系数的结果表明，学员反应、学习、行为改变对业务结果均有显著性的影响，且学习对于业务结果的影响最大，学员反应对于业务结果的影响其次，行为改变对于业务结果的影响最小。

一、理论基础与概念界定

（一）理论基础

1. 人力资本理论

西奥多·W. 舒尔茨（1961）认为人力资本是对人进行投资，通过教育、职业训练等方式在劳动者身上蓄积形成的知识、技能、健康等。亚当·斯密（1776）提出劳动创造价值，但人的劳动能力会受到一些因素的影响，比如是否熟练掌握、正确率的高低，均会影响所创造价值的高低。劳动创造了价值，劳动技能的熟练程度可以呈现出劳动力水平的高低。通过技能培训的方式来加强劳动力的熟练程度进而提升效率，可以创造出更高的价值。亚当·斯密在 1776 年发表的《国富论》中认为，个人技能的提升可以作为社会进步的不竭之源，只有人的能力得到提升，才能促进社会的不断进步和发展。劳动力通过接受教育的方式，可以获取知识、能力、经验等的提升，教育是对于劳动力的一种有效的投资方式。总之，在经济学家的视野中，教育培训是人获取新的知识、增加技能、丰富经验的有效形式。

高素质农民通过教育参与职业培训，知识和技能方面能够得到进一步提升，符合人力资本对人进行投资的概念。本专题以人力资本理论为指导，提出高素质农民培训是为了让教育投资最大限度地在农民学员身上得以实现，提升农民的整体素质，提高农民的经济收入，开阔农民的视野，更好地完成农业生产，提高农业生产率。

2. 成人学习理论

美国成人学习理论之父马尔科姆·诺尔斯在 1984 年全面阐述了以成人学习者为中心，以自我导向学习为核心的成人学习理论。马尔科姆·诺尔斯认为，成人学习者不论是否有他人帮助，都会确立自己的学习需求，树立相应的学习目标，寻找对学习有益的人力或物力资源，甚至对自我的学习成果进行自我反思与评价。和儿童学习者相比，成人学习者表现出更显著的主体性特征：成人有对自己学习过程进行整体规划的能力，在其他的教育行为和自我的规划设计产生冲突时，成人往往更倾向于自己所规划的学习方式；成人学习有着较明确的主要动机，有较强的学习主动性，有一种主动探索的学习态度，成人学习是自我选择知识与自我创造知识的学习过程；成人在学习的过程中具有较高的自律性，能够在学习中进行自我约束。

参与高素质农民培训的学员基本是已经进入社会的群体，属于成人学习理论的研究对象。根据成人学习理论，成人学习者在学习中往往都有明确的学习目的，带着一定的学习动机和期望进行学习。培训机构需要在培训内容上了解农民的真正需求，按照农民的实际需求设计课程内容，并且在充分考虑学员的学习基础与学习能力的情况下进行授课。在成人学习理论的基础上设计某些指标体系，以便更好地对培训效果评估进行研究。本专题在学员反应三级指标的设计中，培训教师的专业性和方式的满意程度、授课质量、时间安排、培训考核方式、您对自身知识的增长满意吗、您对自身收入增长满意吗、您对事业的开展满意吗等具体考核因素均是依据成人学习理论提出的。

3. 公共产品理论

公共产品理论由美国经济学家保罗·萨缪尔森于 1954 年首次提出。

他在论文《公共支出的纯理论》（1954）中系统阐述了公共产品的概念，并将其定义为非排他性和非竞争性的产品。他认为，公共产品是所有成员都可以共同享用的集体消费品，社会成员可以在同一时间共同享用该产品，同时每名成员在对此产品进行消费的过程中都不会减少其他社会成员对该产品的消费。也就是说，公共产品具有非排他性和非竞争性。此理论将公共产品分为两大类：一是纯粹的公共产品，同时具备非竞争性和非排他性的本质特征；二是介于纯粹的公共产品和私人产品之间的准公共产品，当对某一产品的消费者增长到一定数量的时候，会影响原来此产品消费者的使用效益。

参与高素质农民培训的学员可以在同一时间内共同享用这一培训服务；学员人数一定的情况下，任何学员的学习都不会影响其他学员对此培训服务的使用效益；通过培训既能给学员个人带来好处，也能给社会带来一定的收益。因此高素质农民培训属于准公共产品。这一特性也更加说明政府在高素质农民培训中占据的主导地位，需要政府加强对培训各方面的管理，提供更好的服务。

（二）概念界定

1. 农民

农民这一概念要从几个不同层次的定义来进行阐述。其一，以社会分工的角度来定义农民，农民是进行农业生产的劳动者。《汉书·食货志》言"辟土殖谷曰农"。农民的主要生产原料是土地，在土地上付出劳动进行生产，从而为社会提供农产品。《新帕尔格雷夫经济学大辞典》（1996）对农民的解释为，传统农民是在土地上耕种的人，小农家庭是仅为家庭消费而进行生产的自给自足的单位。其二，以阶级的角度来定义农民。新中国成立之前，农民是与地主相互对立的阶级，农民只有少量的土地甚至没有土地，需要提供劳务来为地主打工。其三，以户籍身份的角度来定义农民。户籍制度决定了农民的户籍身份，农民具有农业户口，从而与城镇居民区分开来。《不列颠百科全书》（1999）认为，传统农民和其他从事农业生产的人的最根本区别就是身份等级。其四，以居住地点的角度来定义农民。和居住在城市中的人相对应，居住在乡下的人就是农民。陈春燕（2006）认为，大多农民可以自给自足，他们所生产的粮食很大一部分用来自己食用，他们是自给自足的生产者。朱启臻（2012）对农民的概念进行了解释并得到了多数学者的认同，他认为，农民必须是长期居住在农村地区，将土地等作为农业生产的资料并且长期进行农业生产的劳动者。他还提出农民要满足以下四个条件：①拥有或者长期地使用一定数量的生产性耕地；②大部分的时间从事农业劳动；③经济收入主要来源于农业生产和农业经营；④长期居住在农村社区。这些是农民的最基本条件，是农民和非农民最大的差别所在。

本专题将农民界定为：在乡村中出生、长大并具有乡村户籍的人，是从事现代农业生产的所有类别的农民。

2. 高素质农民

传统的农民是为了维持生计而进行农业生产，在社会关系中维持着农民的社会身份。高素质农民是指区别于传统的农民，接受过较为系统的专业培训，具备较高的农业科学文化素质，掌握先进的种植技术，可以为乡村产业、生态、文化和组织振兴提供应有贡献的强有力的战略人才储备。高素质农民的特点是专业化、市场化、知识化和高技术性。

高素质农民和专业合作社的兴起有着密不可分的关系，2003年《中华人民共和国农业法》的颁布和实施，鼓励农民自发组建有别于传统社区组织的各类农民专业协会。《中华人民共和国农业法》颁布后，各地的农民专业合作社开始大量出现，农民专业合作社的出现解决了农民获得信息难、获得技术难、资金不足、销售困难等方面的问题，但与此同时产生了如何提升农民文化素质、管理能力和怎样进行综合生产等问题。2019年中共中央印发了《中国共产党农村工作条例》，正式提出要"培养一支有文化、懂技术、善经营、会管理的高素质农民队伍"，这为乡村振兴战略的人才发展提供了可靠依据，也让更多想学习先进农业科学理论与技术的农民看到了希望。2020年中央1号文件又提出要"加快构建高素质农民教育培训体系"。自此之后，农民专业化态度更加鲜明。

本专题将高素质农民界定为：具有一定专业知识和技能，以农业生产经营收入作为家庭主要收入来源，且参与过培训、有劳动能力、年龄在16～64周岁的农民。

3. 培训效果评估

人力资本要素是经济增长的重要要素，培训是增加人力资本存量的有效方法，怎样对培训进行准确的评估是研究的难点。20 世纪以来，学者们开始对效果评估进行研究，也更加重视效果背后的深层原因。刘永芳（2008）指出，彼得·德鲁克提出的目标管理这一概念，也被称作360 反馈法，是指被考核者的上级、同级、下级等都对被考核者进行评价，再据此进行分析，找到长处和不足以提高最终的效果。李丹（2006）认为，培训效果是参加培训学员通过培训所带来的一系列改变和成果，是学员在培训过程中获得的知识、能力和其他特性能够应用到工作中的程度。许可凡（2004）提出，在科学的管理模式中，评价承担着反馈机制这一角色，分析现状和目标间的差距所在，以降低被评估的对象和目标间的差距，提高培训工作的质量。杰伊·沙夫里茨（2001）认为，培训评价是对培训整体进行评价的过程，其中包括培训给公司的绩效是否带来改善和给个人能力是否带来提高。萧鸣政（2005）以组织和个人两种角度来说明培训评估的有效性，个人角度包括政治素质、知识和技能的全面提高，组织角度包括组织利润增加、成本降低、市场占有率扩大。陈雁枫（2007）认为，培训评估是培训整个流程的最后一个重要环节，它既能对整个培训的实施进行总结，又可以结合培训评估的结果为以后的培训提供宝贵的参考。

本专题将培训效果评估界定为：在培训课程全部完成后，参照高素质农民培训目标，运用科学全面的评估理论和方法，对受训学员取得的总体成果进行测量与分析评价，并对培训结果的影响因素进行分析，分析各因素对结果的影响程度。

二、研究模型与指标体系构建

(一) 研究模型

柯氏四级评估理论最早由唐纳德·L. 柯克帕特里克（2007）提出，柯氏四级评估模型是在此基础上完善得来的，在培训评估方面较为系统全面，且经历60多年检验，在世界各地都有着广泛的影响，在培训效果的研究上有着重要的意义。柯氏四级评估模型作为世界上应用最广泛的评估工具，具有全程性的特点。该模型认为评估需要从四个方面进行，即学员反应、学习、行为改变、业务结果，这四个方面的内容分别从不同的层次回答了培训评估中的不同问题，如表2-1所示。

表2-1　柯氏四级评估模型

层次	回答的问题
1. 学员反应	学员对培训项目的满意度高吗？
2. 学习	学员在培训中的学习情况怎么样？
3. 行为改变	学员经过学习后行为上有没有发生改变？
4. 业务结果	学员行为的变化对培训组织绩效的影响是不是积极的？

培训是需要不断地反思、补充、丰富来达到更好的培训效果的过程。做好培训效果的评估对成功的培训有着重要的意义。柯氏四级评估模型是用于评估培训效果的权威工具，是从学员反应、学习、行为改变、业务结果四个层次对培训进行全方位的整体评估。每个层次的评估对最终的结果都有着一定的影响，每个层次都是非常重要的，不能省略某个层次直接进入下一层次的研究。

基于柯氏四级评估模型，高素质农民培训效果评估的框架也将从学员反应、学习、行为改变、业务结果四个层次来展开。下面从四个层次分别进行论述。

第一，学员反应是用来测量参与培训的学员对所参与培训的反应情况，通常也被认为是顾客满意度的测量。通过得到培训学员对培训的反应情况，调整培训中的措施，以赢得更多学员积极、满意的参与反应。

第二，学习是指对培训内容的掌握程度，首先考核学员课上的学习认真程度，其次从学习的知识技能能否应用到农业生产来考量，以检验所教授知识的实用性。

第三，行为改变主要是考核学员在培训后行为方面会得到怎样的转变。

第四，业务结果是指学员在参与培训后能够达到的最终结果，举办培训的目的就是要实现这些结果。

（二）指标体系构建

1. 学员反应

张亿钧（2018）从个体层面、家庭层面、培训供给层面分析影响农民培训效果的因素，在培训供给层面选取了培训时间的满意情况、对教师的满意情况、对培训内容的需求等。傅雪梅（2016）对培训满意度这一指标进行总体的调查，未具体划分，在培训因素中选取了教学方式、师资、学习内容、培训设施、课程时间的安排以及管理制度作为二级指标进行调研。张海涛等（2010）提出要建设农民培训的长效机制，培训投入情况、培训方式、培训内容、教师、农民本身素质都会对培训后的效果产生一定的影响。陈振华（2010）对辽宁省科技经纪人培训进行调查，在培训的总体评价方面选取对培训组织的考核、后勤提供服务等方面的指标进行满意度分析。

学员反应，即农民学员从对培训满意度的角度进行打分。结合相关学者的研究成果，本专题更加具体、全面地对此项指标进行选取，从课程设计、教师授课质量、培训组织管理、政策扶持力度、自我感知五个维度进行测量，具体划分为 13 个三级指标：培训项目涉及的内容与我工作有关，培训课程内容的实用性、新颖性及难易度，培训教材，培训教师的专业性和方式的满意程度，授课质量，时间安排，培训设施满意程度（多媒体等设施），后勤服务，培训考核方式，您对政策扶持力度的满意情况，培训后您对自身知识的增长满意吗，培训后您对自身收入增长满意吗，培训后您对您事业的开展满意吗。具体如表 2-2 所示。

表 2-2　学员反应的测量变量

潜变量		测量变量
一级指标	二级指标	三级指标
B 学员反应	B1 课程设计	B1-1 培训项目涉及的内容与我工作有关
		B1-2 培训课程内容的实用性、新颖性及难易度
		B1-3 培训教材
	B2 教师授课质量	B2-1 培训教师的专业性和方式的满意程度
		B2-2 授课质量
	B3 培训组织管理	B3-1 时间安排
		B3-2 培训设施满意程度（多媒体等设施）
		B3-3 后勤服务
		B3-4 培训考核方式
	B4 政策扶持力度	B4-1 您对政策扶持力度的满意情况
	B5 自我感知	B5-1 培训后您对自身知识的增长满意吗
		B5-2 培训后您对自身收入增长满意吗
		B5-3 培训后您对您事业的开展满意吗

2. 学习

李阳（2014）依据柯氏四级评估模型对效果进行研究，在学习层级中选取技能、知识、态度的改变来进行测量。结合相关学者的研究，在学习上对学习效果、学习质量两个维度分别进行调查，具体划分为 3 个三级指标：您对培训知识吸收如何，您通常能做到上课认真听讲吗，知识和技能的提高程度。具体如表 2-3 所示。

表 2-3　学习的测量变量

潜变量		测量变量
一级指标	二级指标	三级指标
C 学习	C1 学习效果	C1-1 您对培训知识吸收如何
		C1-2 您通常能做到上课认真听讲吗
	C2 学习质量	C2-1 知识和技能的提高程度

3. 行为改变

周杉（2017）在对西部试点地区高素质农民培训效果分析时提出，参与培训可以提升农民对农业生产的信心，并且农民在经营管理能力上也得到了提高。傅雪梅（2016）在对成都地区农民的培训效果影响因素进行研究时，选取了对政策的了解程度作为测量的指标。陈振华（2010）结合实证分析指出，培训后农民在应用所学技术的能力和引进新品种、新技术方面都有了很大提高，并且农民在经营管理能力和开发新的项目上都有所提升。张明明（2008）指出，不同学者对效果评价有不同的见解，就怎样来衡量效果的高低而言，主要根据经济、生态、社会、学员知识增长率、技能的增长情况来进行评价是比较常见的方式。

结合相关学者的研究成果，本专题更加具体、全面地对此项指标进行选取，从能力变化、知识应用、内心转变三个维度进行测量，具体划分为 11 个三级指标：您的经营管理能力是否得到提高，您的环境保护意识是否得到提高，对农业政策的了解，对专业合作社的了解，法律意识，职业意识，工作中运用所学的知识与技能，解决实际问题的能力，您是否获得内心的满足感、荣耀感、成就感，您为高素质农民的身份感到自豪吗，参加培训是否赢得了他人的认可和尊重。具体如表 2 - 4 所示。

表 2 - 4 行为改变的测量变量

潜变量		测量变量
一级指标	二级指标	三级指标
D 行为改变	D1 能力变化	D1 - 1 您的经营管理能力是否得到提高
		D1 - 2 您的环境保护意识是否得到提高
		D1 - 3 对农业政策的了解
		D1 - 4 对专业合作社的了解
		D1 - 5 法律意识
		D1 - 6 职业意识
	D2 知识应用	D2 - 1 工作中运用所学的知识与技能
		D2 - 2 解决实际问题的能力
	D3 内心转变	D3 - 1 您是否获得内心的满足感、荣耀感、成就感
		D3 - 2 您为高素质农民的身份感到自豪吗
		D3 - 3 参加培训是否赢得了他人的认可和尊重

4. 业务结果

周杉（2017）在对西部试点地区高素质农民培训效果分析时提出，培训后的高素质农民在经济收入上都有一定的提高；对当地政府扶持情况进行了调查，虽然政府提供一定的扶持，但鉴于农业生产周期长、收益受多方因素影响，导致农民收入不稳定，农民对政府扶持的力度并不满意，政府扶持方面还需要进一步加强。陈振华（2010）结合调研数据分析，培训对农民的收入有直接的影响，但鉴于影响收入的原因很多，很难衡量培训的具体作用。张扬（2009）在影响培训效果的因素中指出，政府对农民的扶持是农民实现增收的重要推动方式。

结合相关学者的研究成果，本专题更加具体、全面地对此项指标进行选取，从收入、生产效率、病虫害率、获得政府资助四个维度进行测量，具体划分为 11 个三级指标：销售收入增多，实际利润增加，产业规模扩大，产量增加了，种植养殖质量提高，引进科技设施，成本下降，病虫害率下降，减少了用药费用，减少了用药量，获得政府津贴增加。具体如表 2-5 所示。

表 2-5　业务结果的测量变量

潜变量		测量变量
一级指标	二级指标	三级指标
E 业务结果	E1 收入	E1-1 销售收入增多
		E1-2 实际利润增加
	E2 生产效率	E2-1 产业规模扩大
		E2-2 产量增加了
		E2-3 种植养殖质量提高
		E2-4 引进科技设施
		E2-5 成本下降
	E3 病虫害率	E3-1 病虫害率下降
		E3-2 减少了用药费用
		E3-3 减少了用药量
	E4 获得政府资助	E4-1 获得政府津贴增加

高素质农民培训效果的评估模型主要包括四个结构变量，分别是学

员反应、学习、行为改变、业务结果，其中学员反应由课程设计、教师授课质量、培训组织管理、政策扶持力度、自我感知五个维度构成，学习由学习效果、学习质量两个维度构成，行为改变由能力变化、知识应用、内心转变三个维度构成，业务结果由收入、生产效率、病虫害率、获得政府资助四个维度构成。鉴于四个潜变量无法直接进行测量，故进行各个潜变量的显变量设计，共计4个一级指标14个二级指标38个三级指标，最终形成高素质农民培训效果评估的指标体系，如表2-6所示。

表2-6 高素质农民培训效果评估的指标体系

潜变量		测量变量
一级指标	二级指标	三级指标
B 学员反应	B1 课程设计	B1-1 培训项目涉及的内容与我工作有关
		B1-2 培训课程内容的实用性、新颖性及难易度
		B1-3 培训教材
	B2 教师授课质量	B2-1 培训教师的专业性和方式的满意程度
		B2-2 授课质量
	B3 培训组织管理	B3-1 时间安排
		B3-2 培训设施满意程度（多媒体等设施）
		B3-3 后勤服务
		B3-4 培训考核方式
	B4 政策扶持力度	B4-1 您对政策扶持力度的满意情况
	B5 自我感知	B5-1 培训后您对自身知识的增长满意吗
		B5-2 培训后您对自身收入增长满意吗
		B5-3 培训后您对您事业的开展满意吗
C 学习	C1 学习效果	C1-1 您对培训知识吸收如何
		C1-2 您通常能做到上课认真听讲吗
	C2 学习质量	C2-1 知识和技能的提高程度
D 行为改变	D1 能力变化	D1-1 您的经营管理能力是否得到提高
		D1-2 您的环境保护意识是否得到提高
		D1-3 对农业政策的了解
		D1-4 对专业合作社的了解
		D1-5 法律意识
		D1-6 职业意识

（续）

潜变量		测量变量
一级指标	二级指标	三级指标
D 行为改变	D2 知识应用	D2-1 工作中运用所学的知识与技能
		D2-2 解决实际问题的能力
	D3 内心转变	D3-1 您是否获得内心的满足感、荣耀感、成就感
		D3-2 您为高素质农民的身份感到自豪吗
		D3-3 参加培训是否赢得了他人的认可和尊重
E 业务结果	E1 收入	E1-1 销售收入增多
		E1-2 实际利润增加
	E2 生产效率	E2-1 产业规模扩大
		E2-2 产量增加了
		E2-3 种植养殖质量提高
		E2-4 引进科技设施
		E2-5 成本下降
	E3 病虫害率	E3-1 病虫害率下降
		E3-2 减少了用药费用
		E3-3 减少了用药量
	E4 获得政府资助	E4-1 获得政府津贴增加

三、高素质农民培训效果评估实证分析

（一）数据来源

"高素质农民上大学"培训班的培训对象为在沈阳市农村区域从事农业以及农业相关产业生产的农民，且遵循严格的学员选拔原则。第一，文化程度，需要具有初中及以上的受教育程度，且有两年及以上专业生产的经验；第二，年龄要求 18～64 周岁，对于有产业项目者以及具有较强的实践经验者可以适当地放宽年龄限制；第三，具有良好的道德品质并且对专业技术的学习有强烈的学习渴望，能够主动学习，求知欲望强烈；第四，身体健康。报名申请程序是由本人自愿提出申请，先由县（市、区）科技局进行初步审核、推荐，再由市科技局审定批准，最后由沈阳农业大学进行录取。

"高素质农民上大学"培训班的学员基本符合高素质农民的相关条件，属于高素质农民的范畴，故本专题以参加过"高素质农民上大学"培训班的学员为调研对象。2018 年 9—12 月，随机选取浑南区、苏家屯区、康平县、新民市、辽中区、法库县参加过"高素质农民上大学"培训班的学员从学员反应、学习、行为改变、业务结果四个层次进行问卷调研，共发放问卷 300 份，最终回收有效问卷 279 份，回收率为93%。并采用访谈法等方式深入了解参加过培训的学员对高素质农民培训课程的效果评价。

（二）描述性统计分析与问卷分析

1. 样本基本特征分析

（1）样本学员基本特征的描述性分析。对 279 份有效样本的构成情况进行统计及分析，样本构成情况如表 2-7 所示。

①从性别结构来看，男性有 180 人，占 64.52%；女性有 99 人，占 35.48%。男性的数量高于女性，男女比接近 2：1。

表 2-7　样本基本特征

变量	频数/人	比例/%	变量	频数/人	比例/%
A1 性别			A5 工作领域		
男	180	64.52	种植业	192	68.82
女	99	35.48	养殖业	48	17.20
A2 专业方向			农产品加工业	8	2.87
养殖	58	20.79	旅游、餐饮等服务业	9	3.22
林果（含花卉）	75	26.88	村干部	0	0
蔬菜（含食用菌）	90	32.26	电商	0	0
大田作物（含农资）	56	20.07	农村职业经理人	7	2.51
提高班	0	0	其他行业	15	5.38
其他	0	0	A6 所属经营主体类型		
A3 年龄			种植大户	45	16.13
18~30 岁	23	8.24	农民专业合作组织	96	34.41
31~40 岁	63	22.58	家庭农场	45	16.13
41~45 岁	104	37.28	养殖大户	16	5.73
46~50 岁	61	21.86	农业产业化龙头企业	9	3.23
51~55 岁	28	10.04	小农户	56	20.07
56~60 岁	0	0	其他	12	4.30
61 岁及以上	0	0	A7 家庭年收入		
A4 学历			3 万元以下	7	2.51
小学	57	20.43	3 万~5 万元（含 5 万元）	33	11.83
初中	102	36.56	5 万~10 万元（含 10 万元）	110	39.43
高中或中专	88	31.54	10 万~20 万元（含 20 万元）	78	27.96
大专	20	7.17	20 万~30 万元（含 30 万元）	35	12.54
本科及以上	12	4.30	30 万~40 万元（含 40 万元）	16	5.73
			40 万元以上	0	0

②从专业方向来看，养殖专业有 58 人，占 20.79%；林果（含花卉）专业有 75 人，占 26.88%；蔬菜（含食用菌）专业有 90 人，占 32.26%；大田作物（含农资）专业有 56 人，占 20.07%。所调研的学员在四个专业上的分配都在 25% 左右，无提高班和其他专业的学员。

③从年龄结构来看，18~30 岁有 23 人，占 8.24%；31~40 岁有 63 人，占 22.58%；41~45 岁有 104 人，占 37.28%；46~50 岁有 61 人，占 21.86%；51~55 岁有 28 人，占 10.04%；无 56~60 岁和 61 岁以上的学员。说明被调查学员年龄主要在 31~50 岁，30 岁以下农民的占比不到 10%。

④从学历情况来看，最高学历为小学的有 57 人，占 20.43%；最高学历为初中的有 102 人，占 36.54%；最高学历为高中或中专的有 88 人，占 31.54%；最高学历为大专的有 20 人，占 7.17%；最高学历为本科及以上的有 12 人，占 4.30%。总体来看，高素质农民中最高学历为初中及以上学历的占比已接近 80%，说明高素质农民的学历已有提高，初中及以上学历已占绝对优势。

⑤从工作领域来看，从事种植业的有 192 人，占 68.82%；从事养殖业的有 48 人，占 17.20%；从事农产品加工业的有 8 人，占 2.87%；从事旅游、餐饮等服务业的有 9 人，占 3.22%；从事农村职业经理人的有 7 人，占 2.51%；从事其他行业的有 15 人，占 5.38%。受访农民中无村干部和电商从业者，传统的种植业和养殖业是从业人数最多的领域，其中种植业是受访农民最主要的工作领域，农业产业相关的新兴职业从业的人数较少，累计占总数的 10% 左右。

⑥从经营主体类型来看，种植大户有 45 人，占 16.13%；农民专业合作组织有 96 人，占 34.41%；家庭农场有 45 人，占 16.13%；养殖大户有 16 人，占 5.73%；农业产业化龙头企业有 9 人，占 3.23%；小农户有 56 人，占 20.07%；其他类有 12 人，占 4.30%。调研结果显示，本次受调研的学员中包含多种经营主体，大部分学员的产业具有一定的产业规模。

⑦从收入结构来看，家庭年收入在 3 万元以下的有 7 人，占 2.51%；家庭年收入 3 万~5 万元的有 33 人，占 11.83%；家庭年收入 5 万~10 万元的有 110 人，占 39.43%；家庭年收入 10 万~20 万元的

有 78 人，占 27.96%；家庭年收入 20 万~30 万元的有 35 人，占 12.54%；家庭年收入 30 万~40 万元的有 16 人，占 5.73%；无家庭年收入在 40 万元以上的学员。说明大部分学员的家庭年收入为 5 万~20 万元，家庭年收入在 5 万元以下和 20 万元以上的人数均占少数。

(2) 样本学员学习需求、学习目的的描述性分析。对样本学员的学习需求、学习目的进行初步了解，构成情况如表 2-8 所示。

表 2-8　学习目的基本特征

变量	频数/人	比例/%	变量	频数/人	比例/%
A8 您最需要哪一方面的培训知识					
农业专业理论	31	11.11			
病虫害防治	54	19.35			
农业技术实操技能	91	32.62			
农产品销售	63	22.58			
农业创业	22	7.89			
电子商务	7	2.51			
农产品品牌认证与推广	11	3.94			
其他	0	0			
A9-1 您认为在教育培训中学习的主要目的			A9-2 您认为在教育培训中学习的次要目的		
获得文凭，提高学历	6	2.15	获得文凭，提高学历	17	6.09
取得相关结业证书	16	5.73	取得相关结业证书	29	10.39
提升个人能力	95	34.05	提升个人能力	55	19.71
结交更多朋友	5	1.79	结交更多朋友	19	6.81
解决生产中的实际问题	92	32.98	解决生产中的实际问题	66	23.66
充实个人的生活	7	2.51	充实个人的生活	9	3.23
提高社会地位	0	0	提高社会地位	5	1.79
了解政策、法律法规	5	1.79	了解政策、法律法规	25	8.96
提高收入	47	16.85	提高收入	52	18.64
其他	6	2.15	其他	2	0.72

①从您最需要哪一方面的培训知识来看，想要学习农业技术实操技能的有 91 人，占 32.62%；想要学习农产品销售的有 63 人，占 22.58%；想要学习病虫害防治的有 54 人，占 19.35%；想要学习农业专业理论的有 31 人，占 11.11%；想要学习农业创业、农产品品牌认证与推广、电子商务的分别为 22 人、11 人、7 人，分别占 7.89%、3.94%、2.51%；无想要学习其他方面培训知识的学员。由此看出农民对农业技术实操技能、农产品销售、病虫害防治方面的知识需求较大，对农业创业、农产品品牌认证与推广、电子商务方面的知识需求相对较小，表明考虑让自家农产品创立自有品牌走进电商市场的农民较少。

②从您认为在教育培训中学习的主要目的看，想要提升个人能力的有 95 人，占 34.05%；想要解决生产中的实际问题的有 92 人，占 32.98%。两者相加占比接近总数的 70%，可见大部分农民想要通过学习来提升自我能力并掌握更多技能以解决生产中遇到的种种问题。

③从您认为在教育培训中学习的次要目的看出，和学习的主要目的相比，次要目的显现出更多的多样性。除解决生产中的实际问题、提升个人能力外，提高收入、取得相关结业证书也是较多学员参加学习的目的。想要解决生产中的实际问题的有 66 人，占 23.66%；想要提升个人能力的有 55 人，占 19.71%；想要提高收入的有 52 人，占 18.64%；想要取得相关结业证书的有 29 人，占 10.39%。

2. 基于柯氏四级评估模型的描述性分析

(1) 学员反应。

①课程设计方面，学员对专业技术的学习有强烈的渴望，求知欲望强烈。调研结果显示，关于对"培训项目涉及的内容与我工作有关""培训课程内容的实用性、新颖性及难易度""培训教材"的回答，选择"比较满意"的占比分别为 55.91%、58.42% 和 56.63%，都达到了 50% 以上，选择"满意"的占比分别为 23.66%、28.67% 和 27.60%。"高素质农民上大学"培训班根据不同的专业分班教学，考虑到不同层次农民的需要，采用实践基地学习与课堂上课相结合的模式进行授课，力争满足更多农民的实际需求，让农民学到真正能用到实处的知识技术。在课程设计方面接近 80% 的农民认为课程内容的设计与自己的相关度很高，培训的内容能够满足自身的发展需要。然而，部分农民提

出，希望增加更为丰富的专业选择，如增加水产相关课程、增加电商具体实操知识的授课比例。

②教师授课质量方面，拥有高水平师资队伍，保证培训学习的高质量。关于对"培训教师的专业性和方式的满意程度"的回答，选择"比较满意"的有 67.02%，选择"满意"的有 5.38%，选择"一般"的有 27.24%。选择"一般"的学员提出，希望可以增加和老师一对一学习的机会，得到更多更适用于自身情况的经验。"授课质量"方面得到了学员较高的肯定，选择"比较满意"的有 43.73%，选择"满意"的有 42.29%，说明超过 85%的学员都对教师的授课质量表示了极大的肯定。教师用自己的专业和敬业的态度提供高质量的课程，助力学员们从学习中得到更大的收获。

③培训组织管理方面，教学时间安排比较合理，后勤服务、培训设施建设需要提高。"高素质农民上大学"培训班为期一年，一年中根据农时对授课时间进行调整，除农忙时、国家法定假日外，实施连续上课三周休息一周的作息，将周末集中在一起休息，便于路途较远的学员在回家休息的同时能处理家中的农务。实践证明，对于"时间安排"，59.86%的学员选择"比较满意"，31.18%的学员选择"满意"，只有8.96%的学员选择"一般"，由此可见，这种创新的上课时间安排能够得到大多数农民学员的认可。在"培训设施满意程度（多媒体等设施）"问题的回答中发现，培训设施得到大多数学员的认可，选择"比较满意"的有 53.76%，选择"满意"的有 16.85%，选择"一般"的有 27.60%。在"后勤服务"和"培训考核方式"问题的回答中，分别有18.64%、10.39%的学员选择"满意"，41.22%、54.48%的学员选择"比较满意"，36.56%、33.34%的学员选择"一般"，3.58%、1.79%的学员选择"比较不满意"，均无选择"不满意"。有学员提出，希望加强对基础服务设施的建设，增扩上课的教室，增加供学员们使用的电脑、打印机等设施，更好地服务学员学习。

④政策扶持力度方面，政策在促进农民培训工作方面发挥了重要推动作用。对"您对政策扶持力度的满意情况"问题的回答，大部分学员选择了"比较满意"，占比为 45.88%；其次是选择"满意"的学员，占比为 44.44%；最后是选择"一般"的学员，占比为 9.68%；均无学

员选择"比较不满意"和"不满意"。说明政策扶持有效满足了学员的需求，为农民的培训和发展提供了重要保障。

⑤自我感知方面，培训对学员知识增长、事业开展带来很大帮助。对"培训后您对自身知识的增长满意吗""培训后您对自身收入增长满意吗"和"培训后您对您事业的开展满意吗"三个问题的回答，大部分学员均选择了"比较满意"，对三个问题选择"比较满意"的占比分别为59.50%、46.59%、56.63%，选择"满意"的占比分别为29.39%、31.54%、12.19%，表明通过学习，农民学员的自身知识、学习技能都得到很大的提升，并且大部分学员的收入水平也有不同程度的提高。和知识、收入相比，对事业开展满意度较低，31.18%的学员选择"一般"，只有12.19%的学员选择"满意"。总体来看，对自身知识增长的满意度最高，结合访谈分析发现，学员的产业情况、规模情况相差较大，所学的技术目前无法完全应用，有很多项目需要达到一定的产业规模才能实施，导致对收入增长的满意度和对事业开展的满意度低于对知识学习的满意度，如表2-9所示。

表2-9　学员反应情况/%

评估目的	测量变量	5 满意	4 比较满意	3 一般	2 比较不满意	1 不满意
B1 课程设计	B1-1 培训项目涉及的内容与我工作有关	23.66	55.91	20.07	0.36	0
	B1-2 培训课程内容的实用性、新颖性及难易度	28.67	58.42	12.19	0.72	0
	B1-3 培训教材	27.60	56.63	15.41	0.36	0
B2 教师授课质量	B2-1 培训教师的专业性和方式的满意程度	5.38	67.02	27.24	0.36	0
	B2-2 授课质量	42.29	43.73	13.98	0	0
B3 培训组织管理	B3-1 时间安排	31.18	59.86	8.96	0	0
	B3-2 培训设施满意程度（多媒体等设施）	16.85	53.76	27.60	1.79	0
	B3-3 后勤服务	18.64	41.22	36.56	3.58	0
	B3-4 培训考核方式	10.39	54.48	33.34	1.79	0
B4 政策扶持力度	B4-1 您对政策扶持力度的满意情况	44.44	45.88	9.68	0	0
B5 自我感知	B5-1 培训后您对自身知识的增长满意吗	29.39	59.50	11.11	0	0
	B5-2 培训后您对自身收入增长满意吗	31.54	46.59	19.35	2.52	0
	B5-3 培训后您对您事业的开展满意吗	12.19	56.63	31.18	0	0

（2）学习。

①学习效果方面，学员对专业技术的学习有强烈的渴望，求知欲望强烈。"高素质农民上大学"培训班在素质教育的基础上，坚持开展了全方面的教学管理。秉持着授人以鱼不如授人以渔的观念，让学员们在思想上意识到科技农业带来的真正益处，主动地进行学习，使学员素质得到全方位的提升。在学习效果方面，对于"您对培训知识吸收如何"和"您通常能做到上课认真听讲吗"这两个问题的打分结果大体一致，选择"基本能够掌握"的占比分别为32.26%和34.77%，选择"能够掌握"的占比分别为59.50%和55.20%，选择"一般"的占比均在10%以下。说明大多数人都取得了良好的学习效果，认真听讲程度和对知识的吸收相互促进，上课认真听讲的程度越高，对知识的吸收程度越好。学员们学习的主动性较强，对知识和技术的学习有着强烈的渴望，在学习知识的过程中不断地丰富思想、提升能力。

②学习质量方面，农民学习自主性强，知识技能获得较大提高。和前两个问题相比，对"知识和技能的提高程度"的回答，选择"基本能够掌握"的人数最多，占47.67%；其次是选择"能够掌握"的，占35.48%；再次是选择"一般"的，占15.77%；仅有1.08%的学员选择"不能很好掌握"。说明在"知识和技能的提高程度"方面，超过70%的学员获得了较大的提升，能够较好地吸收和学习知识技能。但知识和技能的提高程度并没有取得和上课认真听讲、知识吸收同样的认可，知识和技能的提高程度各不相同，这主要与学员们自身的素质参差不齐有很大的关系，不同的教育基础影响学员们对知识的吸收情况，如表2-10所示。

表2-10　学习情况/%

评估目的	测量变量	5 能够掌握	4 基本能够掌握	3 一般	2 不能很好掌握	1 不能掌握
C1 学习效果	C1-1 您对培训知识吸收如何	59.50	32.26	7.89	0.35	0
	C1-2 您通常能做到上课认真听讲吗	55.20	34.77	8.95	1.08	0
C2 学习质量	C2-1 知识和技能的提高程度	35.48	47.67	15.77	1.08	0

（3）行为改变。

①能力变化方面，农民的绿色农业意识增强，生产经营观念不断进

步，经营管理能力得到提升。很多种植业农户在培训后，开始在原有产业基础上尝试发展水果采摘园等新型的经营形式，且注重环境保护，并表示希望增加有机农业种植的相关课程。调查显示，"您的经营管理能力是否得到提高""您的环境保护意识是否得到提高"是行为变化中获得分数最高的两项。选择"有所提高"的占比分别为 56.63% 和 55.91%，选择"很大提高"的占比分别为 24.73% 和 23.66%，选择"一般"的占比分别为 16.49%、15.77%，选择"提高较小"的占比分别为 2.15%、4.66%，均无人选择"没有提高"。说明参与培训的学员在管理能力的提升和环境保护意识方面都有了较大的提升。调查显示"对农业政策的了解"和"对专业合作社的了解"的情况较为相似，选择"有所提高"的占比分别为 46.24%、47.31%，选择"很大提高"的占比分别为 23.30%、19.35%，选择"一般"的占比分别为 24.37%、24.37%，选择"提高较小"的占比分别为 6.09%、8.97%，均无人选择"没有提高"。说明在农业政策和专业合作社方面的培训课程应该继续加强，增加排课数量。调查显示，"法律意识""职业意识"的统计中选择"一般"的人数最多，均在 30% 左右，选择"有所提高"的占比分别为 40.14% 和 37.28%，选择"很大提高"的分别只占 19.00% 和 23.30%。说明培训在这两项内容的教学上有所欠缺，很难满足大多数学员的需要，应该加强法律意识和职业意识的相关教学。

②知识应用方面，运用所学知识和解决实际问题能力增强。由"工作中运用所学的知识与技能"情况可知，29.75% 的被调查者选择"很大提高"，51.97% 的被调查者选择"有所提高"，只有 16.49% 的被调查者选择"一般"以及 1.79% 的被调查者选择"较小提高"，无人选择"没有提高"。由"解决实际问题的能力"情况可知，选择从"很大提高"到"没有提高"的人数占比分别为 25.81%、39.78%、29.03%、5.38%、0。超过 70% 的被调查者认为自己在工作中能够运用所学习的技能并且有较大幅度的提升，超过 65% 的被调查者认为自己解决实际问题的能力得到了较大的提高，由此说明学习内容的实用性较强，便于农民将所学的知识内容在日常生产中转化为实用的生产技术，解决在农业生产中面临的各项问题。

③内心转变方面，农业生产信心普遍增强。在内心转变的三个问题

中，得分都较为接近，就"您是否获得内心的满足感、荣耀感、成就感""您为高素质农民的身份感到自豪吗""参加培训是否赢得了他人的认可和尊重"三个问题回答情况来说，选择"很大提高"的人数占比分别为 27.96%、29.75%、29.03%，选择"有所提高"的占比分别为 37.28%、37.28%、36.20%，选择"一般"的占比分别为 29.75%、27.96%、29.39%，选择"提高较小"的占比分别为 5.01%、5.01%、5.38%，均无人选择"没有提高"。说明农民参加高素质农民培训后学会了理论知识与实践技能，在课堂的讨论、基地的参观实践等过程中，积淀了知识的积累，丰富了内心世界，获得了从事农业的自豪感，赢得了大家的尊重，进一步增强了长期从事农业的信心，如表 2-11 所示。

表 2-11　行为改变情况/%

评估目的	测量变量	5很大提高	4有所提高	3一般	2提高较小	1没有提高
D1 能力变化	D1-1 您的经营管理能力是否得到提高	24.73	56.63	16.49	2.15	0
	D1-2 您的环境保护意识是否得到提高	23.66	55.91	15.77	4.66	0
	D1-3 对农业政策的了解	23.30	46.24	24.37	6.09	0
	D1-4 对专业合作社的了解	19.35	47.31	24.37	8.97	0
	D1-5 法律意识	19.00	40.14	30.11	10.75	0
	D1-6 职业意识	23.30	37.28	30.82	8.60	0
D2 知识应用	D2-1 工作中运用所学的知识与技能	29.75	51.97	16.49	1.79	0
	D2-2 解决实际问题的能力	25.81	39.78	29.03	5.38	0
D3 内心转变	D3-1 您是否获得内心的满足感、荣耀感、成就感	27.96	37.28	29.75	5.01	0
	D3-2 您为高素质农民的身份感到自豪吗	29.75	37.28	27.96	5.01	0
	D3-3 参加培训是否赢得了他人的认可和尊重	29.03	36.20	29.39	5.38	0

（4）业务结果。

①收入方面，通过参与培训，农民收入情况有所提高。调查显示，在收入方面"销售收入增多""实际利润增加"的增加幅度大致相同，选择"很大提高"的人数占比分别为 5.73% 和 5.02%，选择"有所提高"的占比分别为 44.44% 和 43.01%，选择"基本不变"的占比分别为 48.75% 和 49.82%，选择"反而减少"的占比分别为 1.08% 和

2.15％，无人选择"大量减少"。"实际利润增加"情况与"销售收入增多"情况大致相同，接近半数的学员认为学习后收入得到了一定程度的提升，说明培训后学员们能够将培训所学转化为实践，培训是提高农民收入的有效方法。也有接近半数的学员选择了收入情况基本没有变化，这与学员的产业规模有一定的关系。对生产规模较小者而言，其所学课程很难直接应用到自家产业中；生产规模较大者难以突破销售瓶颈，更希望学习市场营销、扩宽销售渠道等方面的课程。

②生产效率方面，参与培训后农民种植养殖技术提高显著，但资金不足导致科技设施引进情况较差。生产效率方面，"产业规模扩大"和"引进科技设施"的选择情况较为相似，选择"很大提高"的人数占比分别为5.02％和8.60％，选择"有所提高"的占比分别为20.07％和17.56％，选择"基本不变"的占比分别为73.48％和71.68％，选择"反而减少"的占比分别为1.43％和2.16％，均无人选择"大量减少"。说明培训后只有约25％的学员引入了新的科技设施，引入新的设施在短期内会导致成本的上升，更多的学员表示没有足够的经济实力来引入新设施。但也有一些学员在培训结束后，依据所引入的新的设施取得了不错的成绩，如种植业学员引进灭虫灯等新设施可以降低农药的使用，在降低用药费用的同时能做到种植绿色食品，降低对环境的污染，发展绿色农业。大部分学员生产效率的提升主要体现在"成本下降"和"种植养殖质量提高"，选择"很大提高"的人数占比分别为5.73％和7.17％，选择"有所提高"的占比分别为36.56％和55.91％，是生产效率中提升较为明显的两项。"产量增加了"方面，选择"很大提高"的占比为5.38％，选择"有所提高"的占比为36.56％，选择"基本不变"的占比为56.27％，选择"反而减少"的占比为1.79％，无选择"大量减少"人员，说明短期内培训对产量的直接影响相对有限，但仍超过40％的学员感受到不同程度的产量提升。

③病虫害率方面，病虫害率的下降使得农民学员更从容地应对农业生产中的问题。"病虫害率下降"是业务结果考核项目中得分较高、效果较显著的一项，选择"很大提高"的有1.08％，选择"有所提高"的有59.86％，选择"基本不变"的有35.15％，选择"反而减少"的有3.91％，无人选择"大量减少"。在"减少了用药费用"和"减少了

用药量"方面情况较为相似，选择"很大提高"的人数占比分别为
3.91％和 5.38％，选择"有所提高"的占比分别为 33.69％ 和
25.45％，选择"基本不变"的占比分别为 61.29％ 和 67.38％，选择
"反而减少"的占比分别为 1.08％ 和 1.79％，无选择"大量减少"人
员。通过访谈得知，培训课程设置中对农业生产中的各种具体问题都进
行详细的讲解，尤其是关于病虫害的防治，在教师讲授时学员们将喷洒
药物的时间、情况等记录下来或者直接将授课 PPT 用手机拍照保存，
实际生产中学员在遇到相似或相同的问题时可以翻看 PPT 照片等，查
阅教师的授课内容，科学从容地应对生产中所遇到的问题。

　　④获得政府资助方面，津贴满意度亟待提高。调查显示，"获得政
府津贴增加"是业务结果考核项目中得分较低的一项，选择"很大提
高"的有 7.53％，选择"有所提高"的有 17.56％，选择"基本不变"
的有 72.76％，选择"反而减少"的有 2.15％，无人选择"大量减少"。
通过访谈得知，每期培训都会对优秀的学员给予经济上的奖励，但名额
较少，并且大部分学员抱有学习技术提升自我的目的，以政策导向来进
行学习的学员较少。除了本次培训的金钱奖励资助外，很少有学员获得
其他的现金奖励。虽然政府部门在鼓励学员方面已经投入一定的经费，
但有限的经费投入难以满足多数农民的需求，如表 2-12 所示。

表 2-12　业务结果情况/％

评估目的	测量变量	5 很大提高	4 有所提高	3 基本不变	2 反而减少	1 大量减少
E1 收入	E1-1 销售收入增多	5.73	44.44	48.75	1.08	0
	E1-2 实际利润增加	5.02	43.01	49.82	2.15	0
E2 生产效率	E2-1 产业规模扩大	5.02	20.07	73.48	1.43	0
	E2-2 产量增加了	5.38	36.56	56.27	1.79	0
	E2-3 种植养殖质量提高	7.17	55.91	35.13	1.79	0
	E2-4 引进科技设施	8.60	17.56	71.68	2.16	0
	E2-5 成本下降	5.73	36.56	56.63	1.08	0
E3 病虫害率	E3-1 病虫害率下降	1.08	59.86	35.15	3.91	0
	E3-2 减少了用药费用	3.94	33.69	61.29	1.08	0
	E3-3 减少了用药量	5.38	25.45	67.38	1.79	0
E4 获得政府资助	E4-1 获得政府津贴增加	7.53	17.56	72.76	2.15	0

3. 高素质农民培训效果的整体情况

（1）四个层级的平均分计算。基于柯氏四级评估模型对高素质农民培训效果进行研究，得出学员对四个层级的平均分打分情况，1～5分是打分的取值范围，通过分值的高低来衡量该项指标的满意度情况，可以更清楚地判断出培训需要改进提升的部分。

①在学员反应方面，对数据进行平均数计算，得出学员反应的总体平均分为4.10分。具体平均分情况为：课程设计4.10分、教师授课质量4.03分、培训组织管理3.89分、政策扶持力度4.35分、自我感知4.15分。如表2-13所示。

表2-13　学员反应平均分情况/分

变量	B学员反应	B1课程设计	B2教师授课质量	B3培训组织管理	B4政策扶持力度	B5自我感知
平均分	4.10	4.10	4.03	3.89	4.35	4.15

②在学习方面，对数据进行平均数计算，得出学习的总体平均分为4.33分。具体平均分情况为：学习效果4.48分、学习质量4.17分。如表2-14所示。

表2-14　学习平均分情况/分

变量	C学习	C1学习效果	C2学习质量
平均分	4.33	4.48	4.17

③在行为改变方面，对数据进行平均数计算，得出行为改变的总体平均分为3.91分。具体平均分情况为：能力变化3.85分、知识应用3.98分、内心转变3.90分。如表2-15所示。

表2-15　行为改变平均分情况/分

变量	D行为改变	D1能力变化	D2知识应用	D3内心转变
平均分	3.91	3.85	3.98	3.90

④在业务结果方面，对数据进行平均数计算，得出业务结果的总体

平均分为 3.42 分。具体平均分情况为：收入 3.53 分、生产效率 3.45分、病虫害率 3.39 分、获得政府资助 3.30 分。如表 2-16 所示。

表 2-16　业务结果平均分情况/分

变量	E 业务结果	E1 收入	E2 生产效率	E3 病虫害率	E4 获得政府资助
平均分	3.42	3.53	3.45	3.39	3.30

综上所述，可以得出四个层级按照平均分高低依次为学习 4.33 分、学员反应 4.10 分、行为改变 3.91 分、业务结果 3.42 分，各个层级的打分情况呈现出不同的结果。

（2）平均分结果分析。按照问卷对测评的平均分，分别进行学员反应、学习、行为改变、业务结果的评估阐述。

①学员反应层级，对高素质农民培训效果中学员反应层级的测评数据进行深入分析发现，该层级的平均得分在四个方面中排名第二，为4.10 分。其中对课程设计、教师授课质量、政策扶持力度、自我感知的打分都超过了 4 分，说明培训在这几部分提供的支持获得了更多学员的满意；只有对培训组织管理的打分低于 4 分，说明培训的基础设施建设等方面需要完善。

②学习层级，对高素质农民培训效果中学习层级的测评数据进行深入分析发现，该层级的平均得分在四个方面中排名第一，为 4.33 分。学习效果和学习质量的得分都超过 4 分，在两者中学习效果取得了更高的分数，说明培训班所讲授的知识适合大部分学员学习，学员的知识吸收程度高，并且讲授的方式方法能够带动学员的积极性，学员学习到的知识与技能促进了自身实践技能的提升。

③行为改变层级，对高素质农民培训效果中行为改变层级的测评数据进行深入分析发现，该层级的平均得分在四个方面中排名第三，为3.91 分。其中知识应用的平均分数最高，说明培训所讲授的课程能够较好地满足农民生产中的实际需要；能力变化的平均分较低，说明在培训中对高素质农民的知识摄入和实践能力的培养略显不足，还需要加强。培训后，大部分学员获得了内心的满足与自豪感，培训课程既在知

识和实践操作中帮助农民，也在潜移默化中提升了农民学员们的职业认同度与从事农业的信心。

④业务结果层级，对高素质农民培训效果中业务结果层级的测评数据进行深入分析发现，该层级的平均得分在四个方面中排名第四，为3.42分。业务结果层级比其他的学员反应、学习、行为改变的平均分都要低，说明从知识的学习到所学知识真正产生变化，需要时间的积累、知识的积累、能力的积累，需要有从量变到质变的过程。

4. 问卷的信度与效度分析

问卷的信度可反映出调研数据的可信程度，可看出调研数据是否具有稳定性和一致性。量表的信度系数越高，表明测量所产生的误差越小，信度系数越低则表明误差越大。信度低会导致效度分析的值也较低，因此，先进行信度分析再进行效度分析。采用 Cronbach's α 值考察量表的信度，其中信度系数的值越高则信度越好，越低则信度越差。一般认为，总量表的信度系数在 0.8 以上属于极好，0.7~0.8 属于可以接受，0.7 以下则不能接受；分量表的信度系数在 0.7 以上属于极好，0.6~0.7 属于可以接受，0.6 以下则不能接受。

将数据导入 SPSS 24.0，量表的信度结果如表 2-17 所示。总量表的 Cronbach's α 值为 0.943，学员反应、学习、行为改变、业务结果分量表的 Cronbach's α 值分别为 0.952、0.881、0.966、0.944，所有量表的 Cronbach's α 值均大于 0.8，符合总量表系数在 0.8 以上、分量表系数也在 0.8 以上的"极好"标准。因此本专题所设计的量表具有很高的可信性。

表 2-17　信度分析

因素	项数	Cronbach's α	总 Cronbach's α 值
B 学员反应	13	0.952	
C 学习	3	0.881	
D 行为改变	11	0.966	0.943
E 业务结果	11	0.944	

效度检验是对问卷数据有效性的检验。效度检验一般采用结构效

度，即利用探索性因子分析的方法从测量指标体系中找出公因子，以此来度量量表的结构。

在进行探索性因子分析法时，要对量表进行 KMO 和 Bartlett 球形检验，通过此方法来判断研究数据是否适合进行因子分析。KMO 检验用于考察变量间的相关性，KMO 的取值越大，变量间的相关性越强，因子分析的效果就越好，一般 KMO 值大于 0.7，则表示数据适合采用合因子分析法；而 Bartlett 球形检验则是判断相关阵是不是单位阵，即判断变量之间是否独立，若 Bartlett 球形检验显著，则可以进行因子分析。表 2 - 18 的结果显示，KMO 值为 0.897，Bartlett 球形检验显著，因此本专题的数据可以进行因子分析。

表 2 - 18　KMO 值和 Bartlett 球形检验

KMO 取样适切性量数		0.897
Bartlett 球形检验	近似卡方	11 885.938
	df	703.000
	p	0.000

进行因子分析时，根据特征值大于 1 的标准，采用主成分方法提取因子，并对提取的因子进行最大方差旋转。一般情况下，对于所提取因子包含的测量指标，其共同度需大于 0.4 才能认为测量指标能够合理有效地被解释，结果显示测量指标的共同度都大于 0.4，满足一般要求；同时，通常要求测量指标的因子载荷在其中一个因子上不小于 0.5，并且要求在其他因子上小于 0.5，否则测量指标设计不合理，应该将其删除，可以发现每一个测量指标的因子载荷也均达到要求；此外，进行因子分析时提取的信息不能过少，一般要求当提取因子为一个时总方差贡献率不低于 50%，当提取因子超过两个时总方差贡献率不低于 70%。

通过因子分析提取的四个因子累计方差贡献率达 70.27%，结果如表 2 - 19 所示，满足一般要求。其中第一因子的方差贡献率为22.48%，包含的项目为学员反应 1～13；第二因子的方差贡献率为22.06%，包含的项目为学习 1～3；第三因子的方差贡献率为 19.34%，包含的项目为行为改变1～11；第四因子的方差贡献率为6.39%，包含的项目为业务结果1～11。可以发现因子分析提取的因子划分结果与问卷设计的构想一致，说明量表具有较好的结构效度。

表 2 - 19　因子分析

因　素	成　分				共同度
	1	2	3	4	
学员反应 B4 - 1	0.907				0.836
学员反应 B5 - 1	0.880				0.829
学员反应 B5 - 3	0.868				0.780
学员反应 B3 - 1	0.816				0.747
学员反应 B1 - 3	0.803				0.682
学员反应 B2 - 1	0.798				0.689
学员反应 B5 - 2	0.794				0.654
学员反应 B3 - 3	0.777				0.619
学员反应 B3 - 4	0.716				0.581
学员反应 B1 - 2	0.716				0.565
学员反应 B3 - 2	0.706				0.557
学员反应 B1 - 1	0.699				0.596
学员反应 B2 - 2	0.699				0.527
学习 C1 - 1		0.855			0.915
学习 C1 - 2		0.796			0.759
学习 C1 - 3		0.722			0.681
行为改变 D2 - 2			0.951		0.922
行为改变 D3 - 2			0.919		0.863
行为改变 D3 - 3			0.918		0.858
行为改变 D3 - 1			0.914		0.856
行为改变 D1 - 5			0.910		0.833
行为改变 D1 - 6			0.882		0.799
行为改变 D1 - 3			0.825		0.703

（续）

因　素	成　分				共同度
	1	2	3	4	
行为改变 D1 - 2			0.799		0.656
行为改变 D1 - 4			0.790		0.631
行为改变 D1 - 1			0.786		0.662
行为改变 D2 - 1			0.700		0.513
业务结果 E3 - 2				0.897	0.882
业务结果 E3 - 1				0.894	0.884
业务结果 E2 - 5				0.886	0.877
业务结果 E3 - 3				0.808	0.730
业务结果 E1 - 1				0.753	0.674
业务结果 E1 - 2				0.739	0.625
业务结果 E4 - 1				0.717	0.600
业务结果 E2 - 4				0.686	0.535
业务结果 E2 - 3				0.682	0.544
业务结果 E2 - 1				0.675	0.507
业务结果 E2 - 2				0.658	0.531
特征值	8.542	8.381	7.349	2.429	—
方差贡献率	22.48%	22.06%	19.34%	6.39%	70.27%

（三）实证分析

1. 研究假设

（1）学员反应对业务结果产生正向影响。学员反应正如"反应"一词，主要考察的是学员对培训提供的各方面内容所做出的基本判断。主要从课程设计、教师授课质量、培训组织管理、政策扶持力度、自我感知五个维度来对学员反应进行考量，做到从课程本身、教师、培训机构所提供的服务、对政府的帮扶政策以及学员自己的感知等方面全面地衡量学员对培训的满意情况，不仅考量了外部因素的影响情况，而且考量了学员对自身知识增长、收入以及事业开展情况的满意程度。学员反应是很重要的一个方面，对各方面做出积极满意的反应有助于产生更好的培训效果，使培训事半功倍，反之，若培训所提供的各方面难以满足学员的需求，会大大降低培训的效果。故提出假设1：学员反应对业务结果产生正向影响。

（2）学习对业务结果产生正向影响。学习主要考量学员参加培训后取得怎样的学习成果，在质量上是否合格。这也是对培训机构设立课程的难易程度以及是否具有实践意义的考量。在学习层级上发生好的变化，加强自身对知识的内化吸收，提升自我能力，丰富实践技巧，才会促进学员在行为改变层级发生改变，实现由内心想法到实际行动的转变，达到从量变到质变的飞跃。故提出假设2：学习对业务结果产生正向影响。

（3）行为改变对业务结果产生正向影响。行为改变是参加培训的学员在接受培训后，培训在自身行为上能够发生多大的影响变化。唐纳德·L. 柯克帕特里克（2007）在《如何做好培训评估：柯氏四级评估法》中提及，有些学者想要越过学员反应、学习前两层次直接进行行为变化的考量，这是不正确的，会出现学员在一、二层次的反应很好却并没有出现行为改变的情况。这不代表培训是没有效果的，应该着重考量学员是否具有改变行为的外在条件以及行为改变是否会带来好处。但一般为促进学员改变行为往往需要满足以下条件：第一，学员本身有着想要改变的想法；第二，学员需要知道自己当下最需要做的是什么，并且知道达成目的的方法是什么；第三，外在环境需要满足学员改变行为的要求；第四，行为改变后会得到一定的好处。本专题主要从学员行为的改变、知识的应用、内心的转变三个维度来对行为改变进行考量，全面地了解培训对学员是否产生了积极的影响，检验学员们培训的课程内容能否真正运用在日常的生产中。故提出假设3：行为改变对业务结果产生正向影响。

业务结果是指学员参加培训后最终取得的各项成果。高素质农民培训最终取得的成果包括收入、生产效率、病虫害率、获得政府资助四个维度。收入提高不是培训效果考量的唯一因素，培训效果的考量需要从长远的角度、从多维的角度进行思考。结合业务结果来对培训进行分析，当培训实现了最终的成果时，培训才算是有意义、有价值、有收获的。

由于上述假设中包含了对业务结果的假设，故不再重复提出。

2. 相关性检验与回归结果分析

（1）相关性检验。相关性分析用来揭示变量之间的联系，一般用Person 相关系数衡量，相关系数大于 0 为正相关，相关系数小于 0 为负相关。为初步研究高素质农民培训效果各个变量之间的关系，首先对学员反应、学习、行为改变、业务结果这四个数值型量表进行数值化均值处理，将四个量表转变为四个变量，对四个变量进行的相关性分析结果如表 2-20 所示。可以发现，业务结果与学员反应、学习、行为改变之间均存在显著的线性相关关系（$p<0.05$），且各变量之间均属于正相关。具体分析如下。

表 2-20　Person 相关分析

变量	学员反应	学习	行为改变	业务结果
学员反应	1	0.377**	0.072	0.420**
学习	0.377**	1	0.138*	0.538**
行为改变	0.072	0.138*	1	0.288**
业务结果	0.420**	0.538**	0.288**	1

注：* 、** 和 *** 分别表示在 10%、5% 和 1% 置信水平下显著。

学员反应和业务结果间存在显著的正相关关系（$p<0.05$），学习和业务结果间存在显著的正相关关系（$p<0.05$），行为改变和业务结果间存在显著的正相关关系（$p<0.05$）。在学员反应、学习、行为改变间也存在着一定的相关性，学员反应和学习间存在显著的正相关关系（$p<0.05$）、学习和行为改变间存在一定的正相关关系（$p<0.1$）。也有无相关性关系的情况，只有学员反应和行为改变间不存在相关性（$p>0.1$）。这说明关于农民培训效果各个维度与问卷总体概念具有一致性，可以很好地体现出问卷所要调查的内容，各个维度间相关性强，问卷效果良好。

（2）变量设计与模型构建。经过相关性分析已得出学员反应、学习、行为改变与业务结果之间呈现出显著的相关性，且都属于正相关。将学员反应、学习、行为改变分别记为 X_1、X_2、X_3，将业务结果记为 Y，进行回归分析，如表 2 - 21 所示。

表 2 - 21　变量设计

自变量	含义
X_1	B 学员反应
X_2	C 学习
X_3	D 行为改变

当因变量的变化受到两个或两个以上的因变量的影响，需要进行多元线性回归。选取业务结果 Y 为因变量，学员反应 X_1、学习 X_2、行为改变 X_3 为自变量，构建多元线性回归模型：

$$Y = \beta_0 + \beta_1 X_1 + \beta_2 X_2 + \beta_3 X_3 + e$$

在上式中，β_0 为常数，β_1、β_2、β_3 为回归系数，e 为该模型的残差。

（3）回归分析。通过前文相关性分析可知，业务结果与学员反应、学习、行为改变间存在相关关系。下面采用多元回归分析的方法来进一步研究学员反应、学习、行为改变对业务结果的影响关系，结果如表 2 - 22 所示。

表 2 - 22　业务结果的模型摘要

R	R^2	调整后 R^2	标准估算的误差	德宾-沃森
0.623[a]	0.388	0.382	0.389 45	1.580

通过表 2 - 22 可以发现，复相关系数 R 为 0.623，拟合优度 R^2 为 0.388，说明学员反应、学习、行为改变与业务结果有较高的关系，业务结果的结果有 38.8% 的拟合效果可由学员反应、学习、行为改变来解释。

对业务结果的回归模型进行 F 检验，检验模型是否基本满足假定，结果如表 2 - 23 所示。此模型的 F 值为 58.206，$p < 0.01$，通过了 F 检验，说明所选取的因变量学员反应、学习、行为改变对业务结果产生影

响关系，方程整体具有显著性。

表 2 - 23　ANOVA^a

项目	平方和	自由度	均方	F 值	显著性
回归	26.484	3	8.828	58.206	0.000^b
残差	41.709	275	0.152		
总计	68.193	278			

注：a. 预测变量为（常量）学员反应、学习、行为改变。
　　b. 因变量为业务结果。

①学员反应对业务结果的影响。由表 2 - 24 可知，学员反应对业务结果有显著的正向影响（$p < 0.01$），且 Beta 值为 0.248。据此，假设 1成立。可能的解释如下。

表 2 - 24　学员反应结果的回归分析

因变量	自变量	β	SE	Beta	t	p
Y	（常量）	0.495	0.231		2.147	0.033
	X_1	0.231	0.047	0.248	4.865	0.000

首先，坚持全方位的素质教育，以课程、教师、管理方式全面加强促进学员素质的提升。"高素质农民上大学"培训班在素质教育的基础上，坚持开展了全方面的教学管理。秉持着授人以鱼不如授人以渔的观念，让学员们在思想上意识到科技农业带来的真正益处，主动地进行学习，使学员素质得到全方位的提升。沈阳农业大学继续教育学院多次举行学员座谈会，了解学员们的需要从而更科学地调整教学计划，在座谈会上让学员代表讲述学习心得体会以激发班级内部其他学员的学习热情和创业斗志，同时为老师们对培训班的下一步计划提供了管理方向。举办感恩教育活动，让学员们珍惜培训时光，进行更高效的学习；组织学员在台上演讲，锻炼其与他人的交流与表达能力，加强班级的文化建设和组织建设，增强学员们的友谊。沈阳农业大学继续教育学院不定期地聘请专家进行各种专题讲座的学习，如为加强学员们对政策制度的学习，举办中央 1 号文件解读、创业知识介绍讲座、往期优秀学员发展实例分享等活动，全面提高学员的思维能力、交际表达能力等能力。沈阳

农业大学继续教育学院为丰富学员的生活，还举办新年联欢晚会等活动。"示范工程"为学员扩宽了交流渠道，学员们在课堂与各项活动中结下深厚的友谊，互相分享种植养殖经验，交流技术，并为每期学员建立通讯录便于学员在生产实践中相互联系和交流。

其次，利用优厚师资条件，提高培训师资水平。在教师的任用上，利用沈阳农业大学优厚的教师资源，"高素质农民上大学"培训班所聘请的任课教师基本上为具有副高级以上职称的教师，专业的教师能够传授专业理论知识，在实践指导上也具有丰富的经验。直接从出版社订购高质量的最新版本教材，将其和校内专家教授亲自编写的最新教材一起发放给学员。沈阳农业大学继续教育学院还利用校图书馆丰富的藏书资源，摘录抄写适用于农民学员的科普知识，将摘录抄写的内容发放给学员。

②学习对业务结果的影响。由表 2-25 可知，学习对业务结果有显著性的正向影响（$p<0.01$），且 Beta 值为 0.415。据此，假设 2 成立。可能的解释如下。

表 2-25　学习对业务结果的回归分析

因变量	自变量	β	SE	Beta	t	p
Y	（常量）	0.495	0.231		2.147	0.033
	X_2	0.329	0.041	0.415	8.098	0.000

首先，学员学习内容相关性强、培训时间安排合理，为高质量的学习提供了保障。培训班根据沈阳市科技局和沈阳农业大学联合编制的《"高素质农民上大学"教学大纲》开展培训工作。根据不同专业设置不同课程，培训时间为每年的 9 月至次年的 7 月，依据不同的生产经营领域分班进行教学，分类制订科学的教学计划。以第 18 期为例，设置了四个专业，分别为养殖、林果（含花卉）、蔬菜（含食用菌）、大田作物（含农资）。采用课堂学习和基地实践相结合的教学模式，专业课时间安排 1 100～1 200 学时，并且保证其中实践课学时数不低于总学时数的 1/3。

其次，教师的专业性强，理论结合实际的授课方式便于培训知识的吸收。课上教师授课并和学员们进行研究讨论，以"案例教学法"为课堂特色，实践环节中沈阳农业大学继续教育学院组织学员在老师的带领下到实践基地进行学习、交流，课堂的理论知识可以和实践教学充分结合，促进学员理解教师讲授的内容。通过课堂和实践的灵活结合，可以将课堂的案例直观应用到实训课程中，便于学员的理解与内化吸收，有助于激发学员将所学技术应用到自己的产业，真正做到学有所用。沈阳农业大学继续教育学院多次组织到发展较好的学员家中进行现场教学，充分发挥时效性，给予学员更为具体的指导。

最后，以经济奖励和优秀证书的方式进行奖励，激发学员学习热情，更加促进学员认真学习。为保障困难学员在培训期间能够更好地学习而设立了培训班助学金，主要扶持招收的康平县、法库县等地的学员。这些学员为家庭中的主要劳动力，他们在脱产学习期间对家庭的农业生产产生了很大影响，并且他们在学习期间表现优异，勤奋好学，对学习的求知欲望强烈。助学金设置三个等级，一等 3 000 元、二等 2 000 元、三等 1 000 元，在第一学期期末进行评比。助学金进一步保证了农村科技人才安心学习，在经济上为困难学员提供帮助，激励学员刻苦学习，努力进取。本着鼓励学员、激发学员们学习热情、增强学员们学习动力的目的，制定了"优秀学员"评选办法。每个培训周期评选一次，获评人数控制在每班总人数的 15% 之内，对符合评选条件、遵守各项纪律、学习成绩较突出且培训期间请假不超过 5 天的优秀学员授予"优秀学员"的称号并颁发证书。以第 15 期培训为例，共有 222 名学员获取结业证书，经过班级的评选、沈阳农业大学继续教育学院研究，最终共评选优秀学生干部 17 人，优秀学员 37 人。

③行为改变对业务结果的影响。由表 2-26 可知，行为改变对业务结果有显著性的影响（$p < 0.01$），且 Beta 值为 0.212。据此，假设了成立。可能的解释如下。

表 2-26　行为改变对业务结果的回归分析

因变量	自变量	β	SE	Beta	t	p
Y	（常量）	0.495	0.231		2.147	0.033
	X_3	0.144	0.032	0.212	4.458	0.000

　　首先，以知识的实际应用来提升解决实际问题的能力。沈阳农业大学继续教育学院依据《"高素质农民上大学"培训班管理办法》及有关规章制度对学员进行管理。农民学员需要参加全部的课程及实践教学，完成全部课程且考试合格的学员可以获得由沈阳农业大学颁发的结业证书；每名学员在校期间需要写一篇心得体会，在培训结束时上交学院，学院会将学员的心得体会整理成册，印刷后发给学员，激励学员完成学习后用科技知识带领乡亲们扩大产业，共同用科技手段致富。截至第18期（第17期数据未获取）共报名4 097人，其中有3 093人获得结业证书，有2 495人考取了职业技能证书，有2 366人考取了科技经纪人证书。

　　其次，以示范户认定来促进学员各方面能力的提升。为巩固培训效果，鼓励、支持、引导成功结业的农民进行创业，充分发挥其科技示范的带头作用，推进科技农业的建设，沈阳市科技局开展了高素质农民科技示范户的认定工作。鼓励在结业后开展了相关产业、经营项目已经具有较高的专业水准、在当地影响力较大的学员申请认定，初步由沈阳农业大学继续教育学院及各县（市、区）科技局推荐，最终由沈阳市科技局审批。被认定的示范户由沈阳市科技局进行命名，颁发证书和牌匾，并以创业项目的形式对被认定的示范户给予经费支持，根据项目的不同需要设立了三个档次的资助金额，分别为10 000元、8 000元和5 000元。每两年由各县（市、区）科技局对已经被认定的示范户进行动态管理，对复查结果不合格的示范户取消资格，收回认定证书和牌匾。

　　最后，加强后期帮扶指导工作，持续对学员进行指导，加强学员行为的转变。培训后的帮扶指导工作是培训工作的重要环节。借助网络等通信方式对培训后的农民进行指导，向其推送重要的涉农政策、技术信息等，班主任会为每期学员建立微信群以便于消息的发布和学员间的联络。建立了"沈阳星火"微信公众号，主要包含微资讯、微服务、微管理三大服务。学员可以利用微资讯了解到"高素质农民上大学"培训班的课程设置情况及开课情况，可以在微服务中进行学员互动、与专家交流、网络课堂继续学习、了解惠农知识板块的信息以及示范户的推广与技术介绍，可以在微管理中进行各项申请结果及成绩的查询。微信平台不定期地发布季节性的农业生产技术信息，增加学员们的知识，避免学员对出现的问题不知所措，还帮助示范户学员及生产规模较大学员进行推广与宣传。

3. 研究结果分析

通过回归分析得出研究模型的具体公式为 $Y=0.495+0.231X_1+0.329X_2+0.144X_3$。将前文得出的回归系数结果进行整理，发现学员反应、学习、行为改变对业务结果均有显著性的影响（$p<0.01$），并对影响程度进行排序得出，学习对于业务结果的影响最大（$Beta=0.415$），其次是学员反应对于业务结果的影响（$Beta=0.248$），行为改变对于业务结果的影响最小（$Beta=0.212$），如表2-27所示。假设1学员反应对业务结果产生正向影响、假设2学习对业务结果产生正向影响、假设3行为改变对业务结果产生正向影响均得到了验证。

表2-27　回归分析

因变量	自变量	β	SE	$Beta$	t	p
	（常量）	0.495	0.231		2.147	0.033
Y	学员反应	0.231	0.047	0.248	4.865	0.000
	学习	0.329	0.041	0.415	8.098	0.000
	行为改变	0.144	0.032	0.212	4.458	0.000
R	0.623					
R^2	0.388					
F	58.206					
p	0.000					

综上，从问卷和访谈数据的结果分析可见，学习、学员反应、行为改变都对业务结果产生正向影响。

四、研究结论与对策建议

(一) 研究结论

1. 培训效果的四个层级评估更为直观

按照问卷和访谈数据对学员反应、学习、行为改变、业务结果的统计结果依次进行描述性分析：学员反应层级得出，学员们有着强烈的学习渴望，师资方面拥有高水平的师资队伍，自我感知方面学员们通过参与培训在知识增长和事业开展方面均获得提高；学习层级得出，学员们学习的自主性较强，不同素质的农民在知识技能上都获得了较大的提高；行为改变层级得出，在能力变化上，农民的经营能力和绿色农业意识增强，善于运用所学来解决实际问题的能力得到提升，参与培训后从事农业的信心普遍增强；业务结果层级得出，学员通过学习后种植养殖技术提高显著，病虫害率下降，面对突发农业问题更加从容，收入情况也有一定的改善。

从整体上了解各个层级的综合情况，进行平均分的计算，四个层级平均分从高到低的排名为学习 4.33 分、学员反应 4.10 分、行为改变 3.91 分、业务结果 3.42 分。学习层级获得最高的平均分，为 4.33 分，其中学习效果分数为 4.48 分、学习质量分数为 4.17 分，可以通过增加对课堂知识进行测验的方式来辅助学员对知识的吸收，提高学习质量。学员反应层级获得的分值排名第二，为 4.10 分，其中课程设计 4.10 分、教师授课质量 4.03 分、培训组织管理 3.89 分、政策扶持力度 4.35 分、自我感知 4.15 分，可以看出培训组织管理的得分是此层级唯一一项得分在 4 分以下的，需要加强对培训基础设施的建设，提高后勤服务的质量。行为改变层级获得的分值排名第三，为 3.91 分，其中能力变化 3.85 分、知识运用 3.98 分、内心转变 3.90 分，发现学员将培训的知识运用到实际生产的能力均获得提高，经营管理意识、法律意识、职业意识等的提高没有实际技能的提高程度大。业务结果层级排名第四，为 3.42 分，其中收入 3.53 分、生产效率 3.45 分、病虫害率

3.39 分、获得政府资助 3.30 分，业务结果层级比其他三个层级的平均分都要低，说明从知识的学习到知识真正产生变化需要有从量变到质变的过程。通过平均分分值的高低，便于更直观地衡量每项指标的满意度情况，更清楚地判断出培训需要改进提升的部分。

2. 影响培训效果的四要素间存在显著的正相关

通过对学员反应、学习、行为改变的数值型变量和业务结果的数值变量进行相关性检验和回归分析，得出业务结果与学员反应、学习、行为改变之间均存在显著的线性相关关系（$p < 0.05$），且各变量之间均属于正相关。在学员反应、学习、行为改变间也存在着一定的相关性，学员反应和学习间存在显著的正相关关系（$p < 0.05$），学习和行为改变间存在一定的正相关关系（$p < 0.1$）。另外，回归系数的结果表明学员反应、学习、行为改变对业务结果均有显著性的影响（$p < 0.01$），且学习对于业务结果的影响最大（$Beta = 0.415$），其次是学员反应对于业务结果的影响（$Beta = 0.248$），行为改变对于业务结果的影响最小（$Beta = 0.212$）。

3. 学员反应、学习、行为改变对业务结果影响程度不同

通过研究得知，在平均数分析中分数由高到低的排名为学习、学员反应、行为改变、业务结果。在影响因素分析的回归系数分析中，对业务结果影响由大到小的排名为学习、学员反应、行为改变。在平均数分析和回归系数分析中三个层级均获得了一样的排名。

学习层级在平均数分析和回归系数分析中是分数最高、影响程度最大的，在两个排名中都名列首位。学员参与培训，通过课堂上教师的讲授直接获取丰富的知识。学员在课堂上认真学习，教师通过适宜的方式进行传授进而增加学员对知识技术的吸收程度。学员通过在课堂上的学习与吸收，在巩固自身具有的知识的同时学习到了更多的新技术，扩展了自身的知识层面。"高素质农民上大学"培训班提供了优质的教师资源，在课程的讲授中运用理论结合实际的教学方式，树立培养全方位综合素质的理念，对学员更好地学习与吸收课程内容、提升自我能力起到很大的作用，学习层级的影响程度最大是有依据的。

在平均数排名上，学员反应、行为改变、业务结果分别为第二至第

四名次。在回归系数分析中，学员反应、行为改变依次为影响程度的第二、三名次。学员反应主要衡量学员对培训项目的满意程度，通过研究数据得知，对培训设施的满意度、后勤服务、培训考核方式还需要提升。通过对学员访谈发现，在课程设计和教学方式上，有很多学员希望可以增加小班型授课以及到学员家中进行指导等更加灵活实用的方式。行为改变是考量学员经过学习后行为上发生了怎样的改变，主要通过能力变化、知识应用、内心转变三个一级指标进行衡量。由数据得知，在知识应用和内心转变上都取得了较高的得分，在能力变化上的得分较低。不难理解农民学员在参加培训后知识和技术都有所提升，并且经过一年的在校学习获得了内心的满足感与荣耀感，但能力的转变需要在日后的农业生产中逐渐转变。

（二）对策建议

培训效果是学员参与培训后能够实现的结果，从参与培训学习知识到培训结束，学员所获得的知识与技能不是可视化的，很难去衡量每个学员所获得知识的多少和技能提升的程度。从培训中对知识进行学习到生产中真正运用到所学，学以致用既需要知识的积累也需要综合能力的积累。基于研究结论，就提升高素质农民的培训效果提出以下建议。

1. 丰富培训课程，增加不同班型，满足不同层次学员的需求

在调研中，对学员反应和学习进行测量，具体指标为"培训教师的专业性和方式的满意程度""您对培训知识吸收如何"，同时在和学员的访谈中发现，"高素质农民上大学"培训班按照农业生产的大类进行分班培训，容易造成课程的设置和学员的真实需求存在一定的偏差。可以按照不同的产业规模、从业年限、受教育程度等划分成小班进行授课。如对年龄较大、文化素质较低、接受能力稍差的学员，多安排实践课程，便于学员理解及日后实际操作；对文化基础好、产业有一定规模、接受能力强的学员，开展更全面的培训，更注重提升管理能力、分析市场能力、电子商务等课程。通过因材施教的方法，贴近不同需求学员的真实需要，使培训更有效果。

2. 提升培训机构的后勤服务，加强培训设施建设

在调研中，对学员反应进行测量，具体指标为"培训设施满意程度

（多媒体等设施）""后勤服务"，同时在和学员的访谈中发现，学员希望住宿条件能够改善，希望增加能够辅助学习使用的多媒体设备。建议培训机构可以对学员宿舍进行升级，提升学员的入住质量，为学员的学习提供保障；增扩上课的教室，为学员提供电脑、打印机等基础设备，帮助学员更好地进行学习。

3. 加强后续教育指导，提升学员在实践中运用所学的能力

在农业生产中农民很难只凭借自身的能力来应对出现的问题，尤其针对农业生产中季节性较强等问题，政府应该增加农时网络、电话提问平台等，让农民在遇到问题时可以及时得到解决，减少损失；应在非农时季节增加网络农业课程的设置，让农民能够在农闲时继续学习农业生产技术以及经营管理知识，使农民成为懂技术、善经营的高素质农民。

4. 加大政府扶持力度，加大资金投入

在调研中，对学员反应和业务结果进行测量，具体指标为"您对政府扶持力度的满意情况""获得政府津贴增加"，发现参加培训的学员对政府扶持力度及资金资助情况的满意度普遍偏低。虽然培训班对优秀学员有一定的经济上的支持，但无论是名额还是资金都不足以满足农民学员的需要。农业具有生产周期长、收益慢、风险高等特点，需要政府在政策及资金方面大力帮扶、资助农民。

5. 提高农民收入，注重农民综合素质的提升

通过对学员基本信息的调研发现，有更高学历和家庭年收入的学员往往对知识的吸收能力更好。为了使培训得到更好的效果，应该注重加强对农民的教育培训，鼓励从业农民多参加非学历教育来提升农民的综合素质，从而提高农业的综合生产力。政府应加大扶持农村的政策力度，加大经济扶持力度，提高农民的收入，使农民有较为充足的资金将培训学到的新的经营方式、产业技术运用到自己的农业生产中。

自"高素质农民上大学"培训班开展以来，在培育农村科技致富带头人方面取得了良好的社会效益，对促进农民收入的增加、加快农村发展发挥着越来越大的作用。应该加大对"示范工程"的宣传力度，除了

利用报纸、电视报道等常规方式外，可以对参加过培训的优秀学员的成功经验和取得成果进行宣讲，使农民从其他学员身上看到培训的实际效果，增强农民的从业信心，激发农民学习的热情，提高农民参与培训的积极性。

专题报告三
高素质青年农民培训效果的评价及其影响因素研究

　　高素质青年农民是推进乡村全面振兴的中坚力量，在这一群体身上呈现出来的人格特征、思维方式、行为方式或将影响我国农业农村现代化的进程和走向。因此，本专题就高素质农民培训中的高素质青年农民培训进行深入研究。通过研究国内外关于农民培训效果评价和影响因素的相关文献，对高素质青年农民和培训效果评价的概念作出界定。依据人力资本理论、胜任素质理论和培训效果迁移理论，以分层随机抽样的方式，在辽宁省大连市4个县（市、区）、盘锦市3个县（市、区）、鞍山市2个县（市、区）和丹东市3个县（市、区）下的行政村进行分层随机抽样调查，调查对象为参与过培训、年龄在16~45周岁的高素质青年农民，最终筛选出622份高素质青年农民问卷，并对调查数据进行描述性统计分析，对培训效果评价进行样本分析，对影响因素进行样本分析和实证研究。基于胜任素质模型，将高素质青年农民培训效果评价指标分为心理素质、管理技能、技术技能和文化素质；基于培训效果迁移模型，将高素质青年农民培训效果评价的影响因素指标分为参训者特征、培训设计和工作环境。运用SPSS 22.0中的回归分析，分别验证心理素质、管理技能、技术技能、文化素质与培训效果影响因素即参训者特征、培训设计和工作环境3个指标的关系。

　　通过研究得出结论：参训者特征、培训设计、工作环境对心理素质、管理技能、技术技能和文化素质均为正相关。在心理素质的影响因素中，能力、个性、执行机会和培训氛围对其产生显著的正向影响；在管理技能的影响因素中，能力和培训内容对其产生显著的正向影响；在技术技能的影响因素中，能力、培训内容和执行机会对其产生显著的正向影响；在文化素质的影响因素中，能力、培训方式和培训支持力度对其产生显著的正向影响。

一、理论基础与概念界定

（一）理论基础

1. 人力资本理论

西奥多·舒尔茨于 1960 年在其论文《人力资本投资》中将人力资本定义为"凝结在劳动者本身的知识、技能以及其表现出来的劳动能力"。贝克尔（1962）在《人力资本》一书中对人力资本投资作出如下描述：基于人的资源的增加，进而对未来的货币以及物质收入产生显著影响的活动。我国学者在人力资本核心概念没有发生根本改变的基础上进一步丰富了其内涵和特点，即凝结在人身上的知识、健康、技能和经验等因素的总和。

廖泉军（2006）认为，人力资本投资是一种投资行为，是以未来获得各种收益为目标，具体包括知识能力、技术技能和生产能力等。人力资本投资是需要为自身支付当前成本的一种投资。李涛（2004）提出有关人力资本投资的"钻石"模型，该模型主要包括劳动力迁移、社会保障职业技能培训、正规教育、科研技术开发和医疗卫生保健六个要素。张涛、张烈侠（2008）也提出了类似的观点，认为人力资本投资是一种投资活动，是需要个人通过投入一定要素，从而提升个人技能水平和素质。熊云飚（2002）认为人力资本投资要素分为多种方式，主要包括普通教育、职业技能培训、健康保健以及流动四种。虞佩燕（2007）所认为的人力资本投资是在李涛（2004）提出的"钻石"模型基础上形成的，认为人力资本投资是通过其中的六个要素途径形成的。通过上述观点的分析可以得出，高素质青年农民参与培训是为了让教育投资在参训学员身上得到最大限度的转化，提升农民的综合素质和收入，促进农业产业发展。

2. 胜任素质理论

1973 年麦克利兰在《美国心理学家杂志》上发表了著名的"测量胜任力而非智力"这一文章，正式提出"胜任力"的概念，且这篇文章的发表标志着素质研究的开端。他在文章中指出，人的工作绩效由一些更根本、更潜在的因素决定，这些因素能够更好地预测人在特定岗位上的工作绩效，这些能区分在特定的工作岗位和组织环境中绩效水平的个人特征就是"素质"，即胜任力。他认为，素质是员工具备的潜在特性，如动机、特质、态度和价值观、某领域的知识和技能等。总而言之，麦克利兰胜任素质模型为人力资源管理的实践提供了一个全新的视角和一种更有利的工具，在此之后，胜任素质理论和方法被广泛应用于政府与企业员工绩效考核等人力资源管理实践中。

王乐杰、沈蕾等（2014）对高素质农民素质评价进行了具体的展开，认为应从个人基本素质、自身职业认同、从事农业生产实践的经营能力和生态素质四个方面进行，以满足适应现代农业农村可持续发展的需求。茶金学、徐步超（2007）通过研究认为，评价高素质农民的素质要具有综合性，应从文化素质、科技水平、经营能力、身体健康状态这几个方面进行。辛贤、学峰（2005）认为在农民个体素质的评价中，应重点考虑身体素质、教育素质和科技水平三个方面。因此，利用麦克利兰胜任素质模型考察高素质青年农民所具备的素质至关重要，对促进现代农业发展具有一定意义。

3. 培训效果迁移理论

鲍德温和福特于 1988 年提出培训效果迁移模型，此模型致力于分析影响培训效果的重要因素。其作为培训迁移研究领域的经典模型，一直以来被广泛应用。他们提出，培训效果是指能够将培训所学进行概括并且能够将其保持在实际工作中。此外，还强调了影响培训迁移效果的因素应包括参训者特征、培训设计以及工作环境，具体模型如图 3-1 所示。

在研究培训效果影响因素时，大多是在鲍德温和福特的培训效果迁移模型的基础上进一步展开的。在参训者特征因素中，张亿钧等

（2018）对高素质农民进行研究，结果表明，在培训效果的体现上，男性优于女性、高学历优于低学历、从农年限短优于从农年限长，即年限越短培训效果越好，反之亦然。在培训设计因素中，傅雪梅、庄天慧（2016）通过具体研究发现，前期培训的内容设计和教学的方法在很大程度上影响着培训效果。在工作环境因素中，周杉等（2017）的研究表明，政府的扶持力度对培训效果有很大程度的影响，政府扶持的有效性越高，农民培训的效果越好，反之效果越差。因此，在对高素质青年农民培训的过程中，参训者特征、培训设计和工作环境中的各因素均影响培训成果的转化，在培训过程中应该综合考虑以上因素。

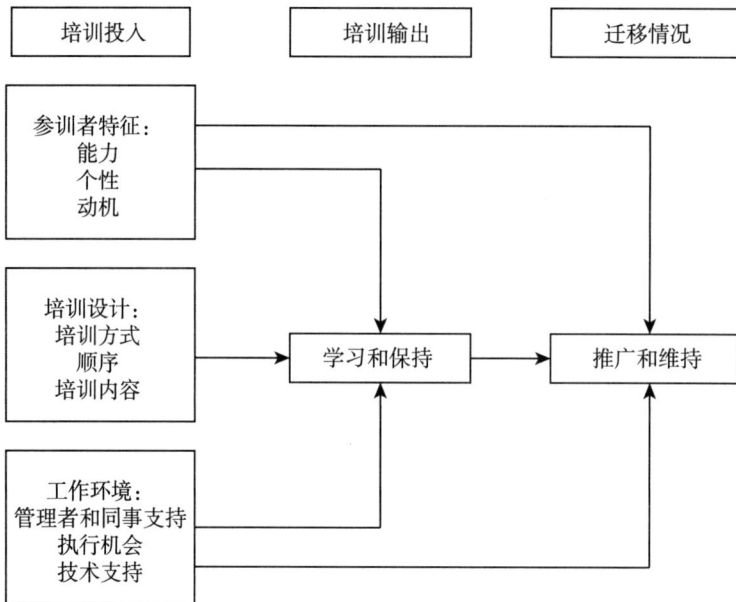

图 3-1　鲍德温和福特的培训效果迁移模型

（二）概念界定

1. 高素质青年农民

农业现代化的关键在于建设高素质人才队伍，加快新型农业经营主体的培养。高素质青年农民是未来乡村发展的希望。因此，要想促进乡村振兴，就要推进高素质青年农民尤其是高素质青年农民中优秀人才的参与。1985 年联合国将"青年"定义为 15～24 岁的人群，其中包含 15

岁和 24 岁；世界卫生组织则进一步将青年年龄上限提高到 45 岁；依据我国农业农村部和共青团中央的有关规定，高素质青年农民一般指年龄在 45 岁以下的农村青年。与此同时，我国学者也对青年年龄有诸多划分：黄志坚（2003）将青年的起始年龄和终止年龄分别定义为 14 周岁和 30 周岁，李磊（2016）、吕梦捷（2017）将青年年龄定义为 16～34 周岁。

目前一些农村还存在父母及其子女对教育程度重视不够的现象，这在一定程度上导致部分农村家庭的子女早早就跟随父母从事农业生产活动。鉴于此，结合世界卫生组织的规定、我国农业农村部和共青团中央的规定、我国国情和农民内涵的需要，以及《中华人民共和国劳动法》中第十五条"禁止用人单位招用未满十六周岁的未成年人"的规定，本专题将高素质青年农民界定为：高素质农民中 16～45 周岁，以农业为职业，长期从事农业生产经营活动，以农业为主要收入来源的农村劳动力。

2. 培训效果评价

我国汉语中对"评"的解释为评定、评价，指的是对价值大小、高低的评判。萧鸣政（2004）认为，评价是指在培训环节结束后，测量参与培训的学员行为的改变。然而目前国内外尚未对培训效果评价的定义形成统一定论。学术界中比较有代表性的阐述主要有以下几种。Obisic（2011）认为，培训效果评价是指判断培训项目给企业带来的有关成本的节约、产量的增加、产品和服务质量的提高等方面的回报。Pullicino（2007）指出，英国管理服务委员会认为，培训效果评价是指通过一定的方式方法来判定是否达到了预期目标的过程。赵步同（2010）在《现代人力资源管理》一书中提出，培训效果评价是对培训工作整个过程的信息反馈。在培训评估领域中，牛雅娜等（2003）指出，菲利普斯的观点影响广泛，可以说是此领域最权威的人士之一，他认为培训效果评估的主要价值是查看培训产生的结果在实际的运用中是否产生良好的效果，以此来判断未来是否继续实施此项培训。李丹（2006）认为，培训效果评价是参训学员将培训产出运用在工作当中的程度，这里的产出具体指的是在培训中获得的知识技能等特性方面。萧鸣政（2005）认为，阐述培训效果的评估，需要从个人角度和组织角度进行展开，这里的个人角度是指对参训学员自身有关知识和技能素质提高程度的评估，组织角度是指参训学员通过培训给企业带来的有关利润增加、成本降低以及市场占有率扩大等方面的评估。沙夫里茨（2001）认为应从两个方面进行培训评价，一是看培训给个人各方面带来的提高，二是看培训是否改善了公司的绩效，总体来说是对培训的整体进行评价的过程。综上所述，培训效果评价的定义主要分为两类，一是注重培训对参训学员行为结果的影响程度，二是注重对培训项目本身的整体环节进行分析。

基于以上结论并结合高素质青年农民培训的研究内容，本专题将培训效果评价界定为：在培训环节全部结束后，运用一系列科学系统的评价方法，对高素质青年农民经过培训后所获的知识技能、态度行为的改变应用于农业生产经营活动中给个人、组织和社会带来的各方面效益进行评价的过程。通过培训效果评价，可以检验培训工作的有效性，有针对性地进行整改，从而提高培训的质量。

二、研究模型与指标体系构建

（一）研究模型

根据对高素质青年农民培训效果的评价方式以及培训效果影响因素文献的回顾，引入哈佛大学教授麦克利兰（1973）的胜任素质理论，通过文献分析构建出高素质青年农民的胜任力素质，并结合鲍德温和福特的培训效果迁移模型，作为本研究概念模型的基础，如图 3-2 所示。

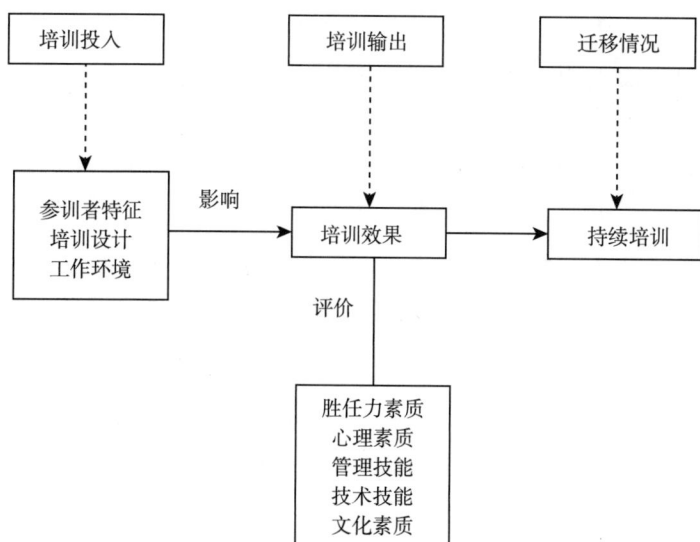

图 3-2　高素质青年农民培训效果评价及其影响因素研究概念模型

培训效果迁移模型和胜任素质模型在当前的研究中已经较为成熟，在借鉴成熟模型的基础上，构建适合本专题的概念模型，选取心理素质、管理技能、技术技能和文化素质 4 个变量作为评价高素质青年农民培训效果的变量，选取参训者特征、培训设计和工作环境 3 个变量作为找出高素质青年农民培训效果主要影响因素的变量，以这 7 个变量构建高素质青年农民培训效果模型，并系统梳理出它们之间的关系。由于培训效果的好坏会影响到农民的持续培训行为，因此在研究模型中将迁移情况内容表述为持续培训，而农民的持续培训情况不作为主要研究内容。

（二）指标体系构建

1. 高素质青年农民培训效果评价指标解释

在胜任力素质指标的选择中，对已有研究成果的借鉴必须紧密结合高素质青年农民的特征。通过文献回顾可以发现，学者们普遍认同的农民素质包括身体素质、思想道德素质、科技文化素质，本专题将上述素质归纳为心理素质、文化素质、技术技能三个维度。

当代高素质青年农民区别于传统农民的重要特征是：他们不仅要有文化、懂技术，更重要的是会经营，能够以市场为导向，充分利用市场机制和规则，追求农业生产报酬最大化和土地可持续利用。因此，管理技能也是素质模型的重要维度。基于胜任素质模型，将高素质青年农民培训效果评价的框架从心理素质、管理技能、技术技能、文化素质 4 个级别进行展开。

通过文献梳理，构建的二级指标与很多相关学者构建的农民培训效果评价指标吻合，且发现目前越来越多的学者在探究农民培训效果时会谈到职业认同感，将其作为一个一级指标进行研究。廖开妍（2019）指出，职业认同感是指农民能够从心底认同农业，将农业作为实现自我价值的职业，是一种心理认同。因此将职业意识与认同归在心理素质中作为二级指标进行研究。

在心理素质方面，从学习意愿与能力、自信心、职业意识与认同三个维度进行测量，划分 8 个三级指标；在管理技能方面，从经营管理能力、财务管理能力、市场运营能力和个人影响力四个维度进行测量，划分 9 个三级指标；在技术技能方面，从生产技术运用能力、现代农业设备操作能力和服务精神三个维度进行测量，划分 5 个三级指标；在文化素质方面，从农业生产知识、资源生态知识和法律法规知识三个维度进行测量，划分 4 个三级指标。具体如表 3-1 所示。

表 3 - 1 高素质青年农民培训效果评价指标体系

一级指标	二级指标	三级指标
A 心理素质	A1 学习意愿与能力	A1 - 1 善于通过书籍或网络等方式自学获取农业知识
		A1 - 2 学习新知识或新技能的速度更快了
		A1 - 3 主动利用业余时间学习与工作相关的新知识和经验
	A2 自信心	A2 - 1 面对风险压力时可以更好地控制情绪、保持冷静
		A2 - 2 更加有足够的信心应对面临的风险
		A2 - 3 更加客观地处理紧急问题并分步骤采取相应的措施
	A3 职业意识与认同	A3 - 1 喜欢农民这个职业并为之感到自豪
		A3 - 2 认为农民是一个理想的值得终身追求的职业
B 管理技能	B1 经营管理能力	B1 - 1 懂得更多农业经营与管理方面的专业知识
		B1 - 2 懂得更多农产品销售方面的专业知识
	B2 财务管理能力	B2 - 1 对财务管理方面的知识了解更多
	B3 市场运营能力	B3 - 1 充分进行市场调查并对下一步行为做出合理规划
		B3 - 2 综合人、财、物、市场等情况确定市场定位、营销定位
		B3 - 3 及时准确地感知市场的各种新动向
	B4 个人影响力	B4 - 1 为人更加正直诚信、遵守市场规则
		B4 - 2 具备遭遇失败不服输、不放弃的精神
		B4 - 3 主动参加各种培训学习以及自费进修学习
C 技术技能	C1 生产技术运用能力	C1 - 1 具备了更强的农业生产技术
	C2 现代农业设备操作能力	C2 - 1 在技术研究、机械设备制造等问题解决中有更强的研究意识
		C2 - 2 能够熟练掌握现代化农业设备技术
	C3 服务精神	C3 - 1 不断创造新的服务内容,为客户提供更多的价值
		C3 - 2 更加关注客户对产品以及服务的满意度
D 文化素质	D1 农业生产知识	D1 - 1 对农业生产方面的知识了解更多
	D2 资源生态知识	D2 - 1 通过改良、修理养护土壤等方式关注生态循环发展
		D2 - 2 愿意为生态环境保护投入资源
	D3 法律法规知识	D3 - 1 掌握农业法律方面的签订合同、税务等一般知识

2. 培训效果影响因素指标解释

鲍德温和福特于 1988 年提出培训效果迁移模型,致力于分析影响培训效果的重要因素。该模型提出 3 个主要因素：参训者特征（能力、个性及动力），培训设计（学习环境、培训方式及自我管理），工作环境（管理者和同事支持、技术支持及执行机会）。结合相关学者的研究，在参训者特征方面，对能力、个性和参训动机三个维度分别进行调查，划分 8 个三级指标；在培训设计方面，对培训内容、培训教师、培训方式和培训支持力度四个维度分别进行调查，划分 11 个三级指标；在工作环境方面，对执行机会和培训氛围两个维度分别进行调查，划分 3 个三级指标。具体如表 3-2 所示。

表 3-2　高素质青年农民培训效果影响因素指标体系

一级指标	二级指标	三级指标
E 参训者特征	E1 能力	E1-1 能较快地接受并吸收培训所学知识技能
		E1-2 将培训所学运用到农业生产中并且取得成效
		E1-3 独自解决农业生产中的困难和问题
	E2 个性	E2-1 对解决农业生产中的困难和问题有信心
		E2-2 对做好在农业生产中的事情有决心
	E3 参训动机	E3-1 参加培训能掌握更多的农业生产知识和技能
		E3-2 培训所学可以解决农业生产过程中的问题
		E3-3 参加培训的目的在于获得更高的收益
F 培训设计	F1 培训内容	F1-1 培训内容与培训需求关联程度高
		F1-2 培训内容丰富并具有吸引力
		F1-3 针对不同的农户培训需求设计不同的培训内容
		F1-4 培训内容很适合个人能力与工作要求
	F2 培训教师	F2-1 培训教师具有丰富的专业知识和经验
		F2-2 培训教师都是由有经验和资历的人员担任
	F3 培训方式	F3-1 培训教师的培训方法多样化且实用
		F3-2 培训的时间恰当
	F4 培训支持力度	F4-1 政府对培训投入的资金较多
		F4-2 政府对培训非常重视
		F4-3 周围亲戚朋友支持农民参加培训
G 工作环境	G1 执行机会	G1-1 将培训所学运用到农业生产工作中
		G1-2 培训后政府或相关单位对参训效果进行跟踪调查
	G2 培训氛围	G2-1 培训班有相应的约束和奖惩机制来鼓励农民参加培训

三、高素质青年农民培训效果的评价及其影响因素实证分析

（一）数据来源

2021 年 10 月到 2022 年 1 月期间，调研团队针对辽宁省高素质青年农民进行问卷调查。分别在辽宁省的大连市 4 个县（市、区）、盘锦市 3 个县（市、区）、鞍山市 2 个县（市、区）和丹东市的 3 个县（市、区）下的行政村进行分层随机抽样线下调查，且所选择的县（市、区）是经济发展水平中等地区，调查对象为参与过培训、年龄在 16～45 周岁的高素质青年农民。问卷内容共分为 3 个部分：个人基本信息、胜任力素质和培训效果的影响因素。问卷共涉及 55 个问题，其中个人基本信息包括 7 个问题，胜任力素质包括 26 个问题，培训效果的影响因素包括 22 个问题。在调查方法上，采用线下参训农民填写问卷的方式。共计发放问卷 653 份，回收有效问卷 622 份，问卷有效回收率为 95.3%，调查城市与问卷发放数如表 3 - 3 所示。

表 3 - 3　调查城市与问卷发放数

城市	县（市、区）	发放问卷数/份	小计/份
大连市	金州新区	52	
	普兰店	41	
	瓦房店	39	179
	庄河	47	
盘锦市	盘山县	60	
	大洼区	56	189
	双台子区	73	
鞍山市	台安县	54	
	铁东区	59	113

(续)

城市	县（市、区）	发放问卷数/份	小计/份
丹东市	东港市	47	
	凤城市	60	172
	宽甸满族自治区	65	
总计		653	653

（二）描述性统计分析与问卷分析

1. 描述性统计分析

（1）样本人口统计学特征描述。从表 3 - 4 可以看出，受访农民为 16～45 周岁的高素质青年农民，其中 41～45 周岁的人数最多，占比达到 61.6%；其他年龄段的占比相当，均在 13% 左右。性别中男性 388 人，占比达到 62.4%；女性为 234 人，占比为 37.6%。在受教育程度方面，拥有小学及以下学历的人数最多，占 74.4%；大专和本科及以上学历的仅占 4.8%。人员类别中五类人群的占比相当，均在 20% 左右。经营规模中经营 50 亩及以下的农民占比较多，达到 33.0%；50～100 亩的占比最少，为 6.6%；其他经营规模分布较平均，在 20% 左右。参训方式中主要是农业企业推荐，占比为 31.0%；其次是培训单位推荐，占比为 30.9%；再次是部门推荐和个人申请，占比均未超过 20%。参训次数方面，大多数受访农民参与培训的次数只有 1 次，占比为 79.6%；参训次数达到 2 次及以上的农民总计略超过 20%。总体来看，参与培训的农民学员以男性为主，大部分学员的学历较低，说明高素质青年农民的文化素质有待提高。个人主动申请参与培训的比例较推荐更低，且大部分学员只参加过 1 次培训，学员参与培训的主动性并不高。

（2）高素质青年农民培训效果评价样本分析。

①心理素质分析。心理素质包含学习意愿与能力、自信心、职业意识与认同 3 个二级指标以及 8 个三级指标。样本学员心理素质方面的调研结果如表 3 - 5 所示。

表 3-4　样本人口统计学特征

统计变量	选项	样本数/人	百分比/%
年龄	16~20 岁	78	12.5
	21~30 岁	79	12.7
	31~40 岁	82	13.2
	41~45 岁	383	61.6
性别	男	388	62.4
	女	234	37.6
受教育程度	小学及以下	463	74.4
	初中	82	13.2
	高中	47	7.6
	大专	18	2.9
	本科及以上	12	1.9
人员类别	种植大户	129	20.7
	规模养殖场经营者	133	21.4
	家庭农场经营者	114	18.3
	农民合作社骨干	129	20.7
	创业返乡青年	117	18.9
经营规模	50 亩及以下	205	33.0
	50~100 亩（不含 50 亩）	41	6.6
	100~150 亩（不含 100 亩）	124	19.9
	1500~200 亩（不含 150 亩）	125	20.1
	200 亩以上（不含 200 亩）	127	20.4
参训方式	部门推荐	121	19.5
	农业企业推荐	193	31.0
	培训单位推荐	192	30.9
	个人申请	116	18.6
参加次数	1 次	495	79.6
	2 次	26	4.2
	3 次	36	5.8
	4 次	33	5.3
	5 次及以上	32	5.1

表 3-5 心理素质/%

变量	测量指标	非常不符合	不符合	不确定	符合	非常符合
A1 学习意愿与能力	A1-1 自学获取农业知识	25.7	23.8	24.4	12.4	13.7
	A1-2 更快学习新知识和技能	22.3	21.4	26.8	16.6	12.9
	A1-3 利用业余时间学习知识与经验	24.0	23.0	21.3	15.8	15.9
A2 自信心	A2-1 面对压力保持冷静	24.8	26.2	22.8	13.5	12.7
	A2-2 更有信心应对风险	21.4	25.2	24.9	16.6	11.9
	A2-3 更加客观地处理紧急问题并分步骤采取相应的措施	26.5	25.4	21.9	12.2	14.0
A3 职业意识与认同	A3-1 更喜欢农民这个职业	24.3	22.2	21.2	15.6	16.7
	A3-2 更加认为农民是一个可以终身追求的职业	21.1	26.4	19.8	15.0	17.7

学习意愿与能力方面，包括 3 个指标。在"自学获取农业知识"方面，学员认为自己非常符合以及符合的人数分别占 13.7% 和 12.4%，总计为 26.1%；认为非常不符合以及不符合的人数分别占 25.7% 和 23.8%，总计为 49.5%；还有 24.4% 的人选择不确定。在"更快学习新知识和技能"方面，认为自己非常符合以及符合的人数分别占 12.9% 和 16.6%，总计为 29.5%；认为非常不符合以及不符合的分别占 22.3% 和 21.4%，总计为 43.7%；还有 26.8% 的人选择不确定。在"利用业余时间学习知识与经验"方面，分别有 15.9% 和 15.8% 的人认为自己非常符合以及符合，总计为 31.7%；认为非常不符合以及不符合的人数分别占 24.0% 和 23.0%，总计为 47.0%；还有 21.3% 的人选择不确定。由此可以看出，认为自己学习意愿与能力没有提升的人数高于认为自己学习意愿与能力提升的人数。

自信心方面，包括 3 个指标。在"面对压力保持冷静"方面，分别有 12.7% 和 13.5% 的人认为自己非常符合以及符合，总计为 26.2%；分别有 24.8% 和 26.2% 的人认为自己非常不符合以及不符合，总计为 51.0%；还有 22.8% 的人选择不确定。在"更有信心应对风险"方面，分别有 11.9% 和 16.6% 的人认为自己非常符合以及符合，总计为

28.5%；分别有 21.4% 和 25.2% 的人认为自己非常不符合以及不符合，总计为 46.6%；还有 24.9% 的人选择不确定。在"更加客观地处理紧急问题并分步骤采取相应的措施"方面，分别有 14.0% 和 12.2% 的人认为自己非常符合以及符合，总计为 26.2%；分别有 26.5% 和 25.4% 的人认为自己非常不符合以及不符合在这方面的提升，总计为 51.9%；还有 21.9% 的人选择不确定。可以看出，通过培训，自信心提升的人数低于自信心没有提升的人数。

职业意识与认同方面，包括 2 个指标。在"更喜欢农民这个职业"方面，分别有 16.7% 和 15.6% 的人认为自己非常符合以及符合，总计为 32.3%；分别有 24.3% 和 22.2% 的人认为自己非常不符合以及不符合，总计为 46.5%；还有 21.2% 的人选择不确定。在"更加认为农民是一个可以终身追求的职业"方面，分别有 17.7% 和 15.0% 的人认为自己非常符合以及符合，总计为 32.7%；分别有 21.1% 和 26.4% 的人认为非常不符合以及不符合，总计为 47.5%；还有 19.8% 的人选择不确定。由此可以看出，认同农民这个职业的人数低于不认同的人数。

总体看来，大部分学员认为自己的学习意愿与能力、自信心、职业意识与认同方面没有得到提升，说明对于学员心理素质方面的培训效果并不理想。

②管理技能分析。管理技能包含经营管理能力、财务管理能力、市场运营能力以及个人影响力 4 个二级指标以及 9 个三级指标。样本学员管理技能方面的调研结果如表 3-6 所示。

经营管理能力方面，包括 2 个指标。在"懂得更多农业经营管理专业知识"方面，学员认为自己非常符合以及符合的人数分别为 15.0% 和 15.6%，总计为 30.6%；认为自己非常不符合以及不符合提升的人数分别为 21.2% 和 25.6%，总计为 46.8%，还有 22.6% 的人选择不确定。在"懂得更多农产品销售方面的专业知识"方面，认为自己非常符合与符合的人数总计为 32.0%，认为非常不符合以及不符合的人数总计为 45.0%，还有 23.0% 的人选择不确定。由此可以看出，认为自己经营管理能力没有提高的人数高于认为自己经营管理能力有提高的人数。

表 3-6　培训效果评价管理技能分析/%

变量	测量指标	非常不符合	不符合	不确定	符合	非常符合
B1 经营管理能力	B1-1 懂得更多农业经营管理专业知识	21.2	25.6	22.6	15.6	15.0
	B1-2 懂得更多农产品销售方面的专业知识	23.0	22.0	23.0	15.6	16.4
B2 财务管理能力	B2-1 了解更多财务管理知识	24.8	21.2	24.1	15.8	14.1
B3 市场运营能力	B3-1 进行市场调查并对下一步行为做出规划	23.5	22.8	22.8	16.1	14.8
	B3-2 综合人、财、物、市场等情况确定市场和营销定位	23.0	22.8	23.8	15.9	14.5
	B3-3 及时感知市场新动向	23.5	25.4	25.2	13.0	12.9
B4 个人影响力	B4-1 为人诚信、遵守市场规则	21.4	24.8	25.8	15.0	13.0
	B4-2 具备不放弃、不服输精神	22.2	24.6	23.3	12.4	17.5
	B4-3 主动甚至自费参加培训学习	23.2	23.8	22.7	14.1	16.2

财务管理能力方面，包括 1 个指标。在"了解更多财务管理知识"方面，14.1%的人认为自己非常符合，15.8%的人认为自己符合，认为自己符合和非常符合的占比总计为 29.9%；认为自己非常不符合以及不符合的人数占比分别为 24.8%和 21.2%，总计为 46.0%；还有 24.1%的人选择不确定。可以说明认为自己财务管理能力提升的人数低于认为没有提升的人数。

市场运营能力方面，包括 3 个指标。在"进行市场调查并对下一步行为做出规划"方面，分别有 14.8%和 16.1%的人认为非常符合以及符合，总计为 30.9%；分别有 23.5%和 22.8%的人认为自己非常不符合以及不符合，总计为 46.3%；还有 22.8%的人选择不确定。在"综合人、财、物、市场等情况确定市场和营销定位"方面，分别有 14.5%和 15.9%的人认为非常符合以及符合，总计为 30.4%；分别有 23.0%和 22.8%的人认为自己非常不符合以及不符合，总计为 45.8%；还有 23.8%的人选择不确定。在"及时感知市场新动向"方面，有 12.9%和 13.0%的人认为非常符合以及符合，总计为 25.9%；分别有 23.5%和 25.4%的人认为自己非常不符合以及不符合，总计为 48.9%；还有 25.2%的人选择不确定。由此可以看出，通过培训，认为自己市场运营能力提高的人数远低于认为没有提高的人数。

个人影响力方面，包括 3 个指标。在"为人诚信、遵守市场规则"方面，13.0％的人认为自己非常符合，15.0％的人认为自己符合，总计为 28.0％；分别有 21.4％和 24.8％的人认为自己非常不符合以及不符合，总计为 46.2％；还有 25.8％的人选择不确定。在"具备不放弃、不服输精神"方面，总计 29.9％的人认为非常符合以及符合，总计 46.8％的人认为自己非常不符合以及不符合，23.3％的人选择不确定。在"主动甚至自费参加培训学习"方面，总计 30.3％的人认为自己非常符合以及符合，总计 47.0％的人认为自己非常不符合以及不符合，22.7％的人选择不确定。由此可以看出，在个人影响力方面，认为自己学习积极性提升的人数低于认为没有提升的人数。

总体看来，大部分学员认为自己的经营管理能力、财务管理能力、市场运营能力和个人影响力没有得到提升，说明管理技能的培训效果并不理想。

③技术技能分析。技术技能包含生产技术运用能力、现代设备操作能力和服务精神 3 个二级指标以及 5 个三级指标。技术技能方面的调研结果如表 3－7 所示。

表 3－7　技术技能/％

变量	测量指标	非常不符合	不符合	不确定	符合	非常符合
C1 生产技术运用能力	C1-1 具备了更强的农业生产技术	5.3	5.1	31.7	27.0	30.9
C2 现代设备操作能力	C2-1 在技术研究、机械设备制造等问题解决中有更强的研究意识	5.1	6.9	28.0	30.9	29.1
	C2-2 熟练掌握现代化农业设备技术	5.8	5.9	29.3	29.6	29.4
C3 服务精神	C3-1 为客户提供有价值的服务内容	5.3	5.6	27.7	29.7	31.7
	C3-2 关注客户对产品服务的满意度	6.9	5.9	30.3	29.1	27.8

生产技术运用能力方面，包括 1 个指标。在"具备了更强的农业生产技术"方面，30.9％的人认为自己非常符合，27.0％的人认为自己符合，总计为 57.9％；总计 10.4％人认为自己生产技术能力没有提升，还有 31.7％的人选择不确定。说明，认为自己生产技术能力有所提升

的人数远高于认为没有提升的人数。

现代设备操作能力方面，包括 2 个指标。在"在技术研究、机械设备制造等问题解决中有更强的研究意识"方面，认为自己非常符合的占比为 29.1%，认为自己符合的占比为 30.9%，总计为 60.0%；非常不符合和不符合的人数占比总计为 12.0%，还有 28.0% 的人选择不确定。在"熟练掌握现代化农业设备技术"方面，总计 59.0% 的人认为自己非常符合和符合，共计 11.7% 的人认为自己并没有熟练掌握，有29.3% 的人选择不确定。可见熟练掌握技术的人数高于没有熟练掌握的人数。

服务精神提升方面，包括 2 个指标。在"为客户提供有价值的服务内容"方面，认为自己非常符合的占比为 31.7%，认为自己符合的占比为 29.7%，总计为 61.4%；非常不符合和不符合的人数占比总计为10.9%，还有 27.7% 的人选择不确定。在"关注客户对产品服务的满意度"方面，认为自己非常符合的占比为 27.8%，认为自己符合的占比为 29.1%，总计为 56.9%；认为自己非常不符合和不符合的人数占比为 12.8%，还有 30.3% 的人选择不确定。说明通过培训，服务精神提高的人数远高于没有提升的人数。

总体看来，大部分学员的生产技术运用能力、现代设备操作能力和服务精神都有所提升，说明技术技能的培训取得了一定的效果。

④文化素质分析。文化素质包含农业生产知识、资源生态知识和法律法规知识 3 个二级指标以及 4 个三级指标。样本学员文化素质方面的调研结果如表 3-8 所示。

表 3-8 文化素质/%

变量	测量指标	非常不符合	不符合	不确定	符合	非常符合
D1 农业生产知识	D1-1 了解更多农业生产知识	5.8	5.9	31.2	28.0	29.1
D2 资源生态知识	D2-1 通过改良、修理养护土壤等方式关注生态循环发展	4.8	6.3	28.6	32.5	27.8
	D2-2 愿意为生态环境保护投入资源	7.2	7.1	27.7	27.9	30.1
D3 法律法规知识	D3-1 掌握农业法律方面的签订合同、税务等一般知识	6.9	5.6	30.4	29.3	27.8

农业生产知识方面，包括 1 个指标。在"了解更多农业生产知识"方面，认为自己非常符合的占比为 29.1%，认为自己符合的占比为 28.0%，总计为 57.1%；认为自己非常不符合和不符合的人数占比总计为 11.7%，还有 31.2% 的人选择不确定。可以看出，了解更多农业生产知识的人数高于没有了解的人数。

资源生态知识方面，包括 2 个指标。在"通过改良、修理养护土壤等方式关注生态循环发展"方面，有 27.8% 认为自己非常符合，32.5% 的人认为自己符合，占比总计为 60.3%；同时总计 11.1% 的人认为自己非常不符合以及不符合，还有 28.6% 的人选择不确定。由此可以看出，参训农民更加注重生态可持续发展。在"愿意为生态环境保护投入资源"方面，30.1% 的人选择非常符合，27.9% 的人选择符合，总计为 58.1%；总计 14.3% 的人不愿意投入资源，还有 27.7% 的人选择不确定。由此可以看出，在资源生态知识上有所提升的人数高于没有提升的人数。

法律法规知识方面，包括 1 个指标。在"掌握农业法律方面的签订合同、税务等一般知识"方面，27.8% 的人认为自己非常符合，29.3% 的人认为自己符合，占比总计为 57.1%；总计 12.5% 的人认为自己非常不符合以及不符合，还有 30.4% 的人选择不确定。可见，对农业法律法规知识了解更多的人数高于没有了解的人数。

总体看来，通过培训，大部分学员的农业生产知识、资源生态知识和法律法规知识都有所提升，说明文化素质的培训效果取得了较好的成绩。但仍有 1/3 左右的人选择了不确定，这部分人将是未来文化素质提升的主体。

（3）影响因素样本分析。

①参训者特征分析。参训者特征包含能力、个性和参训动机 3 个二级指标以及 8 个三级指标。样本学员参训者特征方面的指述性统计如表 3-9 所示。

能力方面，包括 3 个指标。在"能较快吸收培训所学知识技能"方面，认为自己非常符合的仅占 9.3%，认为自己符合的占 31.2%，总计为 40.5%；认为自己非常不符合和不符合的人数占比分别为 10.0% 和 12.5%，总计为 22.5%；还有 37.0% 的人选择不确定。可以看出，能

表 3-9　参训者特征/%

变量	测量指标	非常不符合	不符合	不确定	符合	非常符合
E1 能力	E1-1 能较快吸收培训所学知识技能	10.0	12.5	37.0	31.2	9.3
	E1-2 将培训所学运用到农业生产中并且取得成效	12.2	11.4	35.9	31.0	9.5
	E1-3 独自解决农业生产中的困难	13.3	10.1	35.0	32.8	8.8
E2 个性	E2-1 有信心解决农业生产困难	12.4	11.1	39.4	27.5	9.6
	E2-2 有决心做好农业生产中的事情	11.9	10.1	36.2	33.3	8.5
E3 参训动机	E3-1 掌握更多的生产知识技能	13.3	10.3	33.1	35.4	7.9
	E3-2 培训所学可以解决农业生产过程中的问题	14.0	10.0	35.7	33.8	6.5
	E3-3 参加培训在于获得更高的收益	10.8	12.9	35.2	33.1	8.0

较快吸收培训所学知识技能的人数比不能较快吸收的人数多。在"将培训所学运用到农业生产中并且取得成效"方面，认为自己非常符合和符合的分别为 9.5% 和 31.0%，总计为 40.5%；认为自己非常不符合和不符合的人数占比分别为 12.2% 和 11.4%，总计为 23.6%；还有 35.9% 的人选择不确定。可以看出，具备此能力的人比未具备的人数多。在"独自解决农业生产中的困难"方面，认为自己非常符合和符合的分别为 8.8% 和 32.8%，总计为 41.6%；认为自己非常不符合和不符合的人数占比分别为 13.3% 和 10.1%，总计为 23.4%；还有 35.0% 的人选择不确定。可以看出，具备此能力的人比未具备的人数多。

个性方面，包括 2 个指标。在"有信心解决农业生产困难"方面，认为自己非常符合和符合的分别为 9.6% 和 27.5%，总计为 37.1%；认为自己非常不符合和不符合的人数占比分别为 12.4% 和 11.1%，总计为 23.5%；还有 39.4% 的人选择不确定。在"有决心做好农业生产中的事情"方面，认为自己非常符合和符合的分别为 8.5% 和 33.3%，总计为 41.8%；认为自己非常不符合和不符合的人数占比分别为 11.9% 和 10.1%，总计为 22.0%；还有 36.2% 的人选择不确定。可以看出，有信心解决农业生产困难、有决心做好农业生产中的事情的人比没有信心、没有决心的人数多。

参训动机方面，包括 3 个指标。在"掌握更多的生产知识技能"方面，认为自己非常符合和符合的分别为 7.9% 和 35.4%，总计为 43.3%；认为自己非常不符合和不符合的人数占比分别为 13.3% 和 10.3%，总计为 23.6%；还有 33.1% 的人选择不确定。在"培训所学可以解决农业生产过程中的问题"方面，认为自己非常符合和符合的分别为 6.5% 和 33.8%，总计为 40.3%；认为自己非常不符合和不符合的人数占比分别为 14.0% 和 10.0%，总计为 24.0%；还有 35.7% 的人选择不确定。可以看出，相信培训所学可以解决农业生产过程中的问题的人数比不相信的人数多。在"参与培训在于获得更高的收益"方面，认为自己非常符合和符合的分别为 8.0% 和 33.1%，总计为 41.1%；认为自己非常不符合和不符合的人数占比分别为 10.8% 和 12.9%，总计为 23.7%；还有 35.2% 的人选择不确定。可以看出，参加培训是为了获得更高收益的人数更多。

②培训设计分析。培训设计包含培训内容、培训教师、培训方式和培训支持力度 4 个二级指标以及 11 个三级指标。样本学员培训设计方面的描述性统计如表 3 - 10 所示。

表 3 - 10　培训设计/%

变量	测量指标	非常不符合	不符合	不确定	符合	非常符合
F1 培训内容	F1 - 1 培训内容与需求关联程度高	11.3	11.7	35.5	33.6	7.9
	F1 - 2 培训内容丰富且具有吸引力	11.6	13.7	34.9	31.8	8.0
	F1 - 3 针对不同的农户培训需求设计不同的培训内容	9.3	13.2	38.5	29.7	9.3
	F1 - 4 培训内容适合个人能力要求	11.1	11.9	34.1	35.7	7.2
F2 培训教师	F2 - 1 培训教师具有丰富知识和经验	11.6	12.4	35.8	32.2	8.0
	F2 - 2 培训教师都是由有资历人员担任	11.7	11.9	35.4	31.8	9.2
F3 培训方式	F3 - 1 培训教师的培训方法多样且实用	10.3	11.3	36.1	33.6	8.7
	F3 - 2 培训的时间恰当	11.9	10.9	36.7	32.6	7.9
F4 培训支持力度	F4 - 1 政府对培训投入的资金较多	13.8	11.4	32.2	34.6	8.0
	F4 - 2 政府对培训非常重视	13.0	11.4	36.1	29.9	9.6
	F4 - 3 周围亲戚朋友支持农民参加培训	12.9	14.3	35.5	28.5	8.8

培训内容方面，包括 4 个指标。在"培训内容与需求关联程度高"方面，认为非常符合和符合的分别为 7.9％和 33.6％，总计为 41.5％；认为非常不符合和不符合的人数占比分别为 11.3％和 11.7％，总计为 23.0％；还有 35.5％的人选择不确定。可以看出，少部分学员认为培训内容与他们的培训需求不吻合。在"培训内容丰富且具有吸引力"方面，认为非常符合和符合的分别为 8.0％和 31.8％，总计为 39.8％；认为非常不符合和不符合的人数占比分别为 11.6％和 13.7％，总计为 25.3％；还有 34.9％的人选择不确定。可以看出，少部分学员认为培训内容并不丰富，缺少吸引力。在"针对不同的农户培训需求设计不同的培训内容"方面，认为非常符合和符合的分别为 9.3％和 29.7％，总计为 39.0％；认为非常不符合和不符合的人数占比分别为 9.3％和 13.2％，总计为 22.5％；还有 38.5％的人选择不确定。可以看出，少部分学员认为培训内容设计的针对性不强。在"培训内容适合个人能力要求"方面，认为非常符合和符合的分别为 7.2％和 35.7％，总计为 42.9％；认为非常不符合和不符合的人数占比分别为 11.1％和 11.9％，总计为 23.0％；还有 34.1％的人选择不确定。可以看出，少部分学员认为培训内容与他们的能力和工作要求不匹配。

培训教师方面，包括 2 个指标。在"培训教师具有丰富知识和经验"方面，认为非常符合和符合的分别为 8.0％和 32.2％，总计为 40.2％；认为非常不符合和不符合的人数占比分别为 11.6％和 12.4％，总计为 24.0％；还有 35.8％的人选择不确定。可以看出，少部分学员认为培训教师并不具备丰富的专业知识和经验。在"培训教师都是由有资历的人员担任"方面，认为非常符合和符合的分别为 9.2％和 31.8％，总计为 40.0％；认为非常不符合和不符合的人数占比分别为 11.7％和 11.9％，总计为 23.6％；还有 35.4％的人选择不确定。可以看出，少部分学员认为培训教师不具备较高资历。

培训方式方面，包括 2 个指标。在"培训教师的培训方法多样且实用"方面，认为非常符合和符合的分别为 8.7％和 33.6％，总计为 42.3％；认为非常不符合和不符合的人数占比分别为 10.3％和 11.3％，总计为 21.6％；还有 36.1％的人选择不确定。可以看出，少部分学员认为培训方法不多样、不实用。在"培训的时间恰当"方面，认为非常符合和符合的分别为 7.9% 和 32.6%，总计为 40.5%；认为非常不符合和不符合的人数占比分别为 11.9% 和 10.9%，总计为 22.8%；还有 36.7% 的人选择不确定。可以看出，少部分学员认为培训时间不恰当。

培训支持力度方面，包括 3 个指标。在"政府对培训投入的资金较多"方面，认为非常符合和符合的分别为 8.0% 和 34.6%，总计为 42.6%；认为非常不符合和不符合的人数占比分别为 13.8% 和 11.4%，总计为 25.2%；还有 32.2% 的人选择不确定。可以看出，少部分学员认为政府投入的资金扶持力度小。在"政府对培训非常重视"方面，认为非常符合和符合的分别为 9.6% 和 29.9%，总计为 39.5%；认为非常不符合和不符合的人数占比分别为 13.0% 和 11.4%，总计为 24.4%；还有 36.1% 的人选择不确定。可以看出，少部分学员认为政府对培训不重视。在"周围亲戚朋友支持农民参与培训"方面，认为非常符合和符合的分别为 8.8% 和 28.5%，总计为 37.3%；认为非常不符合和不符合的人数占比分别为 12.9% 和 14.3%，总计为 27.2%；还有 35.5% 的人选择不确定。可以看出，少部分学员认为周围的朋友和亲人对其参加培训不支持。

③工作环境分析。工作环境包含执行机会和培训氛围 2 个二级指标以及 3 个三级指标。样本学员工作环境方面的描述性统计如表 3-11 所示。

表 3-11 工作环境/%

变量	测量指标	非常不符合	不符合	不确定	符合	非常符合
G1 执行机会	G1-1 将培训所学用到农业生产工作中	11.4	11.1	39.4	31.0	7.1
	G1-2 培训后政府对参训效果进行跟踪调查	11.3	13.3	33.9	33.1	8.4
G2 培训氛围	G2-1 培训班有约束和奖惩机制来鼓励农民参加培训	11.9	11.1	33.6	35.4	8.0

执行机会方面，包括 2 个指标。在"将培训所学运用到农业生产工作中"方面，认为非常符合和符合的分别为 7.1% 和 31.0%，总计为 38.1%；认为非常不符合和不符合的人数占比分别为 11.4% 和 11.1%，总计为 22.5%；还有 39.4% 的人选择不确定。可以看出，少部分学员认为自己没有很好地将培训所学运用到农业生产中。在"培训后政府对参训效果进行跟踪调查"方面，认为非常符合和符合的分别为 8.4% 和

33.1%，总计为 41.5%；认为非常不符合和不符合的人数占比分别为 11.3% 和 13.3%，总计为 24.6%；还有 33.9% 的人选择不确定。可以看出，少部分人认为政府没有对参训效果进行跟踪调查。

培训氛围方面，包括 1 个指标。在"培训班有约束和奖惩机制来鼓励农民参加培训"方面，认为非常符合和符合的分别为 8.0% 和 35.4%，总计为 43.4%；认为非常不符合和不符合的人数占比分别为 11.9% 和 11.1%，总计为 23.0%；还有 33.6% 的人选择不确定。可以看出，少部分人认为培训班没有采取奖励和惩罚措施来鼓励学员参与培训。

2. 问卷的信度与效度分析

（1）信度检验。采用 Cronbach's α 值考察量表的信度，其中总量表的 Cronbach's α 值为 0.981，而心理素质、管理技能、技术技能、文化素质、能力、个性、参训动机、培训内容、培训教师、培训方式、培训支持力度、执行机会、培训氛围分量表的 Cronbach's α 值分别为 0.856、0.823、0.743、0.864、0.865、0.805、0.860、0.896、0.796、0.771、0.881、0.794 和 0.767，所有量表的 Cronbach's α 值均大于 0.7，说明研究的变量具有较好的可信性，具体如表 3 - 12 所示。

表 3 - 12 可信性分析

变量	Cronbach's α	项数
心理素质	0.856	8
管理技能	0.823	9
技术技能	0.743	5
文化素质	0.864	4
能　力	0.865	3
个　性	0.805	2
参训动机	0.860	3
培训内容	0.896	4
培训教师	0.796	2

（续）

变量	Cronbach's α	项数
培训方式	0.771	2
培训支持力度	0.881	3
执行机会	0.794	2
培训氛围	0.767	1

（2）效度检验。效度检验是检测问卷数据的有效性。一般是进行 KMO 和 Bartlett 球形检验。KMO 值越大，因子分析的效果就越好；一般 KMO 值大于 0.7，则表示数据适合采用因子分析法。若问卷效度检验合格，再对数据进行探索性分析，找出公因子。

由表 3-13 可得到 KMO 值为 0.981（0.981＞0.7），Bartlett 球形检验值显著（Sig＜0.01），说明可以进行因子分析。

表 3-13 KMO 和 Bartlett 检验

KMO 取样适切性量数		0.981
Bartlett 球形度检验	近似卡方	14 249.566
	自由度	406
	显著性	0.000

从表 3-14 中可以看出，因素分析结果总共得到 3 个因素，大于 1 的特征值分别为 1.178、1.076、1.040，方差解释能力分别为 4.062%、3.710%、3.585%。累计方差贡献率达 71.722%，说明这 3 个因素具有代表性。此外，各因素的累计方差贡献率分别为 64.319%、68.086%、71.722%。

表 3-14 总方差解释

成分	初始特征值			提取载荷平方和			旋转载荷平方和		
	总计	方差百分比	累积百分比	总计	方差百分比	累积百分比	总计	方差百分比	累积百分比
1	1.178	4.062	64.427	1.178	4.062	64.427	1.756	6.057	64.319
2	1.076	3.710	68.137	1.076	3.710	68.137	1.092	3.767	68.086

（续）

成分	初始特征值			提取载荷平方和			旋转载荷平方和		
	总计	方差百分比	累积百分比	总计	方差百分比	累积百分比	总计	方差百分比	累积百分比
3	1.040	3.585	71.722	1.040	3.585	71.722	1.054	3.636	71.722
4	0.898	3.096	74.817						
5	0.459	1.550	76.367						
6	0.432	1.490	77.858						
7	0.416	1.436	79.294						
8	0.410	1.414	80.707						
9	0.385	1.329	82.036						
10	0.372	1.283	83.319						
11	0.359	1.236	84.556						
12	0.346	1.193	85.749						
13	0.337	1.163	86.912						
14	0.329	1.134	88.047						
15	0.323	1.112	89.159						
16	0.319	1.100	90.259						
17	0.308	1.062	91.321						
18	0.295	1.017	92.339						
19	0.290	1.001	93.340						
20	0.270	0.930	95.269						
21	0.267	0.920	97.189						
22	0.258	0.889	100.00						

注：提取方法为主成分分析法。

由表 3-15 可知，各个测量题项在其对应的主成分上表现出较高的载荷（大于 0.8），且未出现交叉载荷的情况，其中，E1-1～E3-2 对应的参训者特征集中在成分 1，F1-1～F4-3 对应的培训设计集中在成分 2，G1-1～G2-1 对应的工作环境集中在成分 3，表示每一个题目都能很好地描述其对应的维度。

表 3 - 15　旋转后的成分矩阵

变量	题目	成　分		
		1	2	3
E 参训者特征	E1 - 1	0.825	0.073	0.028
	E1 - 2	0.838	−0.010	0.053
	E1 - 3	0.835	0.051	0.061
	E2 - 1	0.825	0.060	0.068
	E2 - 2	0.817	0.043	0.132
	E2 - 3	0.827	0.061	0.104
	E3 - 1	0.821	0.053	0.094
	E3 - 2	0.828	0.008	0.053
F 培训设计	F1 - 1	0.084	0.828	0.060
	F1 - 2	0.026	0.823	0.156
	F1 - 3	0.010	0.827	0.173
	F1 - 4	0.034	0.811	0.122
	F2 - 1	0.065	0.822	0.163
	F2 - 2	0.052	0.818	0.098
	F3 - 1	0.032	0.828	0.118
	F3 - 2	0.077	0.805	0.064
	F4 - 1	0.048	0.815	0.058
	F4 - 2	0.119	0.839	0.081
	F4 - 3	0.029	0.834	0.125
G 工作环境	G1 - 1	0.025	0.129	0.807
	G1 - 2	0.024	0.043	0.838
	G2 - 1	0.022	0.110	0.819

（三）实证分析

1. 研究假设

近年来，国家重点强调了培育高素质农民的重要性，提出要造就一支适应现代农业发展需要的高素质农民队伍。因此，通过培训提升农民的素质成为促进农业发展的重要环节。如何培训？怎样真正提升培训的效果？培训方法、培训内容的设计环节在此显得极为重要，找出影响培训效果的主要因素更是重中之重。

以参训者特征、培训设计和工作环境为自变量，以心理素质、管理技能、技术技能和文化素质为因变量，考察在培训过程中，自变量中的哪些具体变量影响了培训效果。其中，参训者特征中包含能力、个性和参训动机三个方面，一般研究表明，参训者的能力和个性具有正向的影响，并且大家的参训动机以好的结果为目标。培训设计中包含培训内容、培训教师、培训方式以及培训支持力度四个方面，一般来说，培训设计中的环节以提高能力与素质为目的，通常具有正向影响。工作环境中包含执行机会和培训氛围。执行机会具体表现为：一是将培训所学运用到农业生产工作中，二是培训后政府或相关单位对参训效果进行跟踪调查。培训氛围是指政府和培训班有相应的约束和奖惩措施来鼓励农民参加培训。一般来说，政府为了提升农民从业素质，促进当地农业经济发展，会采取措施鼓励农民参加培训并追踪后续情况，通常具有正向影响。

将参训者特征中的能力、个性和参训动机 3 个二级变量，培训设计中的培训内容、培训教师、培训方式和培训支持力度 4 个二级变量，以及工作环境中的执行机会和培训氛围 2 个二级变量作为自变量进行回归分析，探寻影响高素质青年农民培训效果的主要因素。据此提出以下假设。

假设 1：参训者特征对心理素质产生正向影响。

假设 2：参训者特征对管理技能产生正向影响。

假设 3：参训者特征对技术技能产生正向影响。

假设 4：参训者特征对文化素质产生正向影响。

假设 5：培训设计对心理素质产生正向影响。

假设 6：培训设计对管理技能产生正向影响。

假设 7：培训设计对技术技能产生正向影响。

假设 8：培训设计对文化素质产生正向影响。

假设 9：工作环境对心理素质产生正向影响。

假设 10：工作环境对管理技能产生正向影响。

假设 11：工作环境对技术技能产生正向影响。

假设 12：工作环境对文化素质产生正向影响。

2. 变量设计与模型构建

将参训者特征、培训设计和工作环境分别记为 X_1、X_2 和 X_3，将心理素质、管理技能、技术技能和文化素质记为 Y_1、Y_2、Y_3 和 Y_4，进行回归分析，如表 3-16 所示。

表 3-16　变量设计

因变量	含义	自变量	含义
Y_1	心理素质	X_1	参训者特征
Y_2	管理技能	X_2	培训设计
Y_3	技术技能	X_3	工作环境
Y_4	文化素质		

构建线性回归模型：

$$Y_1 = \beta_0 + \beta_1 X_1 + \beta_2 X_2 + \beta_3 X_3 + e_0$$
$$Y_2 = \varepsilon_0 + \varepsilon_1 X_1 + \varepsilon_2 X_2 + \varepsilon_3 X_3 + e_1$$
$$Y_3 = \varphi_0 + \varphi_1 X_1 + \varphi_2 X_2 + \varphi_3 X_3 + e_2$$

其中，β_0、ε_0、φ_0 为常数项，$\beta_1 \sim \beta_3$、$\varepsilon_1 \sim \varepsilon_3$、$\varphi_1 \sim \varphi_3$ 为回归系数，$e_0 \sim e_2$ 为残差。

3. 高素质青年农民培训效果影响因素的实证分析

因变量的变化受到两个或两个以上因变量的影响，需要用多元线性回归分析。下面采用多元线性回归分析的方法来进一步研究参训者特征、培训设计和工作环境对培训效果的影响，结果如表 3-17 所示。

表 3-17　培训效果的模型摘要

R	R^2	调整后的 R^2	标准估算的错误	F	显著性
0.743	0.387	0.382	0.38 945	58.201	0.000

通过表 3-19 可以发现，参训者特征、培训设计、工作环境与培训效果构建的回归方程显著（$F=58.201$，$p=0.000<0.01$），通过了 F 检验，说明所选取的因变量心理素质、技术技能、管理技能和文化素质

对自变量参训者特征、培训设计和工作环境产生影响关系，方程整体具有显著性。而复相关系数 R 为 0.743，拟合优度 R^2 为 0.387，说明参训者特征、培训设计、工作环境与参训者的心理素质、技术技能、管理技能和文化素质的改变有较强的关系，有 38.7% 的拟合效果可以进行解释。

（1）心理素质影响因素分析。将能力、个性、参训动机、培训内容、培训教师、培训方式、培训支持力度、执行机会和培训氛围作为自变量，将心理素质作为因变量进行线性回归分析，结果如表 3-18 所示。

表 3-18　心理素质的影响因素

自变量	非标准化系数		标准化系数 Beta	t	显著性
	B	标准错误			
（常量）	4.028	0.314	—	2.78	0.000***
能力	0.045	0.032	0.235	2.656	0.021**
个性	0.023	0.062	0.452	0.459	0.023**
参训动机	0.046	0.064	0.354	1.127	0.223
培训内容	0.057	0.036	0.133	2.378	0.053*
培训教师	0.026	0.056	0.346	0.476	0.212
培训方式	0.036	0.046	0.355	1.231	0.567
培训支持力度	0.058	0.062	0.726	0.389	0.078*
执行机会	0.009	0.042	0.176	1.998	0.039**
培训氛围	0.011	0.032	0.390	0.112	0.041**

注：*、** 和 *** 分别表示在 10%、5% 和 1% 置信水平上显著。

由表 3-18 可知，能力的回归系数值为 0.235（$p=0.021<0.05$），说明能力对心理素质产生显著的正向影响；个性的回归系数值为 0.452（$p=0.023<0.05$），说明个性对心理素质产生显著的正向影响；参训动机的回归系数值为 0.354（$p=0.223>0.1$），说明参训动机对心理素质无显著影响；培训内容的回归系数值为 0.133（$p=0.053<0.1$），说明培训内容对心理素质产生正向影响；培训教师的回归系数值为 0.346

（$p=0.212>0.1$），说明培训教师对心理素质无显著影响；培训方式回归系数值为 0.355（$p=0.567>0.1$），说明培训方式对心理素质无显著影响；培训支持力度的回归系数值为 0.726（$p=0.078<0.1$），说明培训支持力度对心理素质产生正向影响；执行机会的回归系数值为 0.176（$p=0.039<0.05$），说明执行机会对心理素质产生显著的正向影响；培训氛围的回归系数值为 0.390（$p=0.041<0.05$），说明培训氛围对心理素质产生显著的正向影响。

综上分析可见，能力、个性、培训内容、培训支持力度、执行机会和培训氛围对心理素质产生显著的正向影响。说明参训者特征中的能力、个性对心理素质产生显著的正向影响，培训设计中的培训内容、培训支持力度对心理素质产生显著的正向影响，工作环境中的执行机会和培训氛围对心理素质产生显著的正向影响。据此，假设1、假设5、假设9成立。

（2）管理技能影响因素分析。将能力、个性、参训动机、培训内容、培训教师、培训方式、培训支持力度、执行机会和培训氛围作为自变量，将管理技能作为因变量进行线性回归分析，结果如表 3-19 所示。

表 3-19　管理技能的影响因素

自变量	非标准化系数		标准化系数 Beta	t	显著性
	B	标准错误			
（常量）	4.019	0.247	—	2.343	0.000***
能力	0.082	0.032	1.276	2.633	0.039**
个性	0.036	0.067	0.432	0.502	0.287
参训动机	0.056	0.060	0.354	1.076	0.289
培训内容	0.057	0.032	0.129	2.367	0.045**
培训教师	0.038	0.076	0.341	0.512	0.285
培训方式	0.078	0.047	0.354	1.145	0.675
培训支持力度	0.028	0.062	0.986	0.378	0.425

（续）

自变量	非标准化系数		标准化系数	t	显著性
	B	标准错误	Beta		
执行机会	0.005	0.039	0.194	2.218	0.427
培训氛围	0.031	0.037	0.590	0.078	0.353

注：* 、** 和 *** 分别表示在 10%、5% 和 1% 置信水平上显著。

由表 3-19 可知，能力的回归系数值为 1.276（$p=0.039<0.05$），说明能力对管理技能产生显著的正向影响；个性的回归系数值为 0.432（$p=0.287>0.1$），说明个性对管理技能无显著影响；参训动机的回归系数值为 0.354（$p=0.289>0.1$），说明参训动机对管理技能无显著影响；培训内容的回归系数值为 0.129（$p=0.045<0.05$），说明培训内容对管理技能产生显著的正向影响；培训教师的回归系数值为 0.341（$p=0.285>0.1$），说明培训教师对管理技能无显著影响；培训方式回归系数值为 0.354（$p=0.675>0.1$），说明培训方式对管理技能无显著影响；培训支持力度的回归系数值为 0.986（$p=0.425>0.1$），说明培训支持力度对管理技能无显著影响；执行机会的回归系数值为 0.194（$p=0.427>0.1$），说明执行机会对管理技能无显著影响；培训氛围的回归系数值为 0.590（$p=0.353>0.1$），表明培训氛围对管理技能无显著影响。

综上分析可见，能力、培训内容对管理技能产生显著的正向影响。说明参训者特征中的能力对管理技能产生显著的正向影响，培训设计中的培训内容对管理技能产生显著的正向影响。据此，假设 2、假设 6 成立。

（3）技术技能影响因素分析。将能力、参训动机、培训内容、培训教师、培训方式、培训支持力度、执行机会和培训氛围作为自变量，将技术技能作为因变量进行线性回归分析，结果如表 3-20 所示。

表 3-20　技术技能的影响因素

自变量	非标准化系数		标准化系数	t	显著性
	B	标准错误	Beta		
（常量）	4.166	0.245	—	2.147	0.000***
能力	0.089	0.034	0.168	2.633	0.039**
参训动机	0.071	0.064	0.078	1.089	0.281

（续）

自变量	非标准化系数		标准化系数 Beta	t	显著性
	B	标准错误			
培训内容	0.054	0.034	0.098	2.562	0.020**
培训教师	0.018	0.090	0.012	0.205	0.282
培训方式	0.061	0.052	0.074	1.206	0.232
培训支持力度	0.025	0.067	0.029	0.402	0.436
执行机会	0.003	0.043	0.004	2.621	0.037**
培训氛围	0.032	0.045	0.724	0.041	0.373

注：*、**和***分别表示在10%、5%和1%置信水平下显著。

由表 3-20 可知，能力的回归系数值为 0.168（$p=0.039<0.05$），说明能力对技术技能产生显著的正向影响；参训动机的回归系数值为 0.078（$p=0.281>0.1$），说明参训动机对技术技能无显著影响；培训内容的回归系数值为 0.098（$p=0.020<0.05$），说明培训内容对技术技能产生显著的正向影响；培训教师的回归系数值为 0.012（$p=0.282>0.1$），说明培训教师对技术技能无显著影响；培训方式回归系数值为 0.074（$p=0.232>0.1$），说明培训方式对技术技能无显著影响；培训支持力度的回归系数值为 0.029（$p=0.436>0.1$），说明培训支持力度对技术技能无显著影响；执行机会的回归系数值为 0.004（$p=0.037<0.05$），说明执行机会对技术技能产生显著的正向影响；培训氛围的回归系数值为 0.724（$p=0.373>0.1$），表明培训氛围对技术技能无显著影响。

综上分析可见，能力、培训内容和执行机会对技术技能产生显著的正向影响。说明参训者特征中的能力、培训设计中的培训内容、工作环境中的执行机会对技术技能产生显著的正向影响。据此，假设 3、假设 7、假设 11 成立。

（4）文化素质影响因素分析。将能力、参训动机、培训方式、培训支持力度、执行机会和培训氛围作为自变量，将文化素质作为因变量进行线性回归分析，结果如表 3-21 所示。

表 3 - 21　文化素质的影响因素

自变量	非标准化系数		标准化系数 Beta	t	显著性
	B	标准错误			
（常量）	4.001	0.314	—	10.147	0.000***
能力	0.005	0.045	0.007	2.135	0.022**
参训动机	0.005	0.043	0.007	0.112	0.912
培训方式	0.085	0.034	0.158	2.523	0.012**
培训支持力度	0.081	0.052	0.102	2.517	0.021**
执行机会	0.089	0.051	0.106	1.762	0.077*
培训氛围	0.045	0.040	0.067	1.089	0.276

注：*、** 和 *** 分别表示在 10%、5% 和 1% 置信水平上显著。

由表 3 - 21 可知，能力的回归系数值为 0.007（$p=0.022<0.05$），说明能力对文化素质产生显著的正向影响；参训动机的回归系数值为 0.007（$p=0.912>0.1$），说明参训动机对文化素质无显著影响；培训方式的回归系数值为 0.158（$p=0.012<0.05$），说明培训方式对文化素质产生显著的正向影响；培训支持力度的回归系数值为 0.102（$p=0.021<0.05$），说明培训支持力度对文化素质产生显著的正向影响；执行机会的回归系数值为 0.106（$p=0.077<0.1$），说明执行机会对文化素质产生正向影响；培训氛围的回归系数值为 0.067（$p=0.276>0.1$），表明培训氛围对文化素质无显著影响。

综上分析可见，能力、培训方式、培训支持力度和执行机会对文化素质产生显著的正向影响。说明参训者特征中的能力、培训设计中的培训方式和培训支持力度、工作环境中的执行机会对文化素质产生显著的正向影响。据此，假设 4、假设 8、假设 12 成立。

4. 研究结果分析

通过验证发现，在高素质青年农民心理素质的影响因素中，参训动机、培训教师和培训方式对其没有产生显著的正向影响；在管理技能的影响因素中，个性、参训动机、培训教师、培训方式、培训支持力度和培训氛围没有对其产生显著的正向影响；在技术技能的影响因素中，参训动机、培训教师、培训方式、培训支持力度和培训氛围没有对其产生显著的正向影响；在文化素质的影响因素中，参训动机和培训氛围没有对其产生显著的正向影响。同时在对技术技能影响因素进行回归分析时，个性这一因素被剔除；在对文化素质影响因素进行回归分析时，个性、培训内容和培训教师这 3 个因素被剔除。可能是由于变量的系数不显著，也可能是由于自变量间存在一定的共线性，所以在使用多自变量进行回归时，会自动剔除一些存在共线影响的自变量。

　　以上因素未能被验证，一定另有原因。一方面可能是由于个体的差异性较大，其个性、参训动机具有很大的不确定性；另一方面可能是培训设计的内容并不能适用于每一个参训农民，每个参训农民自身的素质不同，对培训内容的接受和理解程度不同；还可能是由于培训机构和组织者只是从自身的角度对培训环节进行设计，对参训者的需求未能考虑全面。

四、研究结论与对策建议

（一）研究结论

以辽宁省大连市、鞍山市、盘锦市和丹东市4个城市622份高素质青年农民有效问卷调查数据为研究基础，基于胜任素质理论和培训效果迁移理论建立高素质青年农民培训效果的评价及其影响因素的研究模型，运用回归分析找出培训效果的影响因素，最后得到以下结论。

研究发现，培训效果与高素质青年农民参训者特征、培训设计和工作环境之间均存在正向关系。具体为：在心理素质的影响因素中，参训者特征指标中的能力和个性、培训设计中的培训内容和培训支持力度、工作环境指标中的执行机会和培训氛围对其产生显著正向影响。在管理技能的影响因素中，参训者特征指标中的能力和培训设计指标中的培训内容对其产生显著正向影响。在技术技能的影响因素中，参训者特征指标中的能力、培训设计指标中的培训内容和工作环境指标中的执行机会对其产生显著正向影响。在文化素质的影响因素中，参训者特征指标中的能力、培训设计指标中的培训方式和培训支持力度、工作环境指标中的执行机会对其产生显著正影响。从分析中可以看出，在心理素质、管理技能、技术技能和文化素质4个因变量中，主要是能力、培训内容和执行机会这3个部分对其影响较大。

（二）对策建议

1. 加大对高素质青年农民管理技能的培训力度

通过对参训农民的培训效果进行评价，发现参训学员管理技能提升的效果并不理想，因此，要在培训设计环节加强对农民管理技能的培训。管理技能的提升需要政府加大人力和物力的投入，政府应增加管理技能培训教师的数量，提高管理技能培训教师的质量，加大一对一指导力度，让每一位农民真正掌握农业管理技能，而不只是简单参与。首先，在以市场为主体的大环境下，要让参训者明确农业未来发展走向，了解农产品从产到销全过程中市场所起的作用，熟悉流程，主动参与市场竞争，多渠道收集信息，合理判断并正确地预测农产品供给情况，降低农产品上市后出现的各种销售风险。其次，在以往的农业生产中，农民对于掌握金融方面知识的意识比较薄弱，对生产成本没有合理的控制且农业生产计划不明确。要通过对高素质青年农民进行系统培训，让其学习金融知识，学会控制成本。最后，在农业产业规模化、集约化不断扩大的情况下，要重点培养其协调生产与人力资源的管理能力，对从种植、培育、生产到销售的全过程要进行生产资料和人力资源的合理分工，从而提高其生产效率和资源利用率。

2. 强化高素质青年农民心理素质的培训支撑

在评价培训效果时得出培训对心理素质的提升较小，因此，要从多方面进行提升强化。本专题的心理素质包括学习的意愿与能力、自信心、职业意识与认同三个方面。首先，要提升参训者的学习意愿与能力。在培训期间，可通过定期举办答题等方式检测学员对培训内容的掌握程度，可建立奖励措施以提升学员学习的积极性，鼓励其主动学习。其次，可以搭建农民心理品质咨询平台，选拔具有心理学专业背景的人员作为心理咨询服务科室的志愿者，协助开展工作。农村要结合各类活动，将心理健康教育融入群众思想政治教育工作，提升农民的自信力与职业认同感。农民心理素质的提升是一个长期的过程，应以开展培训为契机，加强心理健康教育工作。

3. 制定更符合满足高素质青年农民需求的培训内容

通过调查发现，参与培训的高素质青年农民认为培训内容对其管理技能和技术技能提升方面的作用较大，因此，在培训内容设计上应加大投入力度。要想增强培训效果，需要进行前期调研，充分了解农民的实际需求，再对培训项目中的内容和方法进行设计，与农民需求相契合。同时可以进一步细化培训课程，如按照不同的文化程度、农业经营规模以及年收入等要素划分不同的班型，对不同的小班教授差异化的知识以满足不同层次学员的需求。对于文化基础较好、接受知识能力强的学员，开展深层次的内容培训，如经营管理能力、市场环境预测和分析能力、现代电子商务等课程。针对不同层次学员的需求因材施教，提高培训效果的有效性。还应加大对"示范工程"的宣传力度，除了利用报纸、电视报道等常规方式外，可以对参加过培训的优秀学员的成功经验和取得成果进行宣讲，使农民从取得成果的学员身上看到实际收入的增加，真实地看到培训效果，增强农民的从业信心，激发农民学习的热情，提高农民参与培训的积极性。

4. 加大政府对高素质青年农民培训的支持力度

通过对文化素质的影响因素分析可以看出，政府的培训支持力度对其具有显著影响。政府作为培训工程的组织者，在培训过程中起着举足轻重的作用，因此，政府应从各个方面加大对高素质青年农民素质培训的扶持力度。政府应为其提供相应的支撑平台，加大资金投入，从而提高高素质青年农民参与培训的意愿，促进其自身技能的提升，发展现代农业。在调研中，对培训支持力度进行测量，具体指标为"政府对培训投入的资金较多""目前政府对培训非常重视"。从这两个问题中发现，参加培训的学员对政府扶持力度认同度普遍偏低，说明在资金扶持力度上不足以满足农民学员的需要。并且农业生产不同于其他产业，具有周期长、收益慢、风险高等特点。这要求政府应为农民提供一定的资金和制度保障，从根本上解决农民面临的难题，加大农民培训力度，提升农民自身素质。

5. 注重高素质青年农民智能素质的培养

在 4 个因变量的影响因素中，能力指标对其影响均较为显著，由此可以看出个人能力在培训过程中的重要性。这里的能力具体细化为创造能力与迁移能力。目前，农民的劳动不再是简单的体力劳动，随着农业现代化步伐的加快，它已经成为一种兼具综合性和复杂性的劳动活动。这就要求当代农民需要具备一定的智能素质以适应劳动需求。因此在培训过程中，要努力培养农民的开拓创新精神和思维能力，引导其善于主动思考。只有这样，农民才能真正有效地发现和解决生产经营当中遇到的问题，将自身所学的技能和理论知识纳入个人素质结构当中，实现从理论到实践的顺利迁移，从而更好地促进心理素质、管理技能、技术技能和文化技能的提升。

专题报告四
农民社会资本对农业技术培训评价的影响研究

随着现代信息技术的快速发展，智慧农业已成为未来农业生产发展的必然趋势。对农户而言，掌握新的农业生产技术和管理技能，是促进农业经济发展的关键路径。农业技术培训在这一过程中扮演着重要角色，同时，配置并投入有效的社会资本，对实现乡村振兴战略和推动农业农村现代化具有重要意义。作为国内智慧农业应用的先行者，中化集团（成立于1950年，隶属于国务院国有资产监督管理委员会监管的重要国有骨干企业，是首批入围全球500强的中国企业之一）推出了MAP现代农业技术服务平台（Modern Agriculture Platform，简称MAP）。该平台以"科技创造美好农业"为使命，致力于推动农业服务的全方位转型。通过整合种子、植物营养、植物保护、农机、农业技术培训、金融、收获、加工等全流程服务，MAP平台形成了从生产到销售的闭环模式，搭建了"消费升级"与"专业生产"之间的桥梁，帮助农户增收、提升产业效益，并惠及消费者。MAP平台不仅通过其独特的社会资本提高了农户对农业技术培训的认可度，还通过智慧农业技术的应用显著提升了培训效果。因此，本专题就中化MAP农业技术培训评价进行深入研究，以期推动农民培训工作更好开展、提高农民的培训效果。通过对社会资本、农业技术培训评价的国内外相关研究进行梳理，对社会资本、农业技术培训和培训评价的概念作出界定，依据人力资本理论、成人学习理论以及CIPP评价模型，以参加中化MAP农业技术培训的农户为调研对象，采用随机抽样的方法向农户发放"问卷星"网络问卷，对回收到的1 611份有效问卷进行数据分析，实证研究社会资本对农业技术培训评价的影响。基于CIPP评价模型，并结合本研究实际特点，构建农业技术培训评价指标体系，包括背景评价、输入评价、过程评价和结果评价四个维度。依据社会资本理论，并结合本研究实际特点，将农业技术培训评价影响因素归纳为社会信任、社会网络、社会参与和互惠规范四个方面。在理论的基础上，提出研究假设，并运用 SPSS 中的回归分析，检验社会信任、社会网络、社会参与、互惠规范对农业技术培训评价的影响。

通过研究得出以下结论。第一，通过回归分析实证研究发现，农民的受教育程度对培训评价具有显著的负向影响，农户的家庭承包总耕地亩数对培训评价具有不显著的负向影响，农民的性别和年龄均对培训评价具有不显著的正向影响。第二，回归系数结果表明，社会信任、社会网络、社会参与及互惠规范都对农业技术培训评价有显著性的正向影响。对培训评价影响的显著性由高到低依次是社会信任、互惠规范、社会参与、社会网络。

一、理论基础与概念界定

(一) 理论基础

1. 社会资本理论

社会资本理论是由法国社会学家皮埃尔·布迪厄于 20 世纪 80 年代初最先提出的。社会资本是指某人因具备某种持久性的社会关系网络而具有的社会资源的总和，这种社会资源包括实际的和潜在的资源。某个人的社会资本量就是其社会资源的总和，它和关系网络中各成员自身拥有的文化、经济、信任等资本容量有着必然关联，还与关系网络的规模相关。可见，社会资本要通过保持有目的性的沟通、经营、协调才能得以维持和构建，并不是天然形成的关系。同时，皮埃尔·布迪厄将资本分为物质资本、人力资本和社会资本三种形式，其中社会资本区别于个人资本和物质资本。此后，社会资本成为经济学、管理学、社会学研究的焦点和热点。

罗伯特·帕特南（2001）也强调，社会资本是社会组织的重要特征，例如信任、规范和网络，它们能够推动协调的行动来提高社会的效率。农村社区社会组织本身具备社会资本的内在特征和属性，促使其能够成为建立农村社区信任、搭建合作框架、扩充社会资本的一种支撑力量，可以通过完善社会规范、建构社会网络等方式来实现农村社区社会资本的再建，进而推动农村经济发展和社会运行效能的稳步提升。

亚历山德罗·波茨（1995）则认为，社会资本是网络中的个人根据其成员身份在广泛的社会结构中获得潜在稀缺资源的能力。这种能力不是个人所有权，而是个人与其他人的关系中包含的资产，并嵌入社会资本中。马克·格兰诺维特（1985）进一步将嵌入分为合理嵌入和结构嵌入，合理嵌入是建立在互惠期望的基础上的。林南（1999）对社会资本理论进行了区分，他将社会资本理论定义为"嵌入社会结构中的一种资源，可以被有目的地调动或吸收到行为动力学中"。哈佛大学教授罗伯特·帕特南（2001）详细研究了意大利南北地区经济差距产生的原因。在这个时期，社会资本理论也成为交叉学科领域研究的纽带，引起了众多学者的关注。美国著名发展经济学家杰拉尔德·迈耶（2000）指出，社会资本的经济利益是社会成员的互动带来的，合作、协调、信任、互惠和人际网络被认为是调节人际交往和产生外部性的民间社会资本。除了学术界之外，世界银行也对社会资本理论产生了浓厚的兴趣。1997年世界银行举办的一次国际学术专题研讨会中，广泛邀请经济学、政治学以及社会学领域的专家学者就社会资本理论进行了跨学科的研讨，并出版了《社会资本：一个多角度的观点》论文集。世界银行还在2001年的《世界发展报告》中对社会资本在经济领域中的作用进行了详细的分析。

综上所述，社会资本中社会网络、社会信任、社会参与、互惠规范可以增进人与人之间的信任和互惠系统的形成，在知识的获取、知识的共享和知识的扩散过程中，加快农业技术知识扩散的速度，实现农民增产增收。本专题基于社会资本理论，选取社会信任、社会网络、社会参与、互惠规范作为自变量，采用多元回归分析方法，深入分析社会资本各因素对农业技术培训评价的影响。

2. 人力资本理论

西奥多·W. 舒尔茨在20世纪60年代发表的一系列重要文章，成为现代人力资本理论的奠基之作。他认为，人力资本是对人进行投资，通过教育、职业训练等方式在劳动者身上蓄积形成的知识、技能、健康等。之后他又提出了"人力资本投资"的概念。可以说舒尔茨建立起了系统的人力资本理论，因此他被称为"人力资本之父"。此后贝克尔（1979）基于舒尔茨的理论从微观分析的视角研究了人力资本投资与收入分配的关系。明塞尔（2001）则提出了人力资本收益模型，明确阐述两者之间的关系。

亚当·斯密在1776年提出劳动创造价值，但人的劳动能力会受到一些因素的影响，比如掌握的熟练程度、正确率的高低，均会影响所创造价值的高低。劳动创造了价值，劳动技能的熟练程度可以呈现出劳动力水平的高低。通过技能培训的方式来加强劳动力的熟练程度和提升效率，可以创造出更高的价值。亚当·斯密在1776年发表的《国富论》中提出，个人技能的提升可以作为社会进步的不竭之源，只有人的能力得到提升，才能促进社会的不断进步和发展。劳动力通过接受教育的方式，可以获取知识、能力、经验等的提升，教育是对于劳动力的一种有效的投资方式。总之，在经济学家的视野中，教育培训是人获取新的知识、增加技能、丰富经验的有效形式。

农民通过参与农业技术培训形成一定的知识、技能，符合人力资本对人进行投资的概念。本专题以人力资本理论为指导，提出农业技术培训是为了让教育投资最大限度地在农民身上得以实现，提升农民的整体素质，提高农民的经济收入，开阔农民的视野，更好地完成农业生产，提高农业生产率。

3. 成人学习理论

成人学习理论源于西方，以学者桑代克等人于1928年出版的《成人的学习》一书为标志。其中，美国成人教育学家马尔科姆·诺尔斯于1968年提出的成人学习理论最具代表性。该理论认为成人学习有五个方面的特征：一是学习有明确的需要；二是能够进行自我指导的学习；三是有丰富的经验，会对今后的学习产生影响；四是学习以问题和任务为中心，有明确的倾向；五是学习有一定的动机。马尔科姆·诺尔斯在1984年全面阐述了以成人学习者为中心、以自我导向学习为核心的成人学习理论。马尔科姆·诺尔斯认为，成人学习者在不论是否有他人帮助的条件下，都会确立自己的学习需求，树立相应的学习目标，寻找对学习有益的人力或物力资源，甚至对自我的学习成果进行自我反思与评价。和儿童学习者相比，成人学习者表现出更显著的主体性特征：成人有对自己学习整体过程进行规划的能力，在其他的教育行为和自我的规划设计产生冲突时，成人往往更倾向于自己所规划的学习方式；成人学习有着较明确的主要动机，有较强的学习主动性，有一种主动发起探索学习的态度，成人学习是自我思考可选择系统知识与自我创造知识理论的学习过程；成人在学习的过程中具有较高的情绪控制能力，能在学习中进行自我约束。

参与农业技术培训的学员基本是已经进入社会的群体，属于成人学习理论的研究对象。根据成人学习理论，成人学习者在学习中往往都有明确的学习目的。培训机构需要在培训内容上了解学习者的真正需求，按照农民的实际需求设计课程内容，并且在充分考虑农民的学习基础与学习能力的情况下进行授课。在成人学习理论的基础上构建本研究的某些变量体系，以便更好地对农业技术培训进行研究。关于农业技术培训评价的二级指标，课程设计、教材建设、培训模式创新、能力变化、知识应用、收入、生产效率等均是依据成人学习理论构建的。

（二）概念界定

1. 社会资本

社会资本是社会和资本的复合词。"资本"一词属于经济学范畴的概念，而"社会"一词属于社会学范畴的概念。因而，社会资本是一个社会学和经济学相互交叉的词汇。社会资本作为一个经济学术语，被经济学家率先提出，被理解为与个人资本相对应的一个纯粹经济学的概念。社会资本是一种软资本，从功能上看，它能提高社会行为的效率、激发持续行为的活力、促进社会的安定和谐、保障人们的幸福生活。

常桂祥和傅蓉（2021）指出，最早在学术意义上对社会资本进行研究的是皮埃尔·布迪厄。在他之后，科尔曼和帕特南等人对社会资本理论进行了深化研究，丰富和发展了社会资本理论，为学术界研究社会问题提供了新的视角和出路。斯蒂格利茨（2003）指出，社会资本是一个非常有用的概念，但社会资本也是一个非常复杂的概念，不同的观点导致其具有复杂性。皮埃尔·布迪厄（1997）从社会网络角度定义社会资本，社会资本的主要表现形式是社会网络，并且个人拥有的社会网络的规模对其获得的利益有一定程度的影响。更进一步，科尔曼（1999）提出，社会资本不仅是增加个人利益的手段，还在解决集体行动困境方面具有重要作用。此后，帕特南（2001）将社会资本引入公共政策领域，他指出，社会资本具有社会组织的信任、规范和公民参与网络等特征，这些特征主要通过促进合作行动而提高社会效率。

学者们对社会资本定义的侧重点有所不同，但总体来看，学者们在社会资本概念界定方面存在一些共识。第一，社会资本是一种具有社会结构性质的资源。它通过互惠、规范，降低信息交流成本，提高信任程度，以较低的成本促进集体价值的实现。第二，社会资本并不是一个孤立存在的概念，其内涵实质上是多个要素的结合体。基于以上分析，结合本专题的研究目的，将社会资本界定为：嵌入在农村社会结构中，以关系网络为基础，以关系网络成员长期交往互动产生的信任、参与、规范为约束，能对个体行为产生影响，促进个体间互惠合作的资源。

2. 农业技术培训

《中华人民共和国农业技术推广法》界定了农业技术的内涵：农业技术是指应用于种植业、林业、畜牧业、渔业的科研成果和实用技术，包括良种繁育、栽培、肥料施用和养殖技术，植物病虫害、动物疫病和其他有害生物防治技术，农产品收获、加工、包装、贮藏、运输技术等。

农业技术培训是指，为了满足种植者对生产技术的要求，以提高产量为主所采取的一种多样化的培训形式。因为农业技术培训的内容比较复杂，所以在培训工作中政府需要起带头作用，这样才能更好地提高农业技术培训的质量，让种植户学到更多的知识。旷浩源（2013）指出，农业技术培训是农业技术扩散的主要方式，将一项农业技术的新方面、新发明、新成果等从创新源头向周围散播，使广大农户和涉农企业采纳并使用。其根本目标是推动形成农业技术向农业产品转化的直接结果，实现商业化、产业化应用，增加农业经济效益。周荣（2015）指出，在"企业＋农户"经营模式中，农业技术培训的主体是具有更多技术优势的相关企业，而培训对象则是农户。企业向农户传授各种更先进与规范化的生产技术、管理技术或精加工技术，保证合作农户生产出的农产品的规模、效率与质量。对于企业而言，等同于技术推广过程，是企业将其掌握的先进技术向与其签约的农户进行技术传授、培训与指导的过程；对于农户而言，则是新技术的材质设计变化过程，是农户在品牌企业指导下选择和采用新技术进行农产品生产、制造和加工的过程。

本专题将农业技术培训界定为：中化 MAP 对服务站覆盖的农户进行的培训，以集成现代农业种植技术和智慧农业为手段，提供线上线下多种培训方式，全方位提升农户的竞争力和可持续发展能力。

3. 培训评价

20 世纪以来，学者们开始对培训评价进行研究，也更加重视培训评价背后的产生原因。刘永芳（2008）指出，彼得·德鲁克提出的目标管理这一概念，也被称作360反馈法，是指被考核者的上级、同级、下级等都对被考核者进行评价，再据此进行分析，找到长处和不足以提高最终的结果。雷蒙德（2001）认为，培训评价是指针对培训的目标，检验和考评培训结果。培训评价是对培训的整体进行评价的过程，其中包括对培训是否给企业的绩效带来改善和是否给个人带来提高。许可凡（2004）提出，在科学的管理模式中，评价承担着反馈机制这一角色，分析现状和目标间的差距所在，以降低被评估的对象和目标间的差距，提高培训工作的质量。萧鸣政（2005）以组织和个人两种角度来说明培训评估的有效性，个人角度是政治素质、知识和技能的全面提高，组织角度是组织利润增加、成本降低、市场占有率扩大。李丹（2006）认为，培训效果是参加培训学员通过培训所带来的一系列改变和成果，是学员在培训过程中获得的知识、能力和其他特性能够应用到工作中的程度。陈雁枫（2007）认为，培训评价是培训整个流程的最后一个重要环节，它既能对整个培训的实施进行总结，又可以结合培训评价的结果为以后的培训提供宝贵的参考。

基于以上认识并结合研究内容，将农业技术培训评价界定为：在农业技术培训完成后，运用科学全面的评价理论和方法，对培训整体进行测量与分析。通过对农业技术培训的评价，检验农业技术培训的有效性，提高农业技术培训的质量，促进农业技术培训更好开展。

二、研究模型与指标体系构建

(一) 研究模型

就社会资本、农业技术培训、农业技术培训评价以及社会资本对农业技术培训评价影响的相关文献进行归纳整理，根据人力资本理论、成人学习理论、CIPP 评价模型，构建农业技术培训评价变量。

CIPP 评价模型也被称作决策导向或者改良导向评价模型。斯塔弗尔比姆及其同事于 20 世纪 60 年代末 70 年代初提出了 CIPP 评价模型，"CIPP" 是由背景评价 (context evaluation)、输入评价 (input evaluation)、过程评价 (process evaluation) 和结果评价 (product evaluation) 四种评价的英文名称的首字母组成的缩略语。CIPP 评价模型将培训评价扩展到了整个培训过程。该模型的评价层级具体分析如下。

1. 背景评价

背景评价主要是在特定的环境下评估其需要、问题、资源和机会。其中，"需要" 主要包括那些为实现目的所必需的、有用的事物，"问题" 是指在满足需要时必须克服的障碍，"资源" 是指在本地可以获取的专家资源和提供的服务，"机会" 主要指满足需要和解决相关问题的时机。背景评价通过描述培训环境对培训目标做出诊断性评价，主要包括界定培训实施的环境或背景。本专题采用培训环境、课程设计、师资条件来对培训背景进行评价。

2. 输入评价

输入评价主要是评价培训相关资源，在搜集培训资源信息的基础上，评价现有培训资源以及判定培训计划方案利用资源的有效程度，分析是否需要外部资源帮助等问题。本专题采用教材建设来对培训的输入进行评价。

3. 过程评价

过程评价主要是在培训活动过程中，持续不断地跟进培训进度，对此给予同步监督与验证，及时反馈相关信息，为培训计划后续优化完善奠定基础。过程评价主要包括确认培训实施过程中的优缺点、提供培训方案的改进策略、记录发生的培训事件及活动、修正或重组培训过程、实施和完善培训方案、提供大量的过程记录等。本专题采用培训模式创新和教学评价来对培训过程进行评价。

4. 结果评价

结果评价主要是对学员的培训满意度、培训后应用培训所学技能到工作中的行为改善情况以及带来的绩效提升情况的分析与探讨，评价其是否能够到达既定目标，是对实际培训完成度的深入分析。结果评价主要包括了解培训方案是否满足既定的目标与需求，多角度地关注培训方案实施过程中产生的效果，评价结果的价值判断与经验总结分析，培训结束后各方收益情况比对分析等。本专题采用能力变化、知识应用、收入、生产效率来对培训结果进行评价。

（二）指标体系构建

1. 农业技术培训评价的变量选取

CIPP 评价模型突破了评价惯有的行为目标导向和总结性定位，重点突出培训评价的决策导向和形成性定位。CIPP 评价模型更好地融合改进形成性评价、证明总结性评价的角色和特点，贯穿于背景评价、输入评价、过程评价和成果评价要素中，以改进技能培训方案。它可以为决策者提供相对有用的信息，改进优化技能的培训学习。相比于其他评价模型，CIPP 评价模型更加重视形成性评价，但也未忽视诊断性评价与终结性评价的评价作用。CIPP 评价模型具有灵活使用、综合考量、及时反馈的特点，使得它的适用范围更加广泛，应用形式也更加灵活多样。评价的内容能根据行业需要在方案实施之前使用，也可以在方案实施中使用。

虽然 CIPP 评价模式由四个模块组成，但在评价对象时不必遵循整个过程。依据行业、受训者等不同情况，可根据培训的实际需要和评价人员的需求，采取一步到位、多措并举的方式，在培训前或培训后实施不同的评价方案。本专题在研究 CIPP 评价模式的基础上，将初始因变量的确定分为 4 个部分，然后对变量进行汇总。

（1）背景评价。根据 CIPP 评价模型及人力资本理论、成人学习理论，在背景评价中，需要了解培训的相关环境、培训对象受众的情况、培训对象的培训需求等。因此，在背景评价问卷的设计中，通过"您认为中化 MAP 农业技术培训为您提供的培训环境如何？"问题来了解中化 MAP 农业技术培训的环境，通过"您认为培训内容与工作是否相关？""您认为培训内容是您需要的吗？""您认为培训时间是否合理？"问题了解中化 MAP 农业技术培训的课程设计是否合理，通过"您认为农艺师专业吗？"问题来了解中化 MAP 农业技术培训的师资条件。以上问题类型均是单选题，分为 5 级量表，调查对象可以根据自己的实际情况，如实从 5 级量表中进行选择，让农户对各部分的内容做出客观评价。

以上变量具有密切的相关性，分别从中化 MAP 农业技术培训提供的培训环境、培训内容与工作的相关性、培训内容的必需性、培训时间的合理性、农艺师的专业性这几个维度来反映农户对中化 MAP 农业技术培训的背景评价。构建中化 MAP 农业技术培训的背景评价变量，包括培训环境、课程设计以及师资条件三个方面的测量变量，如表 4 - 1 所示。

表 4 - 1　背景评价的变量

一级变量	二级变量	三级变量
B 背景评价	B1 培训环境	B1 - 1 中化 MAP 农业技术培训提供的培训环境
	B2 课程设计	B2 - 1 培训内容与工作的相关性
		B2 - 2 培训内容的必需性
		B2 - 3 培训时间的合理性
	B3 师资条件	B3 - 1 农艺师的专业性

（2）输入评价。根据 CIPP 评价模型及人力资本理论、成人学习理论，应在输入评价中对培训资源和培训项目进行评价，以了解相关培训资源及其利用情况。由于教材建设是评价培训资源和培训项目的主要变量，因此在输入评价问卷的设计中，通过"您认为智农慧农 App 的田间秀适用吗？""您认为卫星遥感技术适用吗？""您认为示范农场的田间教学适用吗？"问题来了解中化 MAP 农业技术培训的教材建设情况。

以上变量根据课程内容的适用性、设备设施配备的适用性，反映农户对中化 MAP 农业技术培训的接受和认可态度，构建中化 MAP 农业技术培训的输入评价变量，包括教材建设这一个测量变量，如表 4-2 所示。

表 4-2　输入评价的变量

一级变量	二级变量	三级变量
C 输入评价	C1 教材建设	C1-1 智农慧农 App 田间秀的适用性
		C1-2 卫星遥感技术的适用性
		C1-3 示范农场田间教学的适用性

（3）过程评价。根据 CIPP 评价模型及人力资本理论、成人学习理论，在评价过程中对培训实施情况进行监测，及时收集培训项目信息，及时修订或完善培训项目执行过程。因此，在过程评价的问卷设计中，通过"您认为中化 MAP 的农业技术培训模式受众吗？"问题来了解中化 MAP 的农业技术培训模式创新，通过"您认为中化 MAP 农业技术培训对您有益吗？""您对培训整个流程的组织管理和后期跟踪服务是否满意？""您继续参加中化 MAP 农业技术培训的意愿？"问题来收集农户对中化 MAP 农业技术培训的过程评价情况。

以上变量根据培训模式的受众性、培训对农户的有益性、农户对培训管理和服务的满意度、培训的吸引率，来评价中化 MAP 农业技术培训的过程。设计出中化 MAP 农业技术培训的过程评价变量，包括培训模式创新和教学评价两个测量变量，如表 4-3 所示。

表 4-3　过程评价的变量

一级变量	二级变量	三级变量
D 过程评价	D1 培训模式创新	D1-1 中化 MAP 农业技术培训模式的受众性
	D2 教学评价	D2-1 中化 MAP 农业技术培训对农户的有益性
		D2-2 中化 MAP 农业技术培训管理和服务的满意度
		D2-3 中化 MAP 农业技术培训的吸引率

（4）结果评价。根据 CIPP 评价模型及人力资本理论、成人学习理论，在农业技术培训的结果评价中，应对农业技术培训的结果做出相应

的评价，来了解农户对农业技术培训结果的满意度。结果评价问卷设计中，通过"您认为培训所学知识和技能能应用吗？"问题来了解农户接受培训后的能力变化，通过"参加培训后，您认为农业工作中的问题能解决吗？"问题来了解农户对学习的培训知识的应用，通过"参加培训后，您农业生产工作中的实际利润能增加吗？"问题来了解农户参与培训后的收入变化，通过"参加培训后，您认为生产效率能提高吗？""参加培训后，您认为土地病虫害能下降吗？"问题来了解农户参与培训后的生产效率。

以上变量根据培训所学知识和技能的应用率、农业工作中问题的解决率、实际利润的增加值、生产效率的提高度、土地病虫害的下降率，构建中化 MAP 农业技术培训的结果评价变量，包括能力变化、知识应用、收入、生产效率四个测量变量，如表 4-4 所示。

表 4-4　结果评价的变量

一级变量	二级变量	三级变量
E 结果评价	E1 能力变化	E1-1 培训所学知识和技能的应用率
	E2 知识应用	E2-1 农业工作中问题的解决率
	E3 收入	E3-1 实际利润的增加值
	E4 生产效率	E4-1 生产效率的提高度
		E4-2 土地病虫害的下降率

（5）农户对中化 MAP 农业技术培训评价的量表。综合上述 4 个部分对农业技术培训评价的变量选取，最终得出农业技术培训评价的各项变量如表 4-5 所示。

表 4-5　中化 MAP 农业技术培训评价的变量

一级变量	二级变量	三级变量
B 背景评价	B1 培训环境	B1-1 中化 MAP 农业技术培训提供的培训环境
	B2 课程设计	B2-1 培训内容与工作的相关性
		B2-2 培训内容的必需性
		B2-3 培训时间的合理性
	B3 师资条件	B3-1 农艺师的专业性

（续）

一级变量	二级变量	三级变量
B 背景评价	B1 培训环境	B1-1 中化 MAP 农业技术培训提供的培训环境
C 输入评价	C1 教材建设	C1-1 智农慧农 APP 田间秀的适用性
		C1-2 卫星遥感技术的适用性
		C1-3 示范农场的田间教学适用性
D 过程评价	D1 培训模式创新	D1-1 中化 MAP 农业技术培训模式的受众性
	D2 教学评价	D2-1 中化 MAP 农业技术培训对农户的有益性
		D2-2 中化 MAP 农业技术培训管理和服务的满意度
		D2-3 中化 MAP 农业技术培训的吸引率
E 结果评价	E1 能力变化	E1-1 培训所学知识和技能的应用率
	E2 知识应用	E2-1 农业工作中问题的解决率
	E3 收入	E3-1 实际利润的增加值
	E4 生产效率	E4-1 生产效率的提高度
		E4-2 土地病虫害的下降率

2. 农业技术培训评价影响因素的变量选取

本专题提出的社会资本变量是在参考世界银行对多维度社会资本测量工具 A-SCAT（Social Capital Assess-ment Tools）的基础上，借鉴相关学者科学研究成果，并结合当地实际调研情况，基于社会资本理论的视角，从社会信任、社会网络、社会参与、互惠规范四个维度构建农户对辽宁省中化 MAP 农业技术培训评价影响因素的量表，各题项均采用李克特 5 级量表标明。

（1）社会信任。刘倩（2018）指出，由于社会资本的测量具有一定的复杂性和多样性，针对社会资本的测量变量也不具备普适性。科尔曼（1988）较早提出社会资本的测度应当体现地域性特征和行为独特性。此后许多学者认为，社会信任作为社会资本的一个重要部分，它植根于人们形成的社会网络，成为实现网络目标的重要环节，并从不同角度拓展了社会资本的测量维度，如克里希纳和拉尔夫·舒德尔（1999）建立了四个维度，将信任纳为其中的重要衡量变量。福山（1998）提出，社会资本是群体中各个成员根据社区组织中传统共享的一套非正式价值观念和互惠规范而全部汇聚在一起，在整个组织的全部成员中产生信任，从而促进合作行为。但关键在于，社会资本体现出的是网络成员之间超过个人界限而进入社区作用范围的朋友的信任，成员之间的这种信任使他们更容易参与合作行为。

因此，基于社会资本理论以及研究实际情况，在培训影响因素的设计中，通过"您相信在合作中中化 MAP 会遵守合作协议和承诺吗？"问题来了解农户对培训的制度信任，通过"您信任培训中的老师和学员吗？"问题来了解农户对培训的组织信任，通过"您相信培训会提高自身农业技术的能力吗？"问题来了解农户对培训的信任，通过"您信任您的亲朋友邻吗？"问题来了解农户的人际信任。

以上变量具有密切的相关性，分别从农户对中化 MAP 农业技术培训的制度信任、组织信任、培训信任以及农户自身的人际信任等维度来反映农户的社会信任，如表 4-6 所示。

表 4-6 社会信任的变量

一级变量	二级变量	三级变量
F 社会信任	F1 制度信任	F1-1 对中化遵守合作协议和承诺的信任度
	F2 组织信任	F2-1 对培训老师和学员的信任度
	F3 培训信任	F3-1 对培训会提高自身农业技术能力的信任度
	F4 人际信任	F4-1 对亲朋友邻的信任度

（2）社会网络。许多著名的学者认为，社会资本在本质上是一种社会网络利益关系。社会资源和资本是存在于人与人之间的，在社会关系网中资源的占比也是社会资本的表现形式。法国学者皮埃尔·布迪厄（1997）认为，社会资本实际上是个人所有的表面资源和潜在资源的集合体，这些资源与拥有一个熟悉、公认、制度化和持久性的关系网络密不可分，而且这些资源是集体中每个成员所拥有的。社会关系网络学说强调，社会成员构成了为成员提供资源的关系网络。可以看出，社会资本的重点是为具有特定资源的成员提供嵌入式链接。

因此，基于社会资本理论以及研究实际情况，在培训影响因素的设计中，通过"与您有来往的人多吗？"问题来了解农户的网络规模，通过"在有来往的人中您的亲朋好友多吗？"问题来了解农户的网络密度，通过"在有来往的人中培训认识的人多吗?"问题来了解农户的培训网络密度,通过"您与亲朋好友走动的次数多吗?"问题来了解农户的网络交互频率,通过"您与培训认识的人走动的次数多吗?"问题来了解农户的培训网络交互频率,通过"您与亲朋好友相处融洽吗?"问题来了解农户的网络融洽,通过"您与培训认识的人相处融洽吗?"问题来了解农户的培训网络融洽。

以上变量具有密切的相关性,分别从农户对中化 MAP 农业技术培训的网络规模、网络密度、培训网络密度、网络交互频率、培训网络交互频率、网络融洽以及培训网络融洽等维度来反映农户的社会网络,如表 4-7 所示。

表 4-7　社会网络的变量

一级变量	二级变量	三级变量
G 社会网络	G1 网络规模	G1-1 有来往的人占认识人的比例
	G2 网络密度	G2-1 亲朋好友占网络规模的比例
	G3 培训网络密度	G3-1 培训认识的人占网络规模的比例
	G4 网络交互频率	G4-1 与亲朋好友走动的频率
	G5 培训网络交互频率	G5-1 与培训认识的人走动的频率
	G6 网络融洽	G6-1 与亲朋好友相处的融洽度
	G7 培训网络融洽	G7-1 与培训认识的人相处的融洽度

(3) 社会参与。刘少宁(2019)认为,社会资本是指个体成员在相关组织中的社会网络或者农户在所处的社会结构中可以获得短缺资源的能力。科尔曼(1990)认为,社会资本主要包括三个维度:社会参与、社会信任和社会网络。陆迁(2012)进一步指出,社会参与是获得社会资本的先决条件,社会网络是社会参与的结果,也是社会资本以拥有和使用关系网资源的形式关注的焦点。艾力山德罗·波茨(2000)认为,获得资源的能力不是个体成员固有的,而是嵌入每个人与其他人关系之间的资产,社会资本是嵌入的成果。其理念是,现有结构为行为体"互惠的预期"和"可强制执行的信任",以便它们能够通过"合理嵌入"或"结构性嵌入"获得某种成员资格,从而具有获取稀缺资源的

潜力。这种嵌入是一种社会参与，将不同的成员带入群体结构。

因此，基于社会资本理论以及研究实际情况，在培训影响因素的设计中，通过"在培训中，您会经常主动询问信息吗？（包括 App）"问题来了解农户参与培训的主动性，通过"您参与培训的次数多吗？（包括 App）"问题来了解农户参与培训的频率，通过"遇到困难时，亲朋好友愿意帮忙吗？"问题来了解农户的互助行为，通过"遇到困难时，培训认识的人愿意帮忙吗？"问题来了解农户在培训中的互助行为。

以上变量具有密切的相关性，分别从农户对中化 MAP 农业技术培训的参与主动性、参与频率、互助行为以及培训互助行为等维度来反映农户的社会参与，如表 4-8 所示。

表 4-8　社会参与的变量

一级变量	二级变量	三级变量
H 社会参与	H1 参与主动性	H1-1 培训中询问信息的主动性
	H2 参与频率	H2-1 参与培训的频率
	H3 互助行为	H3-1 遇到困难亲朋好友的互助态度
	H4 培训互助行为	H4-1 遇到困难培训认识人的互助态度

（4）互惠规范。罗伯特·帕特南（2001）则认为："普遍的互惠是一种高度生产性的社会资本。遵循普遍互惠准则的共同体可以更有效地抑制投机和解决集体问题。"互惠规范不是通过强有力的配套制度的约束实现的，社会化的公民教育使其内化为社会互惠规范指导，实现自我长远利益与团结互助的统一。

因此，基于社会资本理论以及研究实际情况，在培训影响因素的设计中，通过"您认为中化的培训制度规范吗？"问题来了解培训制度的互惠规范性，通过"您认为中化 MAP 农业技术培训的管理制度规范吗？"问题来了解培训管理制度的互惠规范性，通过"您喜欢中化 MAP 农业技术培训的氛围吗？（包括 App）"问题来了解农户的在培训中的社会归属感。

以上变量具有密切的相关性，分别从农户对中化 MAP 农业技术培训的培训制度、培训管理制度以及农户的社会归属感等维度来反映农户的互惠规范，如表4-9所示。

表4-9 互惠规范的变量

一级变量	二级变量	三级变量
I 互惠规范	I1 培训制度 I2 培训管理制度 I3 社会归属感	I1-1 培训制度的互惠规范性 I2-1 培训管理制度的互惠规范性 I3-1 对培训氛围的喜欢程度

（5）农业技术培训评价影响因素的量表。基于社会资本理论以及研究实际情况，综合上述4个部分的社会资本对农业技术培训影响的变量，最终得出各项自变量如表4-10所示。

表4-10 农业技术培训评价影响因素变量

一级变量	二级变量	三级变量
F 社会信任	F1 制度信任	F1-1 对中化遵守合作协议和承诺的信任度
	F2 组织信任	F2-1 对培训老师和学员的信任度
	F3 培训信任	F3-1 对培训会提高自身农业技术能力的信任度
	F4 人际信任	F4-1 对亲朋友邻的信任度
G 社会网络	G1 网络规模	G1-1 有来往的人占认识人的比例
	G2 网络密度	G2-1 亲朋好友占网络规模的比例
	G3 培训网络密度	G3-1 培训认识的人占网络规模的比例
	G4 网络交互频率	G4-1 与亲朋好友走动的频率
	G5 培训网络交互频率	G5-1 与培训认识的人走动的频率
	G6 网络融洽	G6-1 与亲朋好友相处的融洽度
	G7 培训网络融洽	G7-1 与培训认识的人相处的融洽度
H 社会参与	H1 参与主动性	H1-1 培训中询问信息的主动性
	H2 参与频率	H2-1 参与培训的频率
	H3 互助行为	H3-1 遇到困难亲朋好友互助态度
	H4 培训互助行为	H4-1 遇到困难培训认识的人互助态度

（续）

一级变量	二级变量	三级变量
I 互惠规范	I1 培训制度	I1-1 培训制度的互惠规范性
	I2 培训管理制度	I2-1 培训管理制度的互惠规范性
	I3 社会归属感	I3-1 对培训氛围的喜欢程度

三、农民社会资本对农业技术培训评价影响的实证研究

（一）数据来源

中化 MAP 是现代农业技术服务项目，所提供的农业培训均为农业技术培训，为本研究提供了有力支撑。本研究主要是为了研究社会资本对中化 MAP 农业技术培训评价的影响，分为农户对中化 MAP 农业技术培训的评价和社会资本对评价结果的影响两部分，研究对象为接受农业技术培训的农户。调研范围选在辽宁省，对辽宁省覆盖的 26 个中化 MAP 服务站所接触的农户进行问卷调研。在 2022 年 2 月期间进行正式调研，共发放问卷 1 642 份，回收问卷 1 642 份，有效问卷 1 611 份，问卷有效率为 98.11%。调研的地区包括沈阳市、鞍山市、抚顺市、丹东市、盘锦市、铁岭市、营口市、阜新市。

（二）描述性统计分析与问卷分析

1. 样本基本特征描述

1 611 份样本的个人基本信息分析如下。

（1）性别。从性别结构来看，男性有 1 516 人，占比为 94.11%；女性有 95 人，占比为 5.89%。男性的数量远高于女性，男女数量之比接近 15∶1，男女数量占比相差较大，如表 4-11 所示。

表 4-11　性别

性别	频数/人	比例/%
男性	1 516	94.11
女性	95	5.89
总计	1 611	100.00

（2）年龄。根据《中华人民共和国劳动法》第 58 条第 2 款规定，

未成年工是指年满 16 周岁未满 18 周岁的劳动者。这表明，年满 18 周岁的劳动者达到了订立劳动合同的条件；年满 16 周岁不满 18 周岁的劳动者，依照《中华人民共和国劳动合同法》的有关规定及劳动合同的约定，在劳动合同约定的权利义务关系不违背有关法律法规的前提下可以订立劳动合同。不满 16 周岁的未成年人不得订立劳动合同，其不属于劳动者之列。而农村劳动力是指年龄在 16 周岁以上，能够从事农业劳动或家庭副业劳动的劳动力。

在实地调研中，有少许 16～18 岁的农民在完成九年义务教育后选择从事农业生产工作。因此，将农民年龄划分为以下四个阶段，被调查者的年龄分布如下：16～30 岁有 132 人，占比为 8.19％；31～45 岁有 477 人，占比为 29.59％；46～60 岁有 969 人，占比为 60.17％；61 岁及以上有 33 人，占比为 2.05％。可知，被调查农民年龄主要在 46～60 岁，农村劳动力的老龄化趋势较为严重，从事农业工作的年轻人较少，如表 4-12 所示。

表 4-12　年龄

年龄	频数/人	比例/%
16～30 岁	132	8.19
31～45 岁	477	29.59
46～60 岁	969	60.17
61 岁及以上	33	2.05
总计	1 611	100.00

（3）受教育程度。从农民的受教育程度来看，被调查者的受教育程度分布如下：小学及以下学历的农民有 81 人，占比为 5.03％；初中学历的农民有 999 人，占比为 62.01％；高中、中专及技校学历的农民有 290 人，占比为 18.00％；大专学历的农民有 161 人，占比为 9.99％；本科及以上学历的农民有 80 人，占比为 4.97％。由表 4-13 可知，调研的农民中受教育程度为初中层次的人数最多，为 999 人，占比为 62.01％。由此可见，目前从事农业生产工作的农民基本上完成了九年义务教育。占比较多的是高中、中专及技校这一层次的农民，有 290

人，占比为 18.00%。说明随着农村教育的普及，农民的受教育程度在不断提升。但是受教育程度在本科及以上这个层次的人数还比较少，只有 80 人，占比不到 5%。

表 4 - 13　受教育程度

受教育程度	频数/人	比例/%
小学及以下	81	5.03
初中	999	62.01
高中、中专及技校	290	18.00
大专	161	9.99
本科及以上	80	4.97
总计	1 611	100.00

（4）家庭承包总耕地亩数。张新光（2011）指出，在政府部门的测算中，承包耕地在 50 亩及以下的弹性区间内均可被称为"小农户"。50 亩及以下属于小农户，50 亩以上属于家庭农场，且 50～300 亩属于小型家庭农场，300～600 亩属于中型家庭农场，600 亩以上属于大规模农场。

因此，将家庭承包总耕地亩数划分为五个阶段。关于家庭承包总耕种亩数，最多的为 5 000 亩，最少的为 3 亩。家庭承包总耕地亩数为 50 亩及以下的有 544 人，占比为 33.75%；家庭承包总耕地亩数为 50～100 亩（不含 50 亩）的有 577 人，占比为 35.79%；家庭承包总耕地亩数为 100～300 亩（不含 100 亩）的有 298 人，占比为 18.49%；家庭承包总耕地亩数为 300～600 亩（不含 300 亩）的有 53 人，占比为 3.29%；家庭承包总耕地亩数为 600 亩以上（不含 600 亩）的有 140 人，占比为 8.68%。可以看出，接受培训的有一部分属于小农户，占比 33.75%；50～300 亩的比例最大，这部分属于小型家庭农场，并以 50～100 亩为多数，属于中型家庭农场的仅占 3.29%，大规模农场的占比为 8.68%，如表 4 - 14 所示。

（5）参与中化 MAP 农业技术培训的原因。在吸引参与中化 MAP农业技术培训的原因中，84.42% 的人选择了"有专门的农艺师"，70.83% 的人选择了"App 上能看天气和土地"，56.52% 的人选择了"示

表 4 - 14　家庭承包总耕地亩数

家庭承包总耕地亩数	频数/人	比例/%
50 亩及以下	544	33.75
50～100 亩（不含 50 亩）	577	35.79
100～300 亩（不含 100 亩）	298	18.49
300～600 亩（不含 300 亩）	53	3.29
600 亩以上（不含 600 亩）	140	8.68
总计	1 611	100.00

范农场的田间教学"，44.01％的人选择了"App 上的田间秀"。在其他选项中有人填写了"后期服务""与中化 MAP 合作之后的金融贷款"等。因为此选项为多选项且可填空，所以可见农民参与中化 MAP 农业技术培训最主要的原因是有专门的农艺师、App 上能看天气和土地、示范农场的田间教学，而 App 上的田间秀以及中化 MAP 的后期服务和金融贷款也吸引了少部分农民，如表 4 - 15 所示。

表 4 - 15　参与中化 MAP 农业技术培训的原因

原因	频数/人	比例/%
有专门的农艺师	1 360	84.42
App 上能看天气和土地	1 141	70.83
示范农场的田间教学	911	56.52
App 上的田间秀	709	44.01

2. 社会资本

（1）社会信任。大部分农民对于制度信任、组织信任、人际信任呈现出相信和非常相信的态度，人数为 1 247 人，占比近 80％；对于培训信任呈现出不相信的农民较多，有 467 人，占比为 28.99％；非常不相信的为 48 人，占比为 2.98％。如表 4 - 16 所示。

（2）社会网络。被调研农民的网络规模、网络密度、网络交互频率、网络融洽、培训网络融洽非常强，认为多和非常多的人数约为 1 100 人，占比约为 75％。而培训网络密度较弱，认为少和非常少的分别为 467 人、48 人，占比分别为 28.99％、2.97％，占比合计约 30％。培训网络交互频率较弱，认为少和非常少的分别为 193 人、338 人，占比分别为 11.98％、20.98％，合计约 30％（表 4-17）。

表 4-16　社会信任

选项	制度信任		组织信任		培训信任		人际信任	
	频数/人	比例/%	频数/人	比例/%	频数/人	比例/%	频数/人	比例/%
非常不相信	15	0.93	0	0.00	48	2.98	33	2.05
不相信	15	0.93	97	6.02	467	28.99	164	10.18
一般	334	20.73	290	18.00	226	14.03	115	7.14
相信	319	19.80	354	21.97	419	26.01	624	38.73
非常相信	928	57.60	870	54.01	451	27.99	675	41.90
总计	1 611	100.00	1 611	100.00	1 611	100.00	1 611	100.00

表 4-17　社会网络

选项	网络规模		网络密度		培训网络密度		网络交互频率		培训网络交互频率		网络融洽		培训网络融洽	
	频数/人	比例/%	频数/人	比例/%	频数/人	比例/%	频数/人	比例/%	频数/人	比例/%	频数/人	比例/%	频数/人	比例/%
非常少	15	0.93	0	0.00	48	2.97	32	1.99	338	20.98	15	0.93	16	0.99
少	31	1.93	97	6.02	467	28.99	164	10.18	193	11.98	15	0.93	48	2.98
一般	334	20.73	290	18.00	226	14.03	115	7.14	209	12.97	29	1.80	306	18.99
多	319	19.80	354	21.98	419	26.01	624	38.73	372	23.09	632	39.23	612	37.99
非常多	912	56.61	870	54.00	451	28.00	676	41.96	499	30.97	920	57.11	629	39.04
总计	1 611	100.00	1 611	100.00	1 611	100.00	1 611	100.00	1 611	100.00	1 611	100.00	1 611	100.00

　　（3）社会参与。被调研农民的参与主动性、参与频率、互助行为、培训互助行为均较强，认为多和非常多的约有 1 100 人，占比约为 75％（表 4-18）。

　　（4）互惠规范。被调研农民培训制度、管理制度、社会归属感均较强，认为好和非常好的人数约 1 400 人，占比约为 89%（表 4-19）。

表 4-18 社会参与

选项	参与主动性		参与频率		互助行为		培训互助行为	
	频数/人	比例/%	频数/人	比例/%	频数/人	比例/%	频数/人	比例/%
非常少	48	2.98	47	2.92	0	0.00	48	2.98
少	81	5.03	271	16.82	32	1.99	113	7.01
一般	290	18.00	303	18.81	113	7.01	371	23.03
多	483	29.98	752	46.68	1 273	79.02	870	54.00
非常多	709	44.01	238	14.77	193	11.98	209	12.97
总计	1 611	100.00	1 611	100.00	1 611	100.00	1 611	100.00

表 4-19 互惠规范

选项	培训制度		管理制度		社会归属感	
	频数/人	比例/%	频数/人	比例/%	频数/人	比例/%
非常差	0	0.00	0	0.00	0	0.00
差	0	0.00	0	0.00	0	0.00
一般	174	10.80	171	10.60	184	11.41
好	692	42.96	736	45.67	692	42.98
非常好	745	46.24	704	43.73	735	45.61
总计	1 611	100.00	1 611	100.00	1 611	100.00

3. 问卷信度与效度分析

（1）信度分析。调查问卷数据的可靠性能够反映研究数据的可信程度、数据的稳定性和一致性，量表的信度系数越高表明测量所产生的误差越小，反之，量表的信度系数越低则表明测量所产生的误差越大。用 Cronbach's α 系数测试调研问卷的内在可靠性程度。Cronbach's α 系数数值从 0 到 1.0 不等，数值越高说明调研问卷的可靠性越高，反之亦然。当 Cronbach's α 系数大于 0.8 或在 0.7～0.8 时，数据的可靠性非常高，数据的信度在可接受的范围内；当 Cronbach's α 系数低于 0.7

时，应重新考虑对调查表进行改进。本研究的数据量表信度系数在 0.8 以上，说明本研究所设计的量表具有很高的可信性，问卷具有较好的信度，测量结果是可靠的，如表 4-20 所示。

表 4-20　Cronbach 信度分析—简化格式

项数	样本量	*Cronbach's α* 系数
35	1 611	0.881

（2）效度分析。效度检验是对问卷数据有效性的检验。效度检验通常采用结构效度，即采用探索性因子分析的方法，从测量变量体系中找出共同的因素来测量量表的结构。利用 KMO 和 Bartlett 球形检验来验证数据，并检验问卷结果对因子分析的适用性。具体检验结果如表 4-21 所示。

表 4-21　KMO 和 Bartlett 检验

KMO 取样适切性量数		0.950
Bartlett 球形检验	近似卡方	10 990.915
	自由度	528
	显著性	0.000

从表 4-21 可以得知，本研究问卷的 *KMO* 值为 0.950，大于 0.7；且 Bartlett 球形检验的显著水平为 0.000，小于 0.01，表明问卷的数据适合进行因子分析（通过 KMO 和 Bartlett 球形检验确定各实测变量之间的相关性，适合进行因子分析）。

（三）实证分析

1. 研究假设

（1）社会信任对农业技术培训评价的影响。罗伯特·帕特南（2001）指出了公民信任对合作行为的内在作用机理，公民间越信任，合作行为越有可能达成。本研究考察的是农户在培训中接触到的社会信任的各方面，主要从制度信任、组织信任、培训信任和人际信任四个维度来对培训评价进行考量。社会信任是很重要的一个变量，对培训中的各方面充满信任可以提升培训的效果，使培训事半功倍，使农户对培训的评价更高。反之，农户对培训中的制度、组织、人际都不信任，会大大降低培训的效果。

故提出假设 1：社会信任对农业技术培训评价有正向影响。

（2）社会网络对农业技术培训评价的影响。皮埃尔·布迪厄（1997）认为，社会资本是实际或潜在资源的集合，这些资源与拥有一个熟悉、公认、制度化、持久性的关系网络紧密相关，而且这些资源是集体中每个成员所拥有的。社会关系网络学说强调，社会组织成员构成了为组织内成员提供资源的关系网络。如果农户在培训社会网络中的规模、密度频率、融洽度都很强，那么参与的培训更有价值，对培训的评价也会更高。反之，社会网络在培训中较弱，那么对于培训的评价也会偏低。

故提出假设 2：社会网络对农业技术培训评价有正向影响。

（3）社会参与对农业技术培训评价的影响。Burts（2000）对社会资本的定义是"个人通过其成员资格在网络或更广泛的社会结构中获得短缺资源的能力"。他认为，社会参与会使不同的成员全面融入整个组织中。农户的社会参与度越高，对培训的参与就会越积极，对于培训的评价也就越高。反之，农户在培训中的社会参与度越低，就越不愿意参加培训，对于培训的评价也就越低。

故提出假设 3：社会参与对农业技术培训评价有正向影响。

（4）互惠规范对农业技术培训评价的影响。罗伯特·帕特南（2001）认为："普遍的互惠规范是一种高度生产性的社会资本。遵循普遍互惠准则的共同体可以更有效地抑制投机和解决集体问题。"互惠规范不是通过制度来约束的，一个培训中的互惠规范越强，农户对培训的评价就会越高。反之，就会越低。

故提出假设 4：互惠规范对农业技术培训评价有正向影响。

2. 社会资本对农业技术培训评价的实证分析

（1）相关性分析。利用相关分析去研究 Y（即农户对中化 MAP 农业技术培训的评价）和社会信任、社会网络、社会参与、互惠规范之间的相关关系，采用 Pearson 相关系数来表示各变量之间相关关系的强弱情况，如表 4 - 22 所示。

表 4 - 22　Pearson 相关分析

变量	平均值	标准差	Y	社会信任	社会网络	社会参与	互惠规范
Y	4.244	0.552	1				
社会信任	4.437	0.488	0.638	1			
社会网络	3.995	0.561	0.570	0.572	1		
社会参与	3.822	0.540	0.457	0.493	0.494	1	
互惠规范	4.360	0.656	0.284	0.267	0.259	0.199	1

　　具体分析可知：Y（即农户对中化 MAP 农业技术培训的评价）与社会信任、社会网络、社会参与、互惠规范之间均呈现出显著性，相关系数值分别是 0.638、0.570、0.457、0.284，并且相关系数值均大于 0，意味着 Y 与社会信任、社会网络、社会参与、互惠规范之间存在正相关关系。

　　（2）模型构建。选取农户对中化 MAP 农业技术培训的评价作为因变量 Y，社会信任、社会网络、社会参与、互惠规范分别为自变量 X_1、X_2、X_3、X_4，构建多元回归模型：

$$Y = \beta_0 + \beta_1 X_1 + \beta_2 X_2 + \beta_3 X_3 + \beta_4 X_4 + e$$

在上式中，β_0 为常数，$\beta_1 \sim \beta_4$ 为回归系数，e 为该模型的残差。

　　（3）多元回归分析。通过前文的相关性分析可知，社会信任、社会网络、社会参与、互惠规范与农户对中化 MAP 农业技术培训的评价之间存在相关性，下面采用多元回归分析进一步探讨社会信任、社会网络、社会参与、互惠规范与农户对中化 MAP 农业技术培训评价的影响关系，结果如表 4 - 23 所示。

表 4 - 23　多元回归分析结果（$N = 1\,611$）

变量	培训评价	培训评价	背景评价	输入评价	过程评价	结果评价
社会资本	0.471*** (22.208)					

（续）

变量	培训评价	培训评价	背景评价	输入评价	过程评价	结果评价
社会信任		3.685***	1.521***	0.427***	0.687***	1.051***
		(17.110)	(13.969)	(12.588)	(6.572)	(12.187)
社会网络		0.113***	0.070***	0.005	0.038***	0.001
		(4.114)	(4.998)	(1.233)	(2.817)	(0.068)
社会参与		0.702***	0.120**	0.092***	0.273***	0.217***
		(7.268)	(2.466)	(6.032)	(5.817)	(5.620)
互惠规范		0.724***	0.187***	0.050***	0.324***	0.163***
		(10.758)	(5.508)	(4.676)	(9.922)	(6.056)
受教育程度	−0.037***	−0.028***	−0.013***	−0.001**	−0.007***	−0.007***
	(−11.397)	(−9.521)	(−8.784)	(−2.459)	(−4.829)	(−5.877)
家庭承包总耕地亩数	−0.001	−0.002	−0.000	−0.000	−0.001*	0.000
	(−0.557)	(−0.876)	(−0.143)	(−0.265)	(−1.665)	(0.115)
性别	0.004	−0.002	0.003	−0.005***	0.004	−0.003
	(0.317)	(−0.133)	(0.579)	(−2.878)	(0.695)	(−0.771)
年龄	0.005	0.006*	0.002	0.000	0.004**	0.000
	(1.236)	(1.647)	(1.012)	(0.664)	(2.095)	(0.036)
常数项	0.513***	0.283***	0.079***	0.039***	0.061***	0.104***
	(17.921)	(9.992)	(5.519)	(8.732)	(4.457)	(9.155)
N	1 611	1 611	1 611	1 611	1 611	1 611
R^2	0.387	0.513	0.378	0.275	0.269	0.296
调节 R^2	0.384	0.510	0.374	0.270	0.264	0.291

注：*、**、*** 分别表示在10%、5%和1%置信水平上显著。

从表4-23可知，将农户个人基本信息中的性别、年龄、受教育程度、家庭承包总耕地亩数作为控制变量，将社会信任、社会网络、社会参与、互惠规范作为自变量，将农户对中化 MAP 农业技术培训的评价作为因变量进行多元回归分析。可以看出，模型 R^2 值为 0.513，说明社会信任、社会网络、社会参与、互惠规范可以解释农户对中化 MAP 农业技术培训的变化原因，模型整体的估计效果较好。社会资本对培训评价的回归系数值为 0.471，通过 1% 的置信水平检验，表明社会资本对培训评价有显著的正向影响，农户社会资本越强，农户对农业技术培训评价越高；自变量中的社会信任、社会网络、社会参与以及互惠规范对培训评价的回归系数值分别是 3.685、0.113、0.702、0.724，均通过 1%的置信水平检验，表明均对培训评价有显著的正向影响，自变量中对农业技术培训评价的影响程度从高到低依次是社会信任、互惠规范、社会参与、社会网络。从社会资本对培训评价的影响结果来看，农户受教育程度、家庭承包总耕地亩数对培训评价的回归系数值分别为 −0.037、−0.001，农民受教育程度的回归系数值通过 1%的置信水平检验，表明农民的受教育程度对培训评价具有显著的负向影响，农民受教育程度越高，农民对农业技术培训的要求越严格，评价越低；农户家庭承包总耕地亩数对培训评价具有不显著的负向影响，表明农户家庭承包总耕地亩数越多，对农业技术培训的评价越低，但影响并不显著。农民的性别和年龄对培训评价的回归系数值分别为 0.004 和 0.005，表明农民的性别和年龄对培训评价具有不显著的正向影响，农民年龄越大，农民对农业技术培训评价越高。

四、研究结论与对策建议

(一) 研究结论

1. 农民个人基本信息对农业技术培训评价的影响

通过对接受辽宁省中化 MAP 农业技术培训的农民进行随机抽样，发现参与农业技术培训的男性远高于女性，高达 94.11%。年龄以 46～60 岁居多，其次是 31～45 岁的年龄段。农民的受教育程度一般是初中水平，其次是高中、中专及技校，极少有本科以上。家庭承包总耕地亩数在 50～100 亩地的农民居多，其次是 50 亩及以下。在参与中化 MAP 农业技术培训的原因中，"有专门的农艺师"对农户的吸引力最大，其次是 "App 上能看天气和地" "示范农场的田间教学" "App 上的田间秀" 对农户也有一定的吸引力，"中化 MAP 的后期服务" "与中化 MAP 合作之后的金融贷款"也是另外吸引农户参与培训不可忽略的原因。通过实证研究发现，农民的受教育程度对培训评价具有显著的负向影响，农民的家庭承包总耕地亩数对培训评价具有不显著的负向影响，农民的性别和年龄均对培训评价具有不显著的正向影响。

2. 社会资本对农业技术培训评价的影响

通过回归分析实证研究，证明了研究假设，即社会资本的 4 个变量对中化 MAP 农业技术培训评价均有显著的正向影响。社会信任对中化 MAP 农业技术培训评价的影响第一显著，第二显著的是互惠规范，第三显著的是社会参与，第四显著的则是社会网络。

(二) 对策建议

1. 改进农业技术培训

(1) 创新农业技术培训的培训环境。除了单一的线下教室培训外，可以增加田间教学这种直观教学方式，进行手把手教学，从而提高农户的积极性，提高农业技术的学习效率。企业也可以利用互联网建立专门的微信公众号，在公众号上设置农业技术的专项版块，便于农户学习农业技术，促进农业技术的扩散，从而推进农业现代化发展。

（2）调整农业技术培训的课程设置。随时向当地农户了解培训所需的农业技术知识、农业生产中出现的问题、现代化农业设备的使用情况等，调整课程设置。培训教师应根据农户需要学习的农业技术知识来调整培训内容，应及时、有效地解决农户生产中的问题。

（3）有针对性地完善农业技术培训的课程内容。针对农民关注的生产效率、收入及知识应用完善课程内容，鼓励农民善于将所学知识和技能运用到农业生产中，并倡导农民持续参与培训，不断更新知识、提升技能。对于农业技术培训时间和方式的安排应该根据时节以及气候变化来设置，为农民提供方便。

2. 提升农户的社会资本

（1）提高农户的社会信任。培训机构可以利用农业技术人员或示范农场来提高农户的信任。农业技术人员可以在经济条件较好、文化水平较高的农村地区培训乡村能人，起到扩散和带动作用。乡村能人对农业技术的评价较高，他们愿意接受新事物，能承担采用新技术的风险。他们善于与农业技术人员沟通，掌握所需的农业技能。此外，他们还具有较强的信息收集和处理能力，可以从其他地方获得补充信息，以提高新技术的成功概率。这些乡村能人掌握了新技术后，农业技术人员可以指导他们对其他农民进行培训。乡村能人与邻里之间沟通更为方便，沟通方式更加多样化，农业技术培训的效果会更好。

同时，企业应该建立与农户之间的信任度。在企业与农户合作之前，需要签订规范的协议，以合同的形式明确双方的权利和义务，以保护企业与农户的双重利益，避免农户因企业的信用问题而带来的风险。应该由政府或官方权威部门作为第三方代表农户利益，帮助农户与企业签订规范的合同，对企业行为进行监督管理。这样即使企业不守信，政府也可以配合企业，维护农户根本利益。对于故意不履行现有合同的企业，应给予严厉处罚。总之，政府应负责处理企业与农民之间的各种信用问题，确保合同的稳定性，维护企业的声誉和农民的利益，做到公平、互利、规范和制度化。此外，政府还应该为农户提供转移信贷风险的其他合法方式，如购买农业合作保险等。应根据不同情况和条件，制定科学、合理、有效的激励方案，使企业和农户愿意推进协同知识创新，加快农业产业化的进程。

（2）拓展农户的社会网络。"企业＋农户"农业技术培训中对农户知识共享行为的载体是农户社会关系网络。加强农户社会网络建设，可以从以下几个方面入手。在农村营造开放的文化环境，向农户介绍最新的农业信息技术知识。引导农户注重对农业现代化信息技术的学习，进一步引导农户参与到各机构的合作发展中。建立农村的自我组织和经营秩序，使互惠规范、制度化内在秩序引导组织中农户之间的合作与竞争，使农户之间紧密相连，使农户的社会网络关系更加高效率。在农村社区，建立正式和非正式的人际关系社会网络，利用邻居、亲戚、同事之间的关系，建立快速的信息传播渠道，提高信息和技术知识的传播效率。通过现代化技术搭建线上交流平台，构建和加强乡村间农户社会网络关系，形成互助型合作关系，提高农户在与企业等培训组织机构合作中的竞争优势，维护农户的整体利益。

（3）提高农户社会参与度。在农业技术培训中，对农户采取相对灵活的激励机制，让农户通过农业现代化信息技术的对接、与农业技术的合作等方式获得相应的效益，提高农户的积极性和参与度。培训机构和政府可以为农户参与培训提供相应的软硬件条件。加强农业生产技术的宣传和农业现代化信息技术体系的建设，让农户可以及时获得最新的农业技术信息、及时的农业市场信息、相关的农业合作信息等。提供农业技术培训的培训机构也可以通过加强现代化信息平台，对农户进行农业技术知识和技能的教学，采取多样化的培训形式，提高农户参与培训的积极性。

（4）加强农户的互惠规范。社会资本在提高农业技术需求方面发挥着广泛的作用，但随着市场化的深入，农村传统社会资本正在加速衰落。要大力倡导正直、乐于助人、尊老爱幼等农村优秀传统美德。鼓励农民建立集体组织，让他们学会信任组织中的规章制度，充分行使公民的权利和义务。政府还可以在农民和各级农业技术推广机构之间建立沟通平台，使农业技术更好地满足农民的需求，使农民更容易掌握农业技术，从而提高农业技术推广的效率。培训机构可以利用智慧农业，结合自身优势，为农民设计不同类型、不同方式的农业技术培训课程，提高农民的学习兴趣。根据公司管理经验，制定相应的农业技术培训管理制度和培训制度。

专题报告五
农民胜任力素质评价及农民培训模式选择策略研究

　　推进智慧农业的发展能够促进农业现代化转型，在国家的发展战略中具有重要位置。智慧农业技术装备服务的实际应用者的自身素质、知识技能掌握能力、学习能力等形成了门槛效应，需要智慧农业技术装备服务的实际应用群体提升整体素质以及知识水平，才能够切实稳妥推进智慧农业发展。综合来看，智慧农业的推广和发展面临诸多的障碍，核心的因素还是农民群体的知识文化水平、思维方式、素质能力等个体因素。促进农民实现自身发展和推进智慧农业的发展都需要提升素质能力，而农民素质能力提升的前提是明确其发展目标。因此，本专题基于智慧农业视角，结合农民教育培训的特点，对智慧农业、传统农民、高素质农民、胜任力素质和农民培训模式选择的概念作出界定，并根据人力资本理论、胜任素质理论、马斯洛需求层次理论和农业踏板理论，为智慧农业背景下农民胜任力素质评价及构建智慧农业背景下农民培训模式选择策略的总体思路、基本原则奠定理论基础。在知网文献库中搜索筛选智慧农业、农民素质相关文献 1 285 篇，结合胜任素质理论和需求层次理论，构建包含心理素质、科技素质、经营管理素质、文化素质 4 个一级指标、16 个二级指标及 35 个三级指标的智慧农业背景下农民胜任力素质评价体系。按照培训农民数量的百分比对各省份发放问卷，对全国农民胜任力素质情况进行问卷调查，运用网络层次分析法（ANP）邀请专家对指标进行打分，获取指标权重，构建农民胜任力素质评价指标权重体系，并根据调研结果进行评价。

　　评价结果显示，当前智慧农业背景下生产经营型农民的胜任力素质综合得分为 2.978 1 分，属于基本胜任，基本能够满足智慧农业发展的需要，但依然存在较大的发展空间。进一步分析评价结果，还发现当下农民的思维意识需要转变，应继续加强农民职业教育；农民各方面的素质发展不均衡，需要开展更有针对性的职业教育；各地区的农业要素特征不同，也会影响农民培训模式的选择。按照培训的方式和内容的区别对智慧农业背景下现有的农民培训模式进行分类，将其归为"三类九型"，并对每种农民培训模式的内涵进行分析。"三类"分别为技术合作推广类、院校定点培育类和线上平台培育类。其中，技术合作推广类包括典型示范型培训模式、农技服务模式、"公司＋农户"的合作培训模式三种，院校定点培育类包括"学校＋企业"的订单培养模式、"职业院校＋合作社＋农户"模式、"培训专家＋农户"的一对一培训模式三种，线上平台培育类包括电视、网络等媒体培训模式以及网络平台培训模式、数字化在线培训模式三种。从模式内涵、培训目标、培训主体、培训对象、培训内容、重点培训素质类别、模式优点和模式缺点等方面对三类农民培训模式加以比较。分析智慧农业背景下农民培训模式选择的影响因素，按照地区经济因素、胜任力素质提升需要分别构建农民培训模式的选择方案，最终形成智慧农业背景下农民培训模式选择基本策略。

一、理论基础与概念界定

（一）理论基础

1. 人力资本理论

人力资本的概念最早由经济学家亚当·斯密在 18 世纪提出。他在 1776 年的著作《国富论》中指出，教育和技能等因素可以增加劳动者的生产能力，从而提升他们的经济价值和社会财富。尽管亚当·斯密最早提出了人力资本的基本概念，但该理论在 20 世纪被西奥多·舒尔茨和加里·贝克尔系统化和广泛推广。1960 年舒尔茨在其论文《人力资本投资》中首先提出人力资本理论，并对经济发展动力做出了全新解释。舒尔茨长期从事农业经济的研究，发现在美国农业产量迅速增长的背后存在新的经济要素，传统的经济学认为土地、劳动力或资本存量的增加才是经济发展的源泉，而他发现人的技能与知识的提高同样能够带来经济的增长。在经济增长的同时工人工资也在大幅度增长，但其中增长的原因并未得到合理的解释，舒尔茨把这一点归功于对人力资源的投入。因此，舒尔茨在 20 世纪 60 年代就正式提出了人力资本理论，认为人力资本对于经济发展的贡献要比物质资本的贡献更大。贝克尔在1962 年对其作了更深入的解释，认为它是一个人的质量和能力的具体化的资本，并且与工人的健康状况、工时等因素有关。菲德尔·卡斯特罗（2016）等认为，人力资本投资能够补足不同地区之间的教育不平等，进而降低收入差距。黑兹尔·西拉瓦特（2019）研究印度人力资本与收入不平等之间的关系，指出增加人力资本投资是减少普遍存在的收入不平等的一个主要因素，平均受教育年限的提高可以促进更加平等的收入分配。

国内学者对人力资本也进行了一定的研究。周坤（1997）对人力资本进行了进一步的阐释和细分，人力资本可以划分为不同的层级，初级人力资本以劳动者的体力、经验、技能为主，高级人力资本以劳动者的才能、潜力为主。李涛（2004）构建了人力资本投资的"钻石模型"来对人力资本进行类别划分，划分出劳动力迁移、教育、培训、科研开发、医疗卫生保健和社会保障六个方面的要素投资。陈斌开（2010）从人力资本视角研究政府教育投入与中国城乡收入差距之间的关系，指出教育水平差异是中国城乡收入差距最重要的影响因素，其贡献程度达到34.69%，足以看出人力资本投资的重要性。张桂文、孙亚南（2014）划分了人力资本要素的投资方式，将人力资本分为教育人力资本、科研人力资本、在职培训人力资本、卫生保健人力资本、迁移流动人力资本。周金燕（2015）对人力资本内涵进行梳理分析，指出人力资本所提升的能力既包括与生产能力十分相关的认知能力，还包括有价值并可投资的非认知能力。张静、高珂、路文成（2020）通过对全国各省份人力资本、人力资本投资、人均 GDP 等面板数据的分析，得出人力资本投资对人均 GDP 具有显著正向的推进作用，人力资本可以显著促进地区经济发展并提高创新水平。尹志超、刘泰星（2020）指出，收入差距扩大导致农民面临更大的流动性约束，从而降低了农民增加人力资本投资的意愿，进而抑制了农民创业。建议政府应加大对农民的资金支持力度，并加强农民培训。

　　根据舒尔茨的人力资本理论，解释农业产量增长的要素中，土地要素和物质资本的质量是很重要的，但农民的人力资本质量也很重要，农民使用的技术和接受的教育才是真正提高农业生产效率的首要因素。随着农业向智慧农业发展阶段转型以及乡村振兴等国家战略的推行，高素质农民、农业院校的农业人才等人员的重要性不断凸显，甚至成为多方面发展的主力军。近年来，随着社会经济的发展，科技手段的提升，农业领域整体经济体量不断发展，但是农民的收入水平仍有待提高。现行制度下，土地、资金等生产要素配置对生产效率的提升到达瓶颈期。在智慧农业的发展战略下，提升农业从业者的人力资本水平是必要举措，农民职业教育则是最直观和最有效的手段。国家长期重视农民职业教育，大力推进农民培训的制度建设和资金投入，取得了丰硕的成果，但目前面对智慧农业的大背景，其自身添加了信息要素、知识要素等新的生产要素，由此农民职业教育的内容和方式需要发生相应的变化。农民作为智慧农业发展的主力军，承担着智慧农业技术推广使用及生产经验积累反哺科技创新的责任，由此需要加大对农民的培训力度和扩大培训规模，为智慧农业的发展提供足够的人才支撑。

　　本专题结合舒尔茨的人力资本理论分析智慧农业大背景下对农民的人力资源进行投资的必要性及现实意义，构建研究基础。农民培训作为一种人力资本投资，能够整体性地促进农民素质的提高，也能够针对性地重点提升某些方面的素质，如提升其文化水平、技能水平等。对农民进行人力资本投资能够显著提高农村资源配置效率，提高农业领域生产率，对农民各方面素质能力提升产生正面影响，更有助于智慧农业的推广，让农民与时代紧密联系、共同成长，对促进"三农"领域发展和国家整体经济稳步增长具有非常重要的意义。

2. 胜任素质理论

　　胜任素质的概念由大卫·麦克利兰于1973年首次提出。他在论文《测量胜任力而非智力》中指出，传统的智力测试无法有效预测个体的工作绩效，而应关注能够驱动优异表现的内在素质，即胜任力。麦克利兰（1973）将胜任素质定义为：特质，动机，自我概念，社会角色，态度，价值观，知识，技能。这些可以被准确地衡量，并且能够将优秀的人从普通的人中区别出来。其基本特点包括：人的综合素质，与工作绩效高度相关，通过行为体现出来，具有持续性和可预测性。20 世纪 50 年代初著名的心理学家、哈佛大学教授麦克利兰最先提出胜任素质的应用。1981 年理查德·鲍伊兹扩展了胜任素质的研究方面，提出关于企业中经理人角色胜任素质的因素。1989 年麦克利兰总结人们在日常生活和行为中所表现出来的知识与技能、社会角色、自我概念、特质和动机等特点，构建企业任职者的胜任素质模型。此后胜任力素质被广泛应用于各方面的人力资源管理实践中，如政府职员的筛选与考核、企业人才的培养发掘等。在国内胜任素质理论的相关研究相对较少，主要集中于企业、职业院校、医疗单位的人力资源管理方面的研究。在农民培训领域应用较少，主要集中在各类人员胜任力素质内涵的研究和模型的构建，并且学术界尚未形成权威的统一定论。

冯桂林（2003）提出了农民素质的概念，认为农民素质是一个综合指标，它包括已有的知识、能力和观念。农民的文化素质、科技素质、政治素质、思想道德素质以及现代意识等是农民素质的根本内容。辛贤、毛学峰、罗万纯（2005）对农民素质进行研究，选定身体、教育和科技三个维度，构建现代农民素质评价体系，并进行了农民素质区域差异性的评价。夏永祥（2006）指出，农民素质水平是农业农村发展的关键因素，提高中国农民素质对中国经济和社会可持续发展具有重要的现实意义。王乐杰、沈蕾（2014）运用层次分析法，从基本素质、经营能力、职业认同、生态素养四个维度，对城市视野中的农民素质进行了测量，并建立了与之对应的农民素质模型。尚锐（2015）对高素质农民的胜任力素质与传统农民进行了区分，从 27 个农民素质维度中筛选出 16 个高素质农民的胜任力素质。贾亚娟、宁泽逵、杨天荣（2017）整合了胜任素质指标与农民素质指标，构建了包括文化教育、经营管理、科技素质、法律素质、思想道德品质五个维度的胜任力素质农民培育体系。陈春霞（2020）分析了生产经营型高素质农民的胜任力素质构成，选取了思维、创新、市场等 17 项要素。陈春霞（2021）通过扎根理论与探究性分析构建高素质农民胜任力素质的模型框架，将其分为元素质、过程性素质、整体化设计素质三个维度。孙悦民（2022）提出了乡村产业振兴带头人概念，基于冰山模型理论从知识维度、技能维度、精神品质维度与意识思维维度构建了乡村产业振兴带头人的素质指标体系。

国内学者对农民的素质及胜任力素质的维度划分具有一定的差别，但各维度所包含的具体胜任力素质指标较为接近。本专题借鉴相当学者的研究经验，运用层次分析法，结合智慧农业背景，将农民胜任力素质划分为心理素质、科技素质、生产经营素质、文化素质四个维度，各维度下包含较为全面的农民胜任力素质的公共指标，如学习能力、创新能力、农业知识、服务意识、风险意识、法律意识等。

3. 马斯洛需求层次理论

亚伯拉罕·马斯洛是美国人本主义心理学的奠基人，个性理论专家，比较心理学家。1943 年马斯洛在论文《人类动机理论》中提出"需要层次理论"。这一理论的基础有三点：第一，人类必须存在，其需求可以影响其行动，只有未被满足的需求才具有激励作用，而已被满足的需求不能作为一种激励手段；第二，人类的需求按其重要程度和层次划分，从基础（例如食品和房屋）到复杂（自给自足）；第三，只有在较低层次需求得到满足后，人们才会追求更高层次的需求，这种内在动力促使人们不断前进。马斯洛将需求划分为生理需要、安全需要、归属和爱需要、尊重需要、认知需要、审美需要、自我实现需要、超越需要。马斯洛需求层次理论作为行为科学研究的一个主要内容，在实践中被广泛地运用到以管理为主导的各个方面。在教育领域，需求层次理论为人的发展和成长提供了研究的理论框架。在农民培训方面，基于需求层次理论，要求教育培训从多个需求层次考察培训参与者的实际需求情况，如经济收入水平、社会身份地位、风险的偏好及承受能力、价值感与意义感、个人成长提升的需求、生活品质的追求、新知识新技能的学习需要等。在培养高素质农民的过程中融入现代农业发展的趋势及发展需求，从农业发展及农业从业者自身发展等多个方面，制定培训的内容、形式、目标以及培训人员的选拔考核机制等。如此才能切实做好培训，满足不同层次、不同类别的农业从业者的成长需要，助力智慧农业的推广与发展。

当前马斯洛需求层次理论获得了广泛的应用，被应用于人的职业发展规划、组织的成长、人力资本的提升等方面。在农民培训领域，可以将农民参与培训进而获得学历文化程度的提升、技能水平的提升、通识类素质的提升归结为个体素质的提升，农民个体素质的提升和生产经营的规律可以与马斯洛需求层次理论相对应。首先，农业从业者最开始从事农业大多是为了获得收入、改善生活水平，对应马斯洛需求层次理论中的生存的需要。当生产和经营逐渐熟练，掌握一定的市场规律和运行规则后，才能够获得稳定的收入，对应需求层次理论中安全的需要。其次，当农业从业者开始正式进入市场时，就必然会需要和同行业从业者进行信息和经验的交流，对应需求层次理论中社交的需要。再次，当自身的产业或者生产规模逐渐发展到一定规模，农业从业者会逐渐形成自身在市场和产业领域中的个人定位，对所从事的行业领域产生自信并希望实现更进一步的发展，对应需求层次理论中自尊和尊重的需要。最后，当农业从业者自身可以从体力和事务的劳动中脱离出来，拥有更多的个人时间和精力时，就会开始关注周围的环境、关注生产经营的质量、关注产品的品牌建设，思考从事生产领域的价值和意义，开始产生价值和文化的追求，注重自身的生活品质和幸福感，对应需求层次理论中自我实现的需要。

现实生活中农业从业者需求的产生和实际的生产经营阶段并不会完全对应，更多还是取决于个体的认知和评价标准，但马斯洛需求层次理论指出了农业从业者的成长和发展规律。当前中国经济快速发展，已经全面建成小康社会，正在逐步解决人民日益增长的美好生活需要和不平衡不充分的发展之间的矛盾。在智慧农业背景下，这个时代不再单纯依赖个人的体力劳动，信息技术将逐步解放农业从业者的体力投入，使其拥有更多的时间和精力在非劳动方面，而这一进展的前提是推广智慧农业的技术手段和智慧装备，让农业从业者的生产经营阶段和个体素质能力逐步提升，走向追求个人价值和意义的阶段。这就需要相应的职业教育体系来支撑。农民培训是一个综合性的事业，能够解决现实中的诸多问题，为智慧农业的发展提供人才支撑，同时能从基础层面打实"三农"队伍建设的底子，促进农业水平的提升。

本专题结合马斯洛需求层次理论分析智慧农业背景下农民自身成长发展的需要以及需要层面的新变化。在评价胜任力素质时，结合马斯洛需求层次理论进行评价指标的设计，从更加全面的角度评价智慧农业背景下农民胜任力素质水平。

4. 农业踏板理论

科克伦（1958）首先提出了农业踏板理论，他认为，一般情况下，风险偏好者会首先采取具有更高回报潜力的新技术，并通过新技术生产出来的产品来获得额外的利润。因此，超额收益会吸引大量追随者，这既会加快技术创新的传播，也会使得企业的生产供给急剧上升，还会使得超额收益迅速降低。最终，由于新技术自身所产生的超额收益在产品价格下跌至同类型产品中的平均数后会逐渐减少，促使农民转移到其他新技术上。农业踏板理论实质上是农民应用技术并进行升级的过程，每个阶段都代表了农民在技术采用中的不同位置。农民对新技术的接受也会有一个过程：在新技术出现时，大部分的农民会保持着观望的态度，并不是所有的人都会认同和采纳这项技术；当技术变得成熟，早期采用者因使用新技术而获得收益，这一成功经验促使更多农民开始采纳该技术；最终，这种技术就会变得落后，所有的传统技术都会被淘汰，而那些落后的制造者则会被迫去使用这种技术，直至这种技术被另外一种技术所替代。在技术创新和推广的循环中，农民的技术水平得到了持续的提升。因此，在按照农业踏板理论对农民进行技能培训的过程中，农业技能培训会在无形中迫使农民通过对技术进行创新，让技术持续更新，从而极大地提高农民的生产水平。智慧农业下新的数字智慧技术及装备的应用推广对应着农业踏板理论的技术技能的采纳过程，进入信息时代，信息要素、数字要素逐渐与农业领域结合便产生了智慧农业，数字赋能农业生产，智慧数据平台采集信息服务农业生产、智慧装备减少和替代人的体力劳动、智慧农业打通农业全产业链促进信息要素流通，农业从业者会逐渐感受到新技术、新装备带来的生产效率的提高和经济效益的改善。但是在中国以小农为主的国情下，智慧农业技术的应用和推广由于自身的前期投入大、收益周期长、技术能力要求高等特点而存在较大困难，农民培训便是衔接智慧农业技术装备的使用与农民生产经营和个体素质技能水平提升的桥梁。通过培训，农民能够提升自身素质和技能水平，并且农民本身能够起到新技术、新手段的带动宣传作用，更好地促进新技术新手段的传播，加快我国农业领域技术装备的升级换代，促进我国农业发展水平朝农业 4.0 阶段不断迈进。

本专题结合农业踏板理论分析智慧农业这种新的生产方式及农业发展阶段给农民自身的技术能力提升、生产经营方式带来的影响，分析随着农民素质能力提升需求的变化给农民培训带来的变化，并为农民培训模式选择体系构建提供了一定的方向指导。

（二）概念界定

1. 智慧农业

智能农业是指以农业信息感知、定量决策、智慧控制、精准投入和个性化服务为基础，在农业全要素、全过程、全生命周期数字化与互联化的基础上，形成以农业信息感知、定量决策、智慧控制、精准投入和个性化服务为技术特征的现代农业产业形态。这是一种新的农业生产模式，它是由数字化向网络化再向智慧化发展的一种先进的农业生产模式。

本专题将智慧农业界定为：以农业信息感知、定量决策、智慧控制、精准投入和个性化服务为基础，打通农业全产业链，实现农业数字化转型的农业。其是高新技术发展的产物，是一种新的农业生产方式，是农业信息化发展从数字化到网络化再到智慧化的高级阶段。

2. 传统农民

沃尔夫（1966）认为，在乡村中出生、长大并具有乡村户籍的人是一种传统的农民群体。它是区别于市民身份的一种群体，是指为了满足最低的生活保障而从事农业生产的一部分人，是在经营、科技知识和资金投入等能力上没有任何要求的一类人。因此，本专题将传统农民界定为：传统农民只是一种身份定义，而不是一种职业类别。他们有着小农思维，他们的生产生活方式是以小农生产和自给自足为主要内容的。

3. 高素质农民

《中国共产党农村工作条例》指出要"培养一支有文化、懂技术、善经营、会管理的高素质农民队伍"。在 2020 年中央 1 号文件和 2021 年中央 1 号文件中，着重指出了要加强对农业生产要素的整合，加强对农业生产要素的优化配置，提高农业生产要素的质量。在 2021 年发布的《关于加快推进乡村人才振兴的意见》中，明确指出要培养高素质农民队伍。吕莉敏（2022）认为，高素质农民反映了不同时期的时代要求和农民的职业素养、身份地位和社会阶层等方面的差异，是对农民群体的新划分。姜莉莉（2021）、晁建立（2020）、丁刘慧子（2021）对高素质农民的内涵进行了研究，总体概括为有文化、有技术、会管理、善经营、爱农民、爱农村、爱农业、能创新、有担当、有体魄等特征，认为高素质农民是新时代的新产物。

本专题将高素质农民界定为：从事现代农业生产的所有类别的农民。一方面，智慧农业是一种农业发展阶段，所有的农民都身处其中，智慧农业的推广发展、技术装备的传播使用与所有农业从业人员相关；另一方面，智慧农业背景下农民的胜任力素质具有新的时代背景和研究视角。

4. 胜任力素质

胜任力素质指在某一特定的业务环境下，在某一特定的职位上所需要的知识、技能和行为。它是一个人能够胜任某项工作或职责的基本要素，也是评价一个人在工作中表现的重要指标。麦克利兰（1973）相信，能力是指能够可靠地衡量优秀员工和普通员工之间的特质、动机、自我概念、社会角色、态度、价值观、知识、技能等。

在智慧农业的生产方式及时代背景下，本专题将胜任力素质界定为：能够更好地满足自身发展需要和促进智慧农业发展所需具备的心理、科技、经营管理、文化等方面的知识、技能、意识、特质、价值观等。

5. 农民培训模式选择

《现代汉语词典》第 7 版中所述的"模式"，是指某种事物的标准形式或使人们可以照着做的标准样式。模式在我们的日常生活中是非常普遍的，如生存模式、行为模式、结构模式、进化模式、教育模式等。模式作为一种名词，在各个学科中有着不同的含义。模式的基本含义包括：模式是一种解决某种问题的方法，模式是一种从理论上总结出的解决问题的方法，模式是一种能让人模仿的标准。农民培训模式是指，在特定的社会背景下，根据当地经济、资源、文化的特点，制定出符合当地经济、资源、文化特征的训练程序和训练方法的规范风格和理论体系。

农民培训模式是一个系统的概念，它主要由培训目的、培训目标、培训主体、培训客体、培训层次、培训内容、培训规则、培训评价、培训效果保障等因素组成。农民培养方式的生成，实质上就是农民培养方式中各因素的优化组合。培训目的是指为什么要培训农民。培训目标是指要培训什么样的农民。培训主体是指负责培训的实施机构和培训实施人员、培训管理人员、培训教师等。培训客体又称培训对象，是指在培训过程中接受培训的农民。培训层次是指培训属于哪一层次，比如农业基础教育、高等农业教育、成人继续教育以及专业培训。培训内容具体包括培训方式、培训程序和培训管理等。培训规则是指为了达到培训目标，规范培训过程中参与者的行为和态度而制定的一系列要求。培训评价是指通过系统地收集信息，对为了实现培训目标而开展的知识、能力和素质的内容展开分析和价值判断，它具有评价、监督和导向的作用。培训效果保障是指保证培训目标实现所必须配套的法律、法规、政策和措施体系，它在农民培训活动中是一个不可或缺的重要环节。

农民培训模式选择是指，在农村地区，为了提高农民的技能和知识水平，选择适合的培训模式，通过不同的培训方式和方法，帮助农民掌握新的农业技术和管理知识，提高农业生产效益和农民的生活水平的过程。农民培训模式选择，包括培训内容的选择、培训方式的选择、培训对象的选择、培训时间的选择等方面。通过科学合理的农民培训模式选择，可以有效地提高农民的技能和知识水平，促进农业现代化和农村经济发展。

本专题将农民培训模式选择界定为：在农村地区，通过选择适合的培训方式和方法，帮助农民掌握新的农业技术和管理知识，提高农业生产效益和农民的生活水平的过程。

二、研究模型与指标体系构建

（一）研究模型

常用的评价方法有模糊综合评判法、层次分析法（AHP）、网络层次分析法（ANP）、熵值法等。在智慧农业的环境下，农户的能力是一个多指标、多水平的复杂网络，各个水平之间存在着相互作用。因此，ANP 是主要的研究方法。ANP 是由萨蒂（1996）首先提出的，它是一种具有不独立的分层结构的决策方法，它把系统中各个要素之间的联系用一种相似的网络结构来描述，在这个网络结构中，各种层级之间可能存在着互相制约的作用，如图 5-1 所示。与 AHP 相比，ANP 能够更为准确地描述客观事物之间的联系，故 ANP 在实际中应用更为广泛。

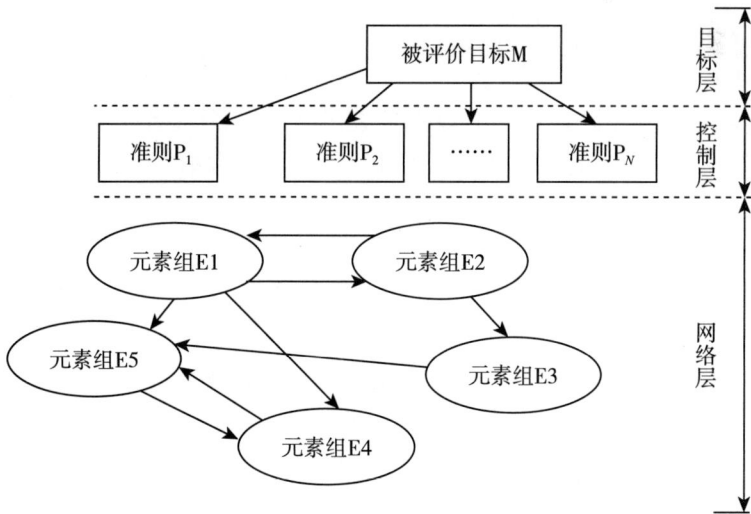

图 5-1　ANP 网络层次模型示意

其主要包括以下几个步骤。第一步：设定决策目标 M 和准则向量 P，构造控制层和网络层 E。

第二步：构造超矩阵 W 并计算权重。以控制层对网络结构中的相互作用和反馈信息，基于网络层对控制层中的元素进行两两比较，从而求解网络层对于控制层的相对偏好和重要性。通过反复构造判断矩阵并归一化可得各网络元素排序权重特征向量矩阵 A，如图 5-2 所示。

$$
W
\begin{array}{c}
\\
\\
\\
P_1 \\
P_2 \\
\cdots \\
P_N \\
\\
\\
\end{array}
\begin{array}{c}
e_{11} \\
\cdots \\
\\
e_{1n1} \\
e_{21} \\
\cdots \\
e_{2n2} \\
e_{N1} \\
\cdots
\end{array}
\begin{array}{c}
P_1 P_2 \cdots P_N \\
e_{11} \cdots e_{1n1} \quad e_{21} \cdots \quad e_{2n2} \quad e_{N1} \cdots e_{NN} \\
\begin{array}{cccc}
W_{11} & W_{12} & \cdots & W_{1N} \\
W_{21} & W_{22} & \cdots & W_{2N} \\
\cdots & & \cdots & \\
W_{N1} & W_{N2} & \cdots & W_{NN}
\end{array}
\end{array}
\qquad
A
\begin{bmatrix}
a_{11} & \cdots & a_{1N} \\
\cdots & \ddots & \cdots \\
a_{N1} & \cdots & a_{NN}
\end{bmatrix}
$$

图 5-2　特征向量矩阵 A

第三步：将 A 与 W 相乘得到加权超矩阵 W'，即 $W' = a_{ij}W$。

第四步：计算极限相对排序向量。

通过文献梳理，利用文本分析法提取智慧农业对农民的素质要求，并结合与家庭农场主、农业专业合作社负责人、农业龙头企业经营者和智慧农业相关专家等的访谈，确定农民胜任力素质评价准则为如下四个维度：心理素质、科技素质、经营管理素质、文化素质。各准则下属各指标的选取原因、赋值原则及其描述如图 5-3 所示。

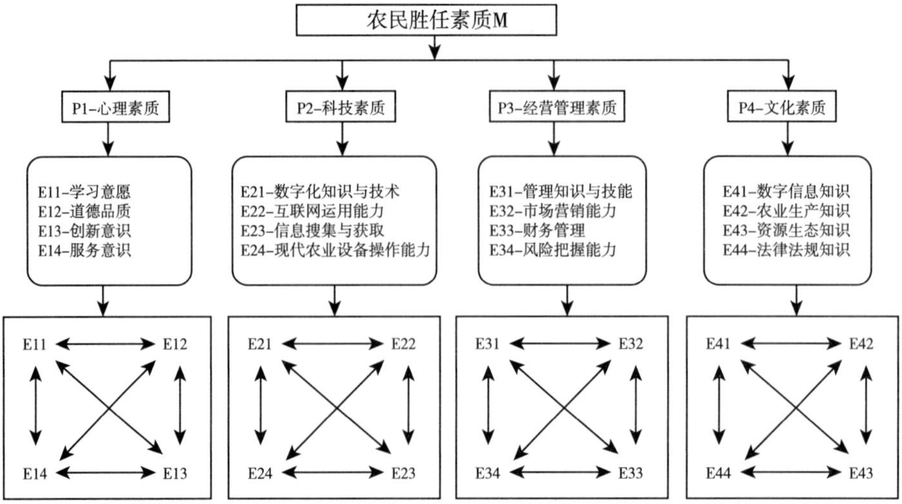

图 5-3　网络层次结构

（二）指标体系构建

智慧农业背景下当代农民区别于传统农民的重要特征是：他们不仅要有文化、懂技术，会经营，还要在农业数字化时代具备更多的信息素养，在生产经营中掌握数字技术的使用方法，在农业全产业链升级背景下需要具备农业更多环节的知识与技能，要具有更强的学习能力和创新精神。在胜任力素质指标的选择中，对已有研究成果的借鉴必须紧密结合农民的特征。通过文献梳理可以发现，学者们普遍认同的农民素质包括身体素质、思想道德素质、学习能力、创新创业精神、科技文化素质。本研究将上述素质归纳为心理素质、科技素质、生产经营素质、文化素质四个维度。

因此基于胜任素质模型，结合文献梳理和文本分析结果，将智慧农业背景下农民胜任力素质评价的框架从心理素质、科技素质、生产经营素质、文化素质四个维度展开。

1. 农民胜任力心理素质的指标确立

从学习意愿、道德品质、创新意识、服务意识四个维度来对农民的心理素质进行测量，划分为 8 个三级指标，如表 5－1 所示。

表 5－1　农民心理素质评价指标体系

一级指标	二级指标	三级指标
P1 心理素质	学习意愿	拥有积极的学习态度，主动学习新知识新技能
		接触新的知识和技能可以快速地了解和掌握
	道德品质	正直诚信，在工作中尽职尽责，遵守职业规范
		承担社会责任与义务，愿为农业发展贡献自己的一份力量
	创新意识	在生产经营中能够主动地发现问题，提出问题
		在生产经营中积极尝试新的方式方法解决问题
	服务意识	配合政府的宣传工作，分享农业信息知识与技能
		愿意主动分享农业生产经验，带动更多人致富

2. 农民胜任力科技素质的指标确立

对智慧农业背景下农民科技素质进行测量，从数字化知识与技术、互联网运用能力、信息搜集与获取、现代农业设备操作能力四个维度进行展开，划分为 9 个三级指标，如表 5-2 所示。

表 5-2　农民科技素质评价指标体系

一级指标	二级指标	三级指标
P2 科技素质	数字化知识与技术	在农业生产经营中对数字技术和装备的了解程度
		在农业生产经营过程中熟练掌握、运用智慧农业技术以及数字信息技术的程度
	互联网运用能力	对互联网具有一定的了解并能熟练使用
		能够通过互联网获取农业信息和农业服务
	信息搜集与获取	在有需要时能够搜集到相关信息并能筛选出自己需要的信息
		能够对搜集的信息进行分类整理，有效地指导生产经营的实践
	现代农业设备操作能力	对各种现代农业设备有足够的了解
		在农业生产经营中，运用现代农业设备的熟练程度
		针对不同的生产作业选择合适的现代农业技术和设备

3. 农民胜任力经营管理素质的指标确立

对智慧农业背景下农民经营管理素质进行测量，从管理知识与技能、市场营销能力、财务管理、风险把握能力四个维度展开，划分为 9 个三级指标，如表 5-3 所示。

表 5-3　农民经营管理素质评价指标体系

一级指标	二级指标	三级指标
P3 经营管理素质	管理知识与技能	具有一定的管理知识，具备良好的沟通协调能力
		能够在生产经营中做好规划统筹和决策执行
		能够对手下的员工进行培训和指导，起到领导示范作用
	市场营销能力	能够充分地进行市场调查并对下一步的行为做出合理的规划
		能够综合人、财、物、市场等情况确定市场定位、营销定位
	财务管理	建立健全农产品生产经营过程中的财务制度
		在农产品生产、销售等环节建立收支账单
	风险把握能力	在农业生产经营过程中能够预测和在一定程度上规避风险
		在面对生产经营危机时能够冷静应对解决问题，保持积极的心态

4. 农民胜任力文化素质的指标确立

对智慧农业背景下农民文化素质进行测量，从数字信息知识、农业生产知识、资源生态知识、法律法规知识四个维度展开，划分为9个三级指标，如表5-4所示。

表5-4　农民文化素质评价指标体系

一级指标	二级指标	三级指标
P4 文化素质	数字信息知识	对智慧农业、数字农业方面知识的了解程度
		能够持续稳定地获得新的农业信息
	农业生产知识	对农业生产领域方面知识的了解程度
		具备的农业生产知识能够应对生产经营中的问题
	资源生态知识	对绿色生产、可持续性发展方面知识的了解程度
		在农业生产经营过程中注重减少污染、节约资源，主动采纳绿色生产技术
	法律法规知识	对农业领域的保险法、食品安全法、土地承包法等相关法律法规的了解程度
		掌握农业法律方面的签订合同、税务等一般知识
		在农业生产与经营实践中能够运用法律法规维护自己的权益，并避免违法行为的发生

三、农民胜任力素质评价的实证研究及培训模式选择

（一）数据来源

调查前期对全国除香港、澳门、台湾外的 31 个省（自治区、直辖市）的政府部门网站数据进行搜集，包括辽宁省、吉林省、黑龙江省、北京市、天津市、河北省、山东省、上海市、江苏省、浙江省、福建省、广东省、海南省、河南省、湖北省、湖南省、江西省、安徽省、陕西省、山西省、甘肃省、青海省、宁夏回族自治区、新疆维吾尔自治区、重庆市、四川省、贵州省、云南省、西藏自治区、广西壮族自治区、内蒙古自治区，统计这些省份现有农民数量、开展农民培训项目数量及培训农民人次，以确定调研问卷的发放比例。由于 2021 年、2022 年个别地区的数据公布不完整，选取 2010—2020 年作为数据的时间跨度，梳理各省份 11 年间开展的农民培训项目数量及培训的农民人次数量。由于北京市、上海市、天津市培训农民数量相对较小，与其他省份培训农民的数量未在同一量级，因此未纳入抽样范围。

2022 年 10 月至 2023 年 1 月期间，对全国农民胜任力素质情况进行问卷调查工作。按照培训农民数量的百分比对各省份发放问卷，依托专业调研团队进行随机抽样，选取参与过农民培训的生产经营型农民，采用"问卷星"线上填写的方式，一对一发放问卷。共计发放问卷 426 份，去除无效问卷后回收有效问卷 407 份，问卷有效回收率 95.5％。

（二）描述性统计分析与问卷分析

1. 描述性统计分析

对调研数据进行统计分析发现：在性别方面，男性为 254 人，占比为 62.4％；女性为 153 人，占比为 37.6％。在年龄方面，以 41～50 岁的农民居多，共 252 人，占比为 61.9％；20～30 岁的农民人数最少，共 50 人，占比为 12.3％。在文化程度方面，小学及以下学历的农民最多，共 215 人，

占比为 52.8%；大专及以上学历的农民人数最少，共 45 人，占比为 11.1%。在人员类别方面，以种植大户、规模养殖场经营者、家庭农场经营者、农民合作社骨干为主，分别为 88 人、88 人、104 人和 100 人，占比分别为 21.6%、21.6%、25.6%、24.6%。在家庭总人口数方面，以 4 口人和 3 口人为主，分别为 143 人和 107 人，占比分别为 35.1%和 26.3%。在劳动力个数方面，以 1 人和 2 人为主，分别为 143 人和 140 人，占比分别为 35.1%和 34.4%。在土地经营规模方面，参与调查的农民经营的土地规模主要在 50 亩以下和 150~200 亩，分别为 142 人和 104 人，占比分别为 34.9%和 25.6%。在家庭年收入方面，以 5 万元以下和 30 万元以上为主，分别为 142 人和 149 人，占比分别为 34.9%和 36.6%。在培训次数方面，参与调查的农民大部分只接受过 1 次培训，共 323 人，占比为 79.4%。在培训模式方面，主要以技术推广合作类和院校定点培育类为主，分别为 129 人和 123 人，占比分别为 31.7%、30.2%，如表 5-5 所示。

表 5-5　人口统计学变量描述性分析结果

变量	类别	样本数/人	百分比/%
性别	男	254	62.4
	女	153	37.6
年龄	20~30 岁	50	12.3
	31~40 岁	54	13.3
	41~50 岁	252	61.9
	51 岁及以上	51	12.5
文化程度	小学及以下	215	52.8
	初中	89	21.9
	高中或中专	58	14.2
	大专及以上	45	11.1
人员类别	种植大户	88	21.6
	规模养殖场经营者	88	21.6
	家庭农场经营者	104	25.6
	农民合作社骨干	100	24.6
	创业大学生	5	1.2
	中高职毕业生	6	1.5
	返乡农民工	16	3.9

（续）

变量	类别	样本数/人	百分比/%
家庭总人口数	1 人	2	0.5
	2 人	70	17.2
	3 人	107	26.3
	4 人	143	35.1
	5 人及以上	85	20.9
劳动力个数	1 人	143	35.1
	2 人	140	34.4
	3 人	92	22.6
	4 人及以上	32	7.9
土地经营规模	50 亩以下	142	34.9
	50～100 亩	27	6.6
	100～150 亩	73	17.9
	150～200 亩	104	25.6
	200 亩以上	61	15.0
家庭年收入	5 万元以下	142	34.9
	5 万～10 万元	14	3.4
	10 万～20 万元	43	10.6
	20 万～30 万元	59	14.5
	30 万元以上	149	36.6
培训次数	1 次	323	79.4
	2 次	39	9.5
	3 次	19	4.7
	4 次	17	4.2
	5 次及以上	9	2.2
培训模式	线上平台培育类	79	19.4
	技术推广合作类	129	31.7
	院校定点培育类	123	30.2
	其他	76	18.7

当前智慧农业背景下，农民培训模式多样，但仍以课堂式教育为

主，线上教育作为随着通信技术发展和农业信息化水平提高而产生的新的培训模式，仍处于起步阶段，各地区逐渐推广但是总体占比较小。线上培训因其灵活性、丰富性具有巨大的发展潜力，随着农民培训体系的完善和发展，在未来的农民培训中线上教育将会有更广阔的空间。

2. 问卷的信度与效度分析

信度反映量表是否具有良好的可靠性和内部一致性。Cronbach's α 系数是检验问卷信度的指标，广泛应用于实证数据的分析。一般来说，当问卷设计的量表的 Cronbach's α 系数低于 0.7 时，意味着该量表的内部一致性较差，需要重新编制该量表；当量表的 Cronbach's α 系数高于 0.7 时，意味着量表的内部一致性较好；如果量表的 Cronbach's α 系数高于 0.9，意味着量表的内部一致性非常好。本研究将 Cronbach's α 系数高于 0.7 作为检验信度的标准。

表 5-6 为信度检验结果，可知心理素质、科技素质、经营管理素质、文化素质量表的 Cronbach's α 系数分别为 0.899、0.913、0.937、0.902，均高于 0.7，说明本研究问卷中设计的各量表内部一致性较好，信度通过检验。

表 5-6 信度检验结果

变量	题项数	Cronbach's α 系数
心理素质	8	0.899
科技素质	9	0.913
经营管理素质	9	0.937
文化素质	9	0.902

采用探索性因子分析来检验心理素质、科技素质、经营管理素质、文化素质量表的效度。在进行探索性因子分析之前，首先需要进行 KMO 和 Bartlett 球形检验，以确定设计的量表是否满足进行探索性因子分析的条件。一般情况下，当 KMO 值大于 0.7 时，则可以认为满足进行探索性因子分析的条件。由表 5-7 可知，总量表的 KMO 值为 0.953，且 Bartlett 球形检验达到标准，说明可以进行探索性因子分析。

表 5-7　KMO 和 Bartlett 球形检验结果

KMO 取样适切性量数		0.953
Bartlett 球形检验	近似卡方	8 178.099
	自由度	595
	显著性	0

（三）实证分析

1. 专家打分确定独立控制层指标的权重

首先请 7 位专家对准则层的重要程度进行打分，构建判断矩阵以确定目标 M 到准则层 P 之间独立控制层指标的权重，如表 5-8 所示。

表 5-8　独立控制层指标的权重

项目	特征向量	权重值	最大特征值	CI 值
心理素质	0.881	22.03%		
科技素质	1.213	30.32%	4.007	0.002
经营管理素质	1.110	27.76%		
文化素质	0.796	19.89%		

针对心理素质、科技素质、经营管理素质、文化素质构建四阶判断矩阵进行 ANP 研究（计算方法为和积法），分析得到特征向量为（0.881，1.213，1.110，0.796），且四项指标对应的权重值分别是 22.03%、30.32%、27.76% 和 19.89%。除此之外，结合特征向量可计算出最大特征根（4.007），接着利用最大特征根计算得到 CI 值为 0.002 [CI＝(最大特征根－n)/(n－1)]，CI 值用于一致性检验使用（表 5-9）。

表 5-9　随机一致性 RI 表格

n 阶	3	4	5	6	7	8	9	10	11	12	13	14	15	16
RI 值	0.520	0.890	1.120	1.260	1.360	1.410	1.460	1.490	1.520	1.540	1.560	1.580	1.590	1.594
n 阶	17	18	19	20	21	22	23	24	25	26	27	28	29	30
RI 值	1.606	1.613	1.621	1.629	1.636	1.640	1.646	1.650	1.656	1.658	1.663	1.667	1.669	1.672

通常情况下 CR 值越小，说明判断矩阵一致性越好。一般而言，若 CR 值小于 0.1 时，则判断矩阵满足一致性检验；若 CR 值大于 0.1 时，则说明不具有一致性，应该对判断矩阵进行适当调整并重新分析。针对 4 阶判断矩阵计算结果可知，CI 值为 0.002，RI 值为 0.890，因此计算得到 CR 值为 0.003，CR 值小于 0.1，说明本次研究判断矩阵满足一致性检验，计算所得权重具有较高的可靠性（表 5-10、表 5-11）。

表 5-10　一致性检验结果汇总

最大特征根	CI 值	RI 值	CR 值	一致性检验结果
4.007	0.002	0.890	0.003	通过

表 5-11　准则层指标权重

M	P1	P2	P3	P4	权重
P1	1	0.704	0.813	1.124	0.22
P2	1.420	1	1.176	1.370	0.30
P3	1.230	0.850	1	1.538	0.28
P4	0.890	0.730	0.650	1	0.20
			$CR=0.003<0.1$		

2. 专家打分确定网络层指标权重

各网络层指标权重分别如表 5-12、表 5-13、表 5-14、表 5-15 所示。

表 5-12　心理素质（P1）网络层指标权重

M	E11	E12	E13	E14	相对权重	权重
E11	1	0.870	1.075	0.769	0.22	0.05
E12	1.150	1	1.149	0.980	0.30	0.07
E13	0.930	0.870	1	0.813	0.28	0.06
E14	1.300	1.020	1.230	1	0.20	0.04
			$CR=0.001<0.1$			

表 5 - 13　科技素质（P2）网络层指标权重

M	E21	E22	E23	E24	相对权重	权重
E21	1	2.632	1.087	1.563	0.34	0.10
E22	0.380	1	0.459	0.613	0.13	0.05
E23	0.920	2.180	1	1.639	0.32	0.09
E24	0.640	1.630	0.610	1	0.21	0.06

$$CR=0.001<0.1$$

表 5 - 14　经营管理素质（P3）网络层指标权重

M	E31	E32	E33	E34	相对权重	权重
E31	1	0.813	1.754	0.704	0.24	0.07
E32	1.230	1	2.273	0.758	0.29	0.08
E33	0.570	0.440	1	0.763	0.16	0.04
E34	1.420	1.320	1.310	1	0.31	0.09

$$CR=0.027<0.1$$

表 5 - 15　文化素质（P4）网络层指标权重

M	E41	E42	E43	E44	相对权重	权重
E41	1	0.781	1.515	1.205	0.26	0.05
E42	1.280	1	2.083	1.818	0.36	0.07
E43	0.660	0.480	1	1.163	0.19	0.04
E44	0.830	0.550	0.860	1	0.19	0.04

$$CR=0.006<0.1$$

　　综上可见，各网络层 CR 值均小于 0.1，说明判断矩阵满足一致性检验，所得权重具有一致性。

3. 比较不同准则间的相对重要程度

　　为反映准则层及网络层之间的网状依存关系，还需同层比较不同准则间的相对重要程度。如研究心理素质（P1）下的指标 E11、E12、E13、E14 之间的影响关系，故还需比较它们间的相对重要程度（表 5 - 12）。同理可计算科技素质（P2）下指标 E21、E22、E23、E24

的相对重要程度（表5-13），经营管理素质（P3）和文化素质（P4）下各相应网络层元素指标间的相对重要程度（表5-14，表5-15）。将上一步计算所得各相对权重形成农民胜任力素质评价超矩阵，如表5-16所示。

表5-16 超矩阵

指标	E11	E12	E13	E14	E21	E22	E23	E24	E31	E32	E33	E34	E41	E42	E43	E44
E11	1	0.870	1.075	0.769	0	0	0	0	0	0	0	0	0	0	0	0
E12	1.150	1	1.149	0.980	0	0	0	0	0	0	0	0	0	0	0	0
E13	0.930	0.870	1	0.813	0	0	0	0	0	0	0	0	0	0	0	0
E14	1.300	1.020	1.23	1	0	0	0	0	0	0	0	0	0	0	0	0
E21	0	0	0	0	1	2.632	1.087	1.563	0	0	0	0	0	0	0	0
E22	0	0	0	0	0.380	1	0.459	0.613	0	0	0	0	0	0	0	0
E23	0	0	0	0	0.920	2.180	1	1.639	0	0	0	0	0	0	0	0
E24	0	0	0	0	0.640	1.630	0.610	1	0	0	0	0	0	0	0	0
E31	0	0	0	0	0	0	0	0	1	0.813	1.754	0.704	0	0	0	0
E32	0	0	0	0	0	0	0	0	1.230	1	2.273	0.758	0	0	0	0
E33	0	0	0	0	0	0	0	0	0.570	0.440	1	0.763	0	0	0	0
E34	0	0	0	0	0	0	0	0	1.420	1.320	1.310	1	0	0	0	0
E41	0	0	0	0	0	0	0	0	0	0	0	0	1	0.781	1.515	1.205
E42	0	0	0	0	0	0	0	0	0	0	0	0	1.280	1	2.083	1.818
E43	0	0	0	0	0	0	0	0	0	0	0	0	0.660	0.480	1	1.163
E44	0	0	0	0	0	0	0	0	0	0	0	0	0.830	0.550	0.860	1

接下来，求其特征向量，得归一化处理后的网络层各因素权重向量为：

$$w_{E1} = (0.22, 0.30, 0.28, 0.20)$$
$$w_{E2} = (0.34, 0.13, 0.32, 0.21)$$
$$w_{E3} = (0.24, 0.29, 0.16, 0.31)$$
$$w_{E4} = (0.26, 0.36, 0.19, 0.19)$$

4. 确定各网络层对目标层的总权重

各网络层因素指标对目标层的总权重如表 5－17 所示。

表 5－17　各网络层因素指标对目标层的总权重

M	W_{E1}				W_{E2}				W_{E3}				W_{E4}			
	1	2	3	4	1	2	3	4	1	2	3	4	1	2	3	4
权重	0.05	0.07	0.06	0.04	0.10	0.05	0.09	0.06	0.07	0.08	0.04	0.09	0.05	0.07	0.04	0.04

计算综合评价得分：

$$M = \sum_{i=1}^{16} w_{mj} \cdot p_i (i = 1, 2, \cdots, 16; j = 1, 2, 3, 4; m = 1, 2, 3, 4)$$

可根据调查专家打分或探访等方式收集到各网络层指标的指标值，再根据上述公式来计算出农民的胜任力素质综合评价得分进而判断其胜任程度。

若得分在 0～1 分则很不胜任，得分在 1～2 分则为不胜任，得分在 2～3 分则为基本胜任，得分在 3～4 分则为比较胜任，得分在 4～5 分则为高度胜任。

5. 网络层指标得分情况

通过对调研问卷数据的分析统计，对网络层心理素质、科技素质、经营管理素质、文化素质四个维度的各项指标得分情况进行汇总，并将统计结果制成表格。评价采用 5 级量表，表格中左侧第一列为二级指标，第一行为 1～5 分的自评选项；最右侧列为所有评价者在各问题上的综合平均得分以及各二级指标下的矩阵平均得分（表 5－18）。

表 5－18　心理素质维度得分情况

二级指标	题　目	1分	2分	3分	4分	5分	平均分/分	
							题目	矩阵
学习意愿	我拥有积极的学习态度，并愿意主动学习新知识和新技能	10 (2.46%)	18 (4.42%)	64 (15.72%)	152 (37.35%)	163 (40.05%)	4.08	4.02
	我能够迅速地了解和掌握接触到的新知识	14 (3.44%)	21 (5.16%)	77 (18.92%)	152 (37.35%)	143 (35.14%)	3.96	

（续）

二级指标	题　目	1分	2分	3分	4分	5分	平均分/分	
							题目	矩阵
道德品质	我为人正直诚信，在工作中能够尽职尽责，遵守职业规范	14 (3.44%)	25 (6.14%)	78 (19.16%)	154 (37.84%)	136 (33.42%)	3.92	3.98
	我能够承担社会责任与义务，并愿意为农业发展贡献自己的一份力量	11 (2.70%)	21 (5.16%)	70 (17.20%)	144 (35.38%)	161 (39.56%)	4.04	
创新意识	我在生产经营中能够主动地发现问题，提出问题	9 (2.21%)	13 (3.19%)	56 (13.76%)	140 (34.4%)	189 (46.44%)	4.20	4.18
	我在生产经营中会积极尝试用新的方式方法去解决遇到的问题	9 (2.21%)	19 (4.67%)	53 (13.02%)	142 (34.89%)	184 (45.21%)	4.16	
服务意识	我能够配合政府的宣传工作，分享农业信息知识与技能	15 (3.69%)	22 (5.41%)	68 (16.71%)	144 (35.38%)	158 (38.82%)	4.00	4.06
	我愿意主动分享农业生产经验，带动更多人致富	11 (2.70%)	17 (4.18%)	56 (13.76%)	152 (37.35%)	171 (42.01%)	4.12	
小计		93 (2.86%)	156 (4.79%)	522 (16.03%)	1 180 (36.24%)	1 305 (40.08%)	4.06	

　　从表5-18可以看出，心理素质维度矩阵平均得分为4.06分。其中，学习意愿矩阵平均得分为4.02分，道德品质矩阵平均得分为3.98分，创新意识矩阵平均得分为4.18分，服务意识矩阵平均得分为4.06分。

　　由表5-19可以看出，科技素质维度矩阵平均分为2.06分。其中，数字化知识与技术矩阵平均分为2.14分，互联网运用能力矩阵平均分为2.13分，信息搜集与获取矩阵平均分为1.90分，现代农业设备操作能力矩阵平均分为2.07分。

表 5-19 科技素质维度得分情况

二级指标	题 目	1分	2分	3分	4分	5分	平均分/分 题目	矩阵
数字化知识与技术	我了解在农业生产经营中使用的数字技术和装备	141 (34.64%)	148 (36.36%)	82 (20.15%)	24 (5.90%)	12 (2.95%)	2.06	2.14
	我在农业生产经营过程中能够熟练运用智慧农业技术以及数字信息技术	119 (29.24%)	150 (36.86%)	84 (20.64%)	40 (9.83%)	14 (3.44%)	2.21	
互联网运用能力	我对互联网具有一定的了解并能够熟练使用	110 (27.03%)	154 (37.84%)	87 (21.38%)	39 (9.58%)	17 (4.18%)	2.26	2.13
	我能够通过互联网获取农业信息和农业服务	151 (37.10%)	149 (36.61%)	69 (16.95%)	27 (6.63%)	11 (2.70%)	2.01	
信息搜集与获取	我在有需要时能够搜集到相关信息并能筛选出自己需要的信息	172 (42.26%)	144 (35.38%)	66 (16.22%)	15 (3.69%)	10 (2.46%)	1.89	1.90
	我能够对搜集的信息进行分类整理，有效地指导生产经营的实践	173 (42.51%)	139 (34.15%)	65 (15.97%)	19 (4.67%)	11 (2.70%)	1.91	
现代农业设备操作能力	我对各种现代农业设备具有足够的了解	126 (30.96%)	149 (36.61%)	86 (21.13%)	33 (8.11%)	13 (3.19%)	2.16	2.07
	我在农业生产经营中能够熟练运用现代农业设备	127 (31.20%)	158 (38.82%)	82 (20.15%)	29 (7.13%)	11 (2.70%)	2.11	
	我会针对不同的生产作业选择合适的现代农业技术和设备	152 (37.35%)	159 (39.07%)	66 (16.22%)	20 (4.91%)	10 (2.46%)	1.96	
小计		1271 (34.70%)	1350 (36.86%)	687 (18.76%)	246 (6.72%)	109 (2.98%)	2.06	

由表 5-20 可以看出，经营管理素质维度矩阵平均分为 3.63 分。其中，管理知识与技能矩阵平均分为 3.54 分，市场营销能力矩阵平均分为 3.71 分，财务管理矩阵平均分为 3.64 分，风险把握能力矩阵平均分为 3.65 分。

表 5 - 20　经营管理素质维度得分情况

二级指标	题　目	1分	2分	3分	4分	5分	平均分/分 题目	矩阵
管理知识与技能	我具有一定的管理知识，并且具备良好的沟通协调能力	25 (6.14%)	51 (12.53%)	74 (18.18%)	159 (39.07%)	98 (24.08%)	3.62	
	我能够在生产经营中能够做好规划统筹和决策执行	26 (6.39%)	63 (15.48%)	78 (19.16%)	154 (37.84%)	86 (21.13%)	3.52	3.54
	我能够对手下的员工进行培训和指导，起到领导示范作用	29 (7.13%)	55 (13.51%)	95 (23.34%)	146 (35.87%)	82 (20.15%)	3.48	
市场营销能力	我能够充分地进行市场调查并对下一步的行为做出合理的规划	26 (6.39%)	49 (12.04%)	71 (17.44%)	152 (37.35%)	109 (26.78%)	3.66	
	我能够综合人、财、物、市场等情况确定市场定位、营销定位	23 (5.65%)	40 (9.83%)	67 (16.46%)	155 (38.08%)	122 (29.98%)	3.77	3.71
财务管理	我能够建立健全农产品生产经营过程中的财务制度	22 (5.41%)	49 (12.04%)	64 (15.72%)	152 (37.35%)	120 (29.48%)	3.73	
	我能够在农产品生产、销售等环节建立收支账单	34 (8.35%)	50 (12.29%)	71 (17.44%)	160 (39.31%)	92 (22.60%)	3.56	3.64
风险把握能力	我在农业生产经营过程中能够预测和在一定程度上规避风险	30 (7.37%)	46 (11.30%)	79 (19.41%)	157 (38.57%)	95 (23.34%)	3.59	
	我在面对生产经营危机时能够冷静应对解决问题，保持积极的心态	23 (5.65%)	45 (11.06%)	74 (18.18%)	155 (38.08%)	110 (27.03%)	3.70	3.65
	小计	238 (6.50%)	448 (12.23%)	673 (18.37%)	1390 (37.95%)	914 (24.95%)	3.63	

由表 5 - 21 可以看出，文化素质维度矩阵平均分为 2.24 分。其中，数字信息知识矩阵平均分为 2.32 分，农业生产知识矩阵平均分为 2.31 分，资源生态知识矩阵平均分为 2.08 分，法律法规知识矩阵平均分为

2.25分。

表 5-21　文化素质维度得分情况

二级指标	题 目	1分	2分	3分	4分	5分	平均分/分 题目	矩阵
数字信息知识	我了解智慧农业和数字农业方面的知识	111 (27.27%)	144 (35.38%)	106 (26.04%)	36 (8.85%)	10 (2.46%)	2.24	2.32
	我能够持续稳定地获得新的农业信息	85 (20.88%)	154 (37.84%)	106 (26.04%)	49 (12.04%)	13 (3.19%)	2.39	
农业生产知识	我对自己从事的农业生产领域方面知识足够了解	81 (19.90%)	149 (36.61%)	111 (27.27%)	49 (12.04%)	17 (4.18%)	2.44	2.31
	我所具备的农业生产知识能够使我应对在生产经营中遇到的问题	112 (27.52%)	161 (39.56%)	89 (21.87%)	35 (8.60%)	10 (2.46%)	2.19	
资源生态知识	我了解绿色生产和可持续性发展方面的知识	136 (33.42%)	151 (37.10%)	85 (20.88%)	26 (6.39%)	9 (2.21%)	2.07	2.08
	我在农业生产经营过程中注重减少污染，节约资源，主动采纳绿色生产技术	134 (32.92%)	152 (37.35%)	80 (19.66%)	35 (8.60%)	6 (1.47%)	2.08	
法律法规知识	我了解农业领域的保险法、食品安全法、土地承包法等相关法律法规	98 (24.08%)	145 (35.63%)	104 (25.55%)	47 (11.55%)	13 (3.19%)	2.34	2.25
	我掌握了农业法律方面的签订合同、税务等一般知识	100 (24.57%)	159 (39.07%)	88 (21.62%)	51 (12.53%)	9 (2.21%)	2.29	
	我在农业生产与经营实践中能够运用法律法规维护自己的权益，并避免违法行为的发生	123 (30.22%)	151 (37.10%)	95 (23.34%)	30 (7.37%)	8 (1.97%)	2.14	
小计		980 (26.75%)	1366 (37.29%)	864 (23.59%)	358 (9.77%)	95 (2.59%)	2.24	

6. ANP 评价胜任力素质水平的结果

将问卷法获得的各级指标的平均分带入 ANP 模型构建的网络层次

指标权重体系，计算智慧农业背景下农民胜任力素质水平的综合得分。

综合评价得分＝$0.05 \times 4.02 + 0.07 \times 3.98 + 0.06 \times 4.18 + 0.04 \times 4.06 + 0.10 \times 2.14 + 0.05 \times 2.13 + 0.09 \times 1.90 + 0.06 \times 2.07 + 0.07 \times 3.54 + 0.08 \times 3.71 + 0.04 \times 3.64 + 0.09 \times 3.65 + 0.05 \times 2.32 + 0.07 \times 2.31 + 0.04 \times 2.08 + 0.04 \times 2.25 = 2.9781$ 分

（四）农民培训模式选择

1. 农民培训模式的类别划分

我国农民培训模式按照不同的标准有不同的分类，以不同培训模式的培训内容与培训形式的区别为标准，将我国现有农民培训模式分为技术合作推广类、院校定点培育类和线上平台培育类三大类。并对三大类农民培训模式从模式内涵、培训目标、培训主体、培训对象、培训内容、重点培训素质类别、模式优点和模式缺点等方面加以比较。其中，技术合作推广类包括典型示范型培训模式、农技服务模式、"公司＋农户"的合作培训模式三种，院校定点培育类包括"学校＋企业"的订单培养模式、"职业院校＋合作社＋农户"的模式、"培训专家＋农户"的一对一培训模式三种，线上平台培育类包括电视、网络等媒体培训模式以及网络平台培训模式、数字化在线培训模式三种（表 5-22）。

表 5-22　我国农民培训模式的分类

一级分类	二级分类	主要内涵
技术合作推广类	典型示范型培训模式	依托政府、企业、种植养殖大户建立的科技示范基地、产品生产基地、企业产业园区等平台树立区域农业科技发展应用的典型，建立农业科技培训基地，将农业科技产品进行实际展示的一种培训模式
	农技服务模式	由政府主办的，通过地方农业研究所、职业院校等机构对农民进行现场培训的模式
	"公司＋农户"的合作培训模式	农业企业与农户签订有关于初级农副产品的种植、养殖协议，为了保证产品质量及满足生产技术要求，会采取各种形式对农户进行相关技术和装备使用的培训的模式

（续）

一级分类	二级分类	主要内涵
院校定点培育类	"学校＋企业"的订单培养模式	校企合作是指学校与企业建立的一种合作模式。教育行业的大中专院校等职业教育院校为谋求自身发展，抓好教育质量，采取与企业合作的方式，有针对性地为企业培养人才的一种培训模式
	"职业院校＋合作社＋农户"的模式	以合作社作为连接农户与职业院校的桥梁，以合作社自身强大的凝聚力和号召力降低联络成本，同时能够显著提升培训的针对性和实践性
	"培训专家＋农户"的一对一培训模式	由地方政府分配预算资金，根据地方农民教育培训计划委托地方学习资源管理中心对农民进行培训。参训农民可以根据自己的实际需要，自主选择培训内容、培训时间和培训专家，开展零距离"一对一"现场培训的一种培训模式
线上平台培育类	电视、网络等媒体培训模式	通过在各类媒体上播放农业职业技术教育的相关内容，不固定培训对象，目的是打开农民的知识面，让其了解更多的农业进展、先进技术，让农民各取所需的一种农民培训模式
	网络平台培训模式	各地区在农民培训的具体实践中，综合运用现代信息技术，搭建网络平台，从而建立起的集网络交流研讨、在线咨询、信息共享、在线授课等于一体的模式
	数字化在线培训模式	用技术改造培训流程，利用人工智能、学习分析、大数据分析等相关数字技术作为支撑，借鉴农民培训的成熟经验，构建"研究＋预测＋培训＋回访"的培训模式

2. 农民培训模式的特征比较

智慧农业背景下农民培训三类模式表现出不同的特征，主要从模式内涵、培训目标、培训主体、培训对象、培训内容、重点培训素质类别、模式优点和模式缺点等方面加以比较（表 5 - 23）。

表 5 - 23　农民培训模式的特征比较

特征	技术合作推广类	院校定点培育类	线上平台培育类
模式内涵	依托农业园区、技术推广机构、农业龙头企业进行技术的推广示范，进行农民培育	职业学校或者农业院校作为主要的培训单位，承接政府、合作社、企业的培训计划，进行农民培育	依托于新媒体技术，通过网络平台及各种媒体手段，采取线上学习的方式培育农民
培训目标	对智慧农业的高新技术和智慧装备进行推广，促进产业的发展，提高农民的素质	提供学历型专业教育，对农民的文化素质、科技素质进行提升，促进其职业发展	对智慧农业、数字农业等方面的技术、知识、装备进行推广宣传，扩大农民的知识面，使其获取更多的农业信息，提升其生产经营素质
培训主体	产业园区、技术推广部门、农业企业	职业院校、农业院校、农业专家	农业部门、职业院校、农业企业
培训对象	种植养殖大户、生产经营型农民	职业高中的青少年以及高素质青年农民、农业合作社成员	小农户、各类农民
培训内容	科技示范基地密切相关的各学科农业科技知识，职业技能水平和经营管理能力	农业相关的科学技术，文化水平，职业素质，就业技能，创业能力	与产业相关的农业科技知识，农业标准化生产、农产品加工和流通、产品营销、经营管理等方面的知识和技能
重点培训素质类别	科技素质、经营管理素质	文化素质、科技素质、心理素质	文化素质、生产经营素质、科技素质
模式优点	①以"看得见，摸得着"的方式，实现农业从业者学习体验的"技术零距离""生产零距离"；②为高素质农民的就业提供了保障；③有助于科研成果的转化	①学习者可以打好素质文化基础；②能够针对且有效地进行培训，发挥职业院校培训的系统性和专业性；③可以满足农民实际生产经营中产生的需求；④为农民以后的职业发展打下良好的基础	①覆盖范围更广，普及面更大，不会因培训时间固定导致培训内容受限；②培训学习内容方式全面多元，起到很好的农业知识信息的宣传推广效果；③通过数字化技术进行分析预测，对培训资源进行合理分配

（续）

特征	技术合作推广类	院校定点培育类	线上平台培育类
模式缺点	①存在地域限制，不适合大范围推广；②培训目的具有更多的经济色彩，农民自主选择权下降；③农业科技研发成果在农民生产中有效使用的成功率较低且转化率有待提升	①培训内容理论性更强，培训周期长，且对参与人员的学历要求高；②农民的管理、培训制度运行、培训资金的调度都具有较大难度	①需要农民主动积极地进行学习和信息的获取，实际的学习效果难以检验；②技能装备的使用难以通过线上的方式掌握

3. 智慧农业背景下农民培训模式选择策略

智慧农业背景下我国农民培训的模式发生了一些变化。曾经农民培训以政府为主导，主要以社会公共产品的形式出现，政府根据国家发展规划制订农民培训计划，农民培训具有社会公益的性质，同时在市场竞争的环境下，最先进的农业科技不会最先进入农业农村生产一线。这种情况下需要政府进行协调，按照市场化要求在投资机制、管理机制、运行机制、评价机制等方面进行创新。当前农村信息化水平实现阶段性突破，智慧农业应运而生，数字化技术与农业相结合赋予了农业农村巨大的经济发展潜力，数字技术等先进的生产手段不断地投入农业农村中，农业领域综合型人才存量不足，多方主体开始培育符合智慧农业发展方向、满足农业经济发展需求的农民。政府的主导性地位减弱、企业作为培训主体的力量逐渐壮大，培训的内容也由农业生产技术、农业知识朝着多元化的方向发展。农民自身也实现了突破，随着农业规模化生产水平不断提高，产生了农业方面的种植养殖大户，产生了家庭农场主、农业经营管理人员、技术推广服务人员等多种农业职业类型，农民自身也产生了除单纯追求经济效益、满足自身权益等方面之外的尊重、精神生活需要等更高的需求。在模式选择的过程中，需要综合考虑多方面因素，紧密结合农业产业结构调整和地区农业特色产业，根据生产经营的实际需要和农民的素质能力提升需要选择培训模式。

（1）不同胜任力素质提升需要选择相应的农民培训模式。智慧农业背景下农民培训模式形式多样，针对农民胜任力素质能力提升需要存在的一定差别，主要可以分为心理素质类培训、文化素质类培训、经营管理素质类培训、科技素质类培训四类。心理素质类培训以提升农民的道德素质、精神品质为目标，旨在促进农民的思维方式、认知观念发生变化，提高农民的就业本领和市场适应能力，同时作为乡村振兴的主体，提高其生态意识、治理意识，培养守信用懂法律的高素质农民。文化素质类培训是为农民或者农业从业者提供学历教育、科技信息知识、农业生产知识、经营管理知识的培训，其目的是培育文化水平更高、信息面更广，具有更高的学习能力和创新精神的农业人才。经营管理素质类培训旨在提高农民的经营管理能力，提高农民的市场营销意识，在规模化经营的基础上促进经营管理效率的提升，培育种植养殖大户和创新创业类农民。科技素质类培训旨在提高农民对新技术、新装备、新的信息服务平台的采纳使用能力，对生产方式不断进行改革，提高农业整体生产效率，培育专业技术型农民。选择策略如图5-4所示。

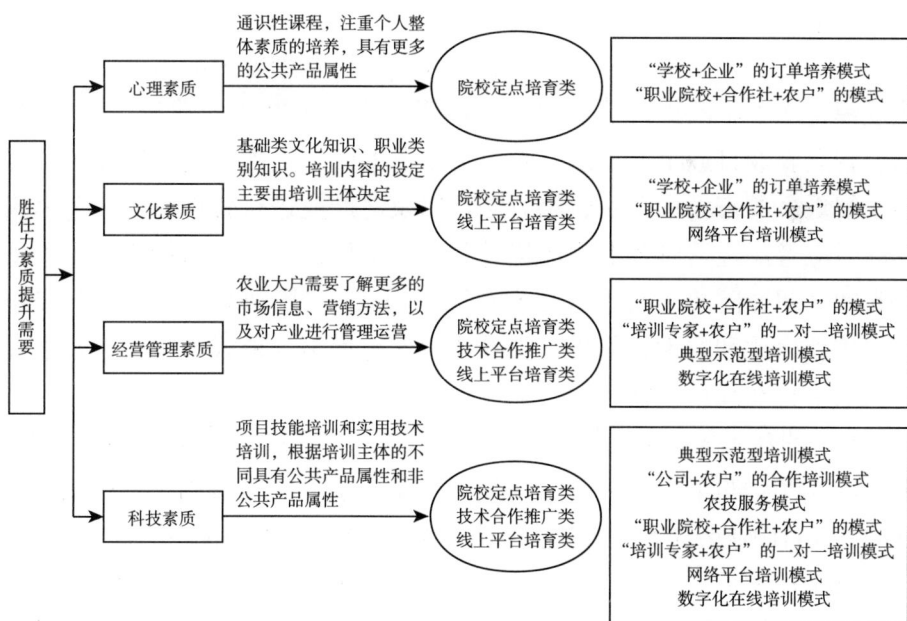

图5-4 胜任力素质提升与农民培训模式选择

心理素质类培训多属于基础教育，培训内容多为通识性课程，注重个人整体素质的培养，在农民培训方面主要包括基础文化教育、思想道德教育、法律法规教育。有时也作为文化知识培训和职业技能培训的补充，具有更多的公共产品属性。在进行模式选择时应以职业院校、农业高校、城镇成人教育学校为培训主体，以实现对农民的终身教育为目标，促进农民思维方式、道德素质的整体性提高。可选择院校定点培育类的"学校＋企业"的订单培养模式、"职业院校＋合作社＋农户"的模式。

文化素质类培训主要包含两方面。一方面是基础类文化知识，如农业生产知识、种植养殖技术、数字化信息知识等；另一方面是职业类别知识，具体涉及从事的农业生产类别，如种植的具体农作物种类、养殖的牲畜类别，以及相关技术手段和方法、配套装备机械的使用。落实到培训模式上，培训内容的设定主要由培训主体决定，可以划分为两类主体：一是政府主导的院校，制订培训计划，进行定向的农业文化知识培训；二是企业主导的与合作项目、产业相关知识的培训，更注重实用性。在培训模式选择上应注重培训的倾向性，选择院校定点培育类的"学校＋企业"的订单培养模式、"职业院校＋合作社＋农户"的模式，以及线上平台培育类的网络平台培训模式。

经营管理素质类培训是旨在加强农民经营管理能力的培训。随着农业规模化水平不断提升，农业生产经营大户这类群体的数量逐渐增加。随着智慧农业打通全产业链，农户与市场的联系更加紧密，农业大户需要了解更多的市场信息、营销方法，以及对产业进行管理运营。在模式选择时应考虑经营管理能力的提升和商业知识的学习，选择院校定点培育类的"职业院校＋合作社＋农户"的模式、"培训专家＋农户"的一对一培训模式和技术合作推广类的典型示范型培训模式、线上平台培育类的数字化在线培训模式。

科技素质类培训主要包括项目技能培训和实用技术培训。项目技能培训是指由政府部门制订培训计划和培训目标，提供资金支持，通过项目管理的方式对职业劳动者进行技能培训。项目技能培训的主体也可以是公司，培训内容为具体的与公司项目合同有关的操作规范、技术标准和为提高生产效率而要求农户采纳的技术手段。实用技术培训是指针对农业生产过程中的专项实用技术或者需要进行技术推广的实用技术而开展的培训。科技素质类培训根据培训主体的不同具有公共产品属性和非公共产品属性，在进行模式选择时应该通过政府部门和企业的联合，利用市场机制，实现对培训投资机制和管理机制的完善。可选择技术合作推广类的典型示范型培训模式、"公司＋农户"的合作培训模式、农技服务模式，院校定点培育类的"职业院校＋合作社＋农户"的模式、"培训专家＋农户"的一对一培训模式,线上平台培育类的网络平台培训模式、数字化在线培训模式。

(2)不同经济区域优先选择最优农民培训模式。智慧农业背景下农民培训模式的选择需要综合考虑不同地区的地域特征与经济发展水平,包括人口特征、经济条件、农业资源条件等。各地区在继续保持和推广现有农民培训模式的基础上,建议推行和重点发展以下培训模式,具体如图5-5所示。

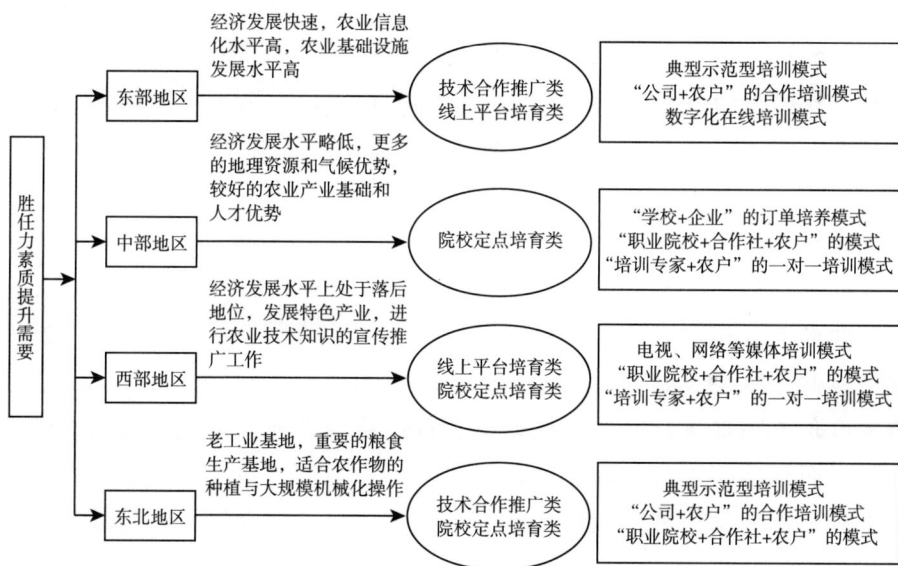

图5-5 经济区域与农民培训模式选择

东部地区相对于其他地区而言,经济发展快速,农业信息化水平高,产业结构经过多次调整优化,农业基础设施发展水平高,能够实现工业对农业的反哺。在农业发展方面,东部地区农业企业较多。为了满足企业发展和市场化的需要,对农民素质提出了更高的要求,已经涌现了很多的农业发展模式。东部地区在进行农民培训模式选择时需要考虑培训模式的定位与供给、规模化经营和产业园区、农业生产基地的要求相适应。东部地区在进行培训模式选择时,应在继续推广原有培训模式的基础上,选择技术合作推广类的培训模式,侧重于"订单式培训""产业园区示范"类的典型示范型培训模式、"公司+农户"的合作培训模式;应依托于发达的农业信息化基础,选择线上平台培育类的数字化在线培训模式,以满足农民素质能力提升的需要。

中部地区经济发展水平略低，但具有更多的地理资源和气候优势，形成了较多资源环境承载力强、经济发展潜力大的城市集群。城市集群能够优先推广和建设农业产业经济，形成重点发展产业区，并且辐射带动周边地区。同时中部地区的种植养殖业发达，具有土地资源优势，具有较好的农业产业基础和人才优势，具备发展智慧农业规模化经营、提高农业生产率的基础。因此在中部地区需要侧重于人才的培养和科技投入，通过人才的培育和产业的发展稳步提高农业发展水平。在进行智慧农业下的农民培训模式选择时，需要在政府的引导下，调动职业院校、农业高校、科研院所等与农业企业合作的积极性，加大对农民的教育投入，加大人才培养力度，培育农业发展的储备力量。可在继续推广原有培训模式的基础上，选择院校定点培育类的培训模式，侧重于系统教育和提高经营管理能力的"学校＋企业"的订单培养模式、"职业院校＋合作社＋农户"的模式、"培训专家＋农户"的一对一培训模式。

西部地区相对来说在经济发展水平上处于落后地位，农业整体发展水平较低、基础设施建设薄弱。但是随着国家加大对西部地区的产业扶持力度，不断地进行产业结构调整和打造特色产业，形成了较强的资源优势。西部地区地理气候条件较为恶劣，不适宜进行大规模经济粮食作物的种植，但是以地区为单位发展了很多与当地产业结构、环境生态紧密相关的产业模式，如林果业、畜牧业及农业观光旅游资源。在智慧农业背景下进行农民培训模式选择时，应侧重于培训内容与当地产业特色相结合，更多地进行农业技术知识的宣传推广工作，培育本土的农业人才，助力农业发展。可在继续推广原有培训模式的基础上，选择线上平台培育类的电视、网络等媒体培训模式与院校定点培育类的"职业院校＋合作社＋农户"的模式、"培训专家＋农户"的一对一培训模式。

东北地区原属于老工业基地，是我国重要的粮食生产基地、畜牧养殖业基地、农产品加工基地，在保障国家粮食安全和维持国内农产品供需平衡中发挥重要作用。东北地区土地面积广阔、平原较多、土地肥沃、人均耕地面积较多，适合农作物的种植与开展大规模机械化操作。东北地区的区域特点为智慧农业的规模化生产提供了发展空间，智慧农业能够促进产业的规模化、智慧化、机械化、集约化发展。因此，在东北地区选择农民培训模式时需要侧重规模化的生产经营能力培养与智慧设备、机械设备的操作培训。可在继续推广原有培训模式的基础上，选择技术合作推广类的典型示范型培训模式、"公司＋农户"的合作培训模式，以及院校定点培育类的"职业院校＋合作社＋农户"的模式。

（3）智慧农业背景下农民培训模式选择基本策略。综上分析，智慧农业背景下，农民培训模式选择基本策略如图 5-6 所示。

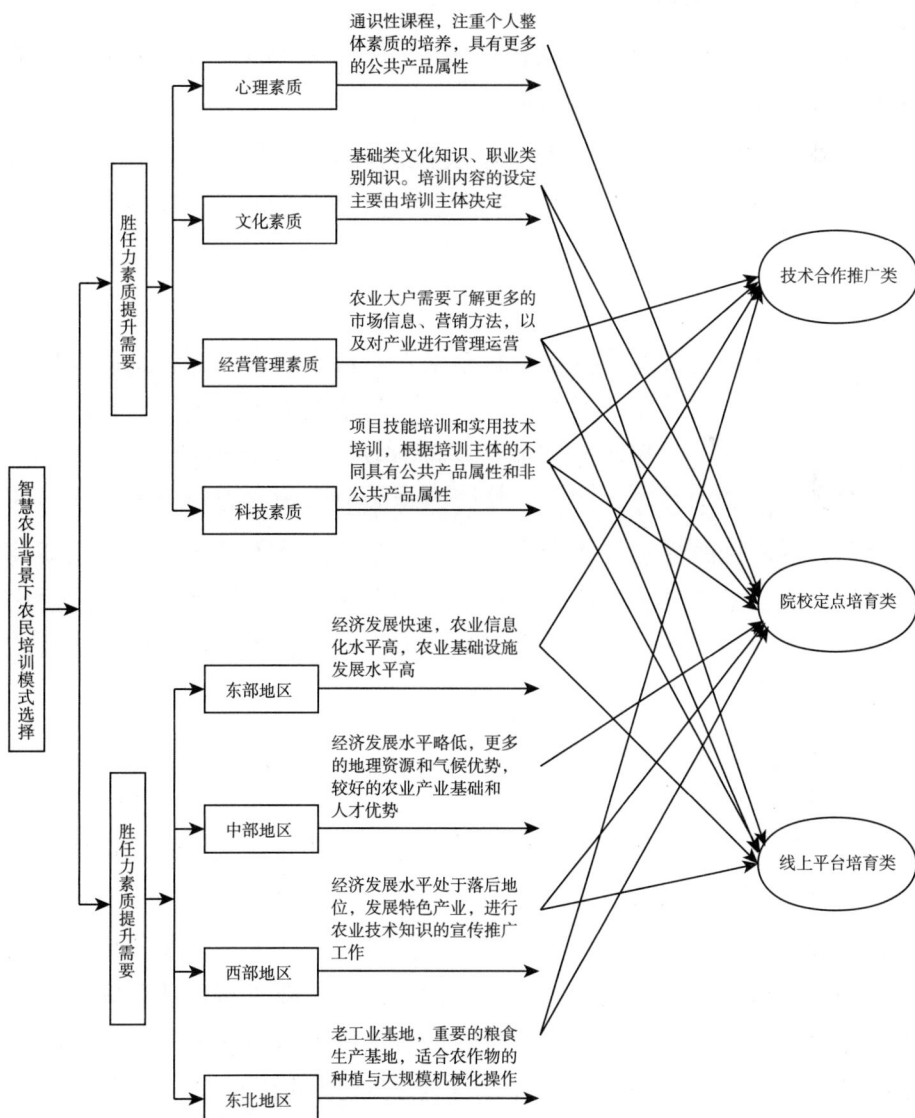

图 5-6　智慧农业背景下农民培训模式选择基本策略

四、研究结论与对策建议

(一) 研究结论

通过胜任力素质问卷分析可以看出，当前智慧农业背景下生产经营型农民的胜任力素质综合得分为 2.92 分，处于 2~3 分区间，属于基本胜任，表明在当前智慧农业背景下农民的整体胜任力素质处于中等水平，基本能够满足智慧农业发展的需要，但仍存在较大的发展空间。

1. 心理素质维度评价结果分析

在心理素质方面平均得分为 4.06 分，处于高度胜任水平。分析原因：一是智慧农业背景下技术更新频繁，农户在培训中逐渐意识到持续学习的重要性，进而提升了学习意愿；二是培训内容注重引导农户理解农业生产的社会责任和职业道德，帮助其认识到正直诚信、尽职尽责、遵守职业规范的重要性；三是智慧农业技术的应用对农户提出了适应性学习和灵活应用的需求，使得农户在培训中逐渐培养了接受和应用新技术的意识；四是智慧农业注重数据共享和资源整合，培训过程中的协作需求促使农户逐渐认识到合作带来的效率提升和集体利益的保障，从而增强了服务意识与合作精神。

2. 科技素质维度评价结果分析

在科技素质方面平均得分为 2.06 分，处于基本胜任的较低水平。分析其原因：一是智慧农业本身带有的知识属性、信息属性、科技属性要求农民具备更高的科学技术知识水平，但农民群体整体的学历水平较低，在数字信息方面存在明显劣势；二是智慧农业的技术装备比传统农业生产技术设备的前期投入成本大，操作的技术要求高，适合规模化和集约化生产，导致多数农民对智慧农业方面技术装备接触较少，实际普及率较低。因此，在农民培训中为了更好地促进智慧农业的发展和推广，应全面考虑各类农民个体情况和生产经营情况，通过与企业合作或者依托产业园区进行实地的智慧农业技术装备和知识的学习和使用。随着农业信息化的发展，农民的信息化基础设施水平逐渐提升，但是农民对于互联网的使用仍处于较低水平，互联网应用能力和信息搜集获取能力较差。因此，在农民培训中应添加相应内容，以便于农民适应智慧农业发展的趋势。

3. 经营管理素质维度评价结果分析

在经营管理素质方面平均得分为 3.63 分，处于比较胜任的水平，其中的知识管理与技能、市场营销能力、财务管理能力、风险把握能力各方面得分较为均衡。分析原因：一是智慧农业下农业产业的升级更多地体现在科学技术和智慧装备的升级上，对于农民的经营管理方面并无显著的提升要求，当前农民整体的经营管理能力并不存在明显短板；二是说明在当前智慧农业打通全产业链的背景下，农业生产经营大户积极响应市场变化，具备了一定的市场意识和经营管理能力。

4. 文化素质维度评价结果分析

在文化素质方面平均得分为 2.24 分，处于基本胜任的水平，其中的数字信息知识、农业生产知识、法律法规知识得分较为均衡，资源生态知识得分略低。分析原因：一是智慧农业属于农业发展的新阶段，在农业信息化水平逐渐提升之后，高新技术手段赋能农业领域，所以智慧农业自带知识属性和信息属性。与传统农业的生产技术和方法从实践中提炼而来不同，智慧农业的技术和方法更多来自数字信息领域，依托于大数据、物联网和通信技术，是自上而下产生的，要求农民具备更高的知识水平和科技水平；二是智慧农业方面的文化素质与传统的学历教育不同，蕴含了更多的价值属性，如生态价值、资源价值、信息价值等。我国农业整体的生产方式仍处于绿色生态化的转型期，农民在该方面仍有较大提升空间。

（二）对策建议

1. 依智慧农业发展需要，加大培训投入，加强引导

（1）加大农民培训投入。政府可以通过加大对农民培训的投入，建立健全的培训机构，提供相应的培训课程，以满足农民不同层次、不同需求的培训。政府还可以鼓励企业、社会组织等机构开展农民培训，为

农民提供更多的培训机会。在培训机构的建设方面，政府可以通过资金扶持、税收优惠等方式，鼓励企业、社会组织等机构参与农民培训。在培训课程的设置方面，可以根据农民的需求和兴趣，开设不同层次、不同类型的培训课程，如智慧农业技术应用、农产品营销、农村电商等课程。此外，政府可以通过建立农民培训课程评价机制，对培训课程进行评估，提高培训质量，让农民更加愿意参加培训。

（2）培训互联网思维。作为智慧农业发展主力军的农民需要转变传统的思维习惯，培养互联网思维，善于使用网络及各种农业服务平台，助力自身职业能力的发展。当前智慧农业背景下农民培训的教育方式逐渐向线上转移，形成了线上线下的多元化培训方式。因此互联网应用能力、信息获取能力对现代农民来说非常重要，是智慧农业下农民培训的重要目标之一，也是开展线上农民培训的前提。农民培训机构或者学校应树立农民网络学习典型，加大培育力度，培养农民的互联网思维和应用能力，使农民逐步养成通过网络平台学习的习惯。

（3）完善培训模式。互联网平台的培训模式相对来说是一种较新的培训模式，为了保障教学质量、提高学习效率、促进培训效果评价，需要对线上教育平台的网络课程资源建设、教学实施模式及师生互动设计规范、教育教学管理应用规范等方面进行完善。通过教学评价监督教学质量，采取多主体多层次、定性定量相结合的评价方式，对线上教学的制度设计、运行管理机制、资金使用规则、宣传管理方式等各方面进行评价，并不断改进与完善。

2. 提供多元化的农民培训模式，倡导个性化模式选择

（1）提供具有针对性的教育培训方式和内容。智慧农业对全产业链进行升级，产生了种类繁多的岗位类别，各岗位的职能要求既存在共性又有较大差异。因此培训机构应提供更多具有针对性的教育培训方式和内容。目前国内各地区积极探索智慧农业背景下的农民培训新型模式，产生了很多既符合当地特色又具有推广借鉴意义的模式与经验。

（2）加强培训主体间的沟通协作。培训的主体间应加强沟通和协作，根据自身的教育资源水平及资源特色提供相对应的培训内容，并且采取线上线下相结合、理论学习与实地参观操作相结合、网络课程与跟踪考核相结合等多种方式提高农民培训效果。高校应以提供学历型教育

与农业理论知识为主要发力点，企业应以技术推广、实地参观、生产经营技术示范为发力点，教育培训机构应以整合各方资源、提供更有实际性与针对性的培训课程为主。通过有效衔接各方培训主体的教育资源与教育优势，改善培训内容单一、理论与实际脱轨、实践性不强等现有培训模式中存在的问题。针对不同的农民群体，提供更有针对性的培训模式。比如，对于缺乏基础知识的农民，开设基础知识培训课程，帮助他们了解智慧农业的基本概念和技术；对于有一定基础的农民，开设智慧农业技术应用课程，帮助他们掌握智慧农业的具体应用技术。在培训模式的选择方面，政府可以根据不同的农民群体，选择不同的培训模式。如对于年轻农民，采用线上培训的方式，让他们通过网络学习智慧农业知识；对于年龄较大的农民，采用线下培训的方式，让他们亲身体验智慧农业技术。

（3）注意培训模式选择的个性化。政府可以通过宣传、推广等方式，让更多的农民了解到不同的培训模式，让他们根据自己的需求和兴趣选择适合自己的培训课程。比如，政府可以在农村广场、村委会等公共场所张贴宣传海报，介绍不同的培训课程和培训模式；政府可以通过电视、广播等媒体播放农民培训宣传片，让更多的农民了解农民培训的重要性。在推广农民培训模式选择的过程中，政府还可以邀请一些成功的农民代表，分享他们通过参加培训所取得的成果和收益，鼓励更多的农民参加培训。此外，可以通过建立农民培训课程推荐机制，让农民之间相互推荐好的培训课程和培训机构，提高农民参加培训的积极性和主动性。

3. 发掘农民自身的内驱力，提高农民胜任力素质

（1）提高农民学习意愿。学习意愿是农民参与智慧农业培训的内驱力。农民自身学习能力和文化程度较低，导致其主动持续地进行长时间的知识学习存在较大困难，严重影响其自主学习的积极性，尤其是在当前培训模式中线上方式的学习所占比重越来越大，很难达到应有效果，会极大地降低农民的学习意愿。因此在智慧农业背景下需要对农民的职业化发展进行有效引导，在培训的前中后期对其职业能力的提升发展进行持续关注，并帮助其制定职业能力发展规划。要发挥培训支持服务的作用，增加跟踪访谈、反馈调查方面的频次，使农民能够在职业能力发

展上有所依托，保持学习意愿。

（2）加强农民间互动交流。互动是打通学习障碍、构建知识学习渠道的关键。在具体的培训中培训教师应引导农民进行互动，营造积极交流探讨的课堂氛围。可以结合供给侧结构性改革、乡村振兴、智慧农业发展规划等宏观政策环境帮助参训农民确立自身的职业发展规划，也可以结合农业产业发展现状和农民自身实际状况引导农民对身边的事件进行关注与反思。这样既能加强师生互动，又能潜移默化地促进农民的自身思考，使农民由内而外地建立自身的职业愿景和发展规划，形成长期且稳定的学习意愿。

（3）多种方式提高农民各类素质。除了培训外，政府还可以通过其他方式提高农民胜任力素质。在提高农民信息化素质方面，政府可以通过开展信息化培训、普及信息化设备等方式，让农民掌握更多的信息技术知识，提高信息化应用能力。在提高农民创新能力方面，政府可以通过开展创新培训、组织创新活动等方式，让农民掌握更多的创新思维和方法，提高生产效率。在提高农民法律素质方面，政府可以通过开展法律教育、普及法律知识等方式，让农民了解自己的权利和义务，提高法律素质。

参考文献
REFERENCES

班固，1990. 汉书·食货志 [M]. 北京：中国财政经济出版社.

边燕杰，2004. 城市居民社会资本的来源及作用：网络观点与调查发现 [J]. 中国社会
科学 (3)：136 - 146，208.

曹冰雪，李瑾，冯献，等，2021. 我国智慧农业的发展现状、路径与对策建议 [J]. 农
业现代化研究，42 (5)：785 - 794.

曹高辉，2017. 消费者持续参与在线评论意愿实证研究 [J]. 管理评论，29 (11)：
148 - 158.

曹建民，胡瑞法，黄季焜，2005. 农民参与科学研究的意愿及其决定因素 [J]. 中国农
村经济 (10)：8.

茶金学，徐步朝，2007. 新型农民素质评价体系初探 [J]. 江西社会科学 (11)：237 - 239.

常桂祥，傅蓉，2021. 布尔迪厄、科尔曼和帕特南的社会资本理论比较分析 [J]. 中共
济南市委党校学报 (2)：37 - 44.

常颖，2020. 新媒体环境下农民工在线信息行为与服务模式研究 [D]. 长春：吉林大学.

陈池波，2013. 农村空心化、农民荒与职业农民培育 [J]. 中国地质大学学报（社会科
学版）(1)：74 - 80，139.

陈春燕，2006. 中国农业现代化问题研究 [D]. 泰安：山东农业大学.

陈亚军，2019. 新型职业农民培训问题与对策 [J]. 合作经济与科技 (15)：112 - 113.

陈雁枫，2007. 培训效果评估及其在企业的运用 [J]. 上海交通大学学报 (4)：88 - 93.

陈一飞，田见晖，赵要凤，等，2021. 数字经济视角下智慧农业关键核心技术突破路径
[J]. 新经济导刊 (4)：22 - 29.

陈瑜，2018. 福建农林大学开展新型职业农民培训成效研究 [D]. 福州：福建农林大学.

陈振华，翟印礼，2010. 农民科技经纪人培训效果分析：基于辽宁省农民科技经纪人示
范工程的调查 [J]. 农业经济 (6)：60 - 61.

翟黎明，夏显力，孙养学，2016. 农户参与新型职业农民培训意愿及影响因素分析：对
陕西关中四市的调查 [J]. 职业技术教育，37 (21)：55 - 59.

代兴梅，孙奇，张艳，等，2022. 乡村振兴中人才支撑作用研究：价值理路、现实思考
和实现路径 [J]. 沈阳农业大学学报（社会科学版），24 (5)：530 - 534.

代兴梅，张艳，刘彦伯，2019. 乡村振兴背景下构建农科生基层就业长效机制的研究 [J]. 农业经济（12）：105 - 107.

窦天苗，2018. 虚拟用户社区成员持续参与意愿的影响因素研究 [D]. 西安：西安理工大学.

杜挺，谢贤健，梁海艳，等，2014. 基于熵权 TOPSIS 和 GIS 的重庆市县域经济综合评价及空间分析 [J]. 经济地理（6）：40 - 47.

范晓屏，2009. 非交易类虚拟社区成员参与动机：实证研究与管理启示 [J]. 管理工程学报（1）：1 - 6.

冯兴元，2022. 社会资本参与乡村振兴与农业农村现代化 [J]. 财经问题研究（1）：4 - 13.

福朗西斯·福山，1998. 信任：社会道德与繁荣的创造 [M]. 呼和浩特：远方出版社.

傅雪梅，庄天慧，2016. 成都市新型职业农民培训模式及其效果影响因素 [J]. 贵州农业科学（1）：171 - 176，181.

葛乐，2019. 对培养新型职业农民的思考 [J]. 农家参谋（13）：29.

宫春婕，2016. 互动感知对微信用户持续参与意愿的影响研究 [D]. 哈尔滨：哈尔滨工业大学.

龚主杰，赵文军，熊曙初，2013. 基于感知价值的虚拟社区成员持续知识共享意愿研究 [J]. 图书与情报，153（5）：89 - 94.

谷小勇，张小明，2004. 主要发达国家农民职业教育的三种基本形式 [J]. 农职教论坛（28）：56 - 59.

郭起瑞，2023. 健全农村金融服务体系助力乡村振兴 [N]. 农民日报，12 - 09.

郭起瑞，2024. 提升金融支持科技创新能力水平 [N]. 经济日报，06 - 06.

韩军利，2011. 宝鸡市农民培训模式运行保障机制研究 [D]. 咸阳：西北农林科技大学.

何嵘珍，2019. 新型职业农民培训模式及其效果影响因素分析 [J]. 现代营销（信息版）（3）：180 - 181.

贺爱忠，李雪，2015. 在线品牌社区成员持续参与行为形成的动机演变机制研究 [J]. 管理学报，12（5）：733 - 743.

呼婕，牛刚，2013. 江苏省农民工培训满意度影响因素实证研究：以无锡市为例 [J]. 南方农村（5）：68 - 74.

胡芮，2017. 山西省农民参与新型职业农民培训影响因素分析 [D]. 晋中：山西农业大学.

胡银花，2016. 虚拟品牌社区消费者参与行为的动机、影响因素及其作用机制研究 [D]. 南昌：江西财经大学.

胡永万，2020. 发挥农广校体系作用加快培养高素质农民 [J]. 农民科技培训（7）：7 - 11.

黄双令，2013. 地方政府行为视角下农业培训参与的实证研究 [J]. 今日中国论坛（21）：439 - 442.

黄志坚，2003. 谁是青年：关于青年年龄界定的研究报告［J］. 中国青年研究（11）：
  31－41.

吉则尔夫，2020. 绵阳市新型职业农民培训意愿影响因素研究［D］. 绵阳：西南科技
  大学.

吉宗仁，2022. 浅析我国智慧农业的发展现状、路径与对策建议［J］. 新农业（18）：
  65－67.

贾康，郭起瑞，2024. 数字普惠金融对农业新质生产力的影响研究［J］. 华中师范大学
  学报（人文社会科学版），63（4）：1－13.

贾可，2022. 辽宁省农业科学院农村科技特派行动的实践与思考［J］. 辽宁农业科学
  （3）：63－64.

姜明伦，于敏，李红，2015. 农民培训机构的培训效果及影响因素研究：以宁波市为例
  ［J］. 农业展望（8）：55－62.

蒋剑勇，钱文荣，郭红东，2014. 社会网络、先前经验与农民创业决策［J］. 农业技术
  经济，2014（2）：17－25.

金建东，何杨勇，张西华，2022. 职业教育服务我国智慧农业发展的机遇、挑战与实践
  ［J］. 教育与职业（6）：5－12.

康春鹏，2022. 智慧农业建设的时代方位、突出亮点和问题建议［J］. 农村工作通讯
  （2）：23－25.

科尔曼，1990. 社会理论的基础［M］. 北京：社会科学文献出版社.

赖园园，2017. 网络问答社区用户持续参与行为研究［D］. 南昌：江西财经大学.

雷蒙德·A. 诺伊，2001. 雇员培训与开发［M］. 徐芳，译. 北京：中国人民大学出
  版社.

李丹，赵慧，2006. 企业培训效果评估探讨［J］. 科技进步与对策（4）：124－125.

李道亮，2012. 物联网与智慧农业［J］. 农业工程，2（1）：1－7.

李道亮，2015. 城乡一体化发展的思维方式变革：论现代城市经济中的智慧农业［J］.
  人民论坛·学术前沿（17）：39－47.

李凤艳，2020. 乡村振兴视角下加快辽宁高素质农民发展路径［J］. 农业经济（7）：
  80－81.

李光裕，2016. 山西省新型职业农民培育效果评估研究：以长治市为例［D］. 晋中：山
  西农业大学.

李慧静，2015. 现代农业发展中的职业农民培育研究［D］. 哈尔滨：东北林业大学.

李嘉，杨锦秀，2012. 农民就业培训满意度的影响因素分析：以成都市为例［J］. 农村
  经济（6）：110－113.

李磊，2016. 青年就业状况比较分析：以日本、韩国、中国大陆及台湾地区为例［J］.
  劳动关系学院学报，5（30）：12－18.

李萌，2018. 新时代职业农民培训模式研究：以彬县产学研示范基地为例 [D]. 咸阳：西北农林科技大学.

李平，2020. 基于 SPSS 统计法下校园快递的顾客满意度调查分析 [J]. 物流工程与管理，42（2）：141-144.

李涛，2004. 我国 35 个大中城市人力资本投资实证分析 [J]. 中国管理科学（4）：125-130.

李雪，2015. 在线品牌社区成员持续参与行为形成的动机演变机制研究 [D]. 长沙：湖南大学.

李阳，2015. A 市农民培训效果及改进策略研究 [D]. 苏州：苏州大学.

梁文玲，杨文举，2016. 虚拟品牌社区信息质量对社区用户持续参与意愿的影响研究 [J]. 情报杂志，35（11）：195-201.

廖俊云，黄敏学，彭捷，2016. 虚拟品牌社区成员社会化策略及其影响 [J]. 南开管理评论，19（5）：171-181.

廖开妍，杨锦秀，刘昕禹，2019. 新型职业农民培训效果评价及其影响因素 [J]. 职业技术教育，40（36）：45-50.

廖泉军，刘丹，2006. 论个人人力资本投资决策 [J]. 科技进步与对策（5）：144-146.

林红，李仕凯，柳欣源，2019. 人力资本视角下新型职业农民培育困境与突破 [J]. 黑龙江八一农垦大学学报（3）：101-107.

刘剑虹，陈传锋，成晓，2015. 当前我国农村民生状况百村万民调查报告 [J]. 浙江社会科学（7）：96-103，159.

刘丽伟，高中理，2016. 美国发展"智慧农业"促进农业产业链变革的做法及启示 [J]. 经济纵横（12）：120-124.

刘蒙蒙，2015. 内容型虚拟社区用户交互方式对持续参与意愿的影响 [D]. 广州：华南理工大学.

刘少宁，2019. 社会资本对农户收入的影响研究 [D]. 咸阳：西北农林科技大学.

刘抒瑶，张艳，刘彦伯，2024. 基于胜任力模型的青年农民培训研究 [J]. 农业经济（1）：96-98.

刘彦伯，张艳，代兴梅，2022. 全媒体视域下高校学术期刊数字化创新传播研究 [J]. 高等农业教育（2）：57-63.

刘益曦，胡春，于振兴，等，2017. 都市农业发展中新型职业农民培训的绩效评估与分析：基于规模示范合作社农户的实地调查 [J]. 江苏农业科学（6）：332-337.

刘永芳，2008. 管理心理学 [M]. 北京：清华大学出版社.

卢华，2021. 乡村振兴背景下新型职业农民培育研究 [J]. 教育与职业（1）：96-100.

卢新元，卞春会，李杨莉，等，2018. 众包物流活动中大众持续参与行为研究：以外卖 O2O 行业为例 [J]. 物流工程与管理，40（6）：52-54.

陆迁，王昕，2012. 社会资本综述及分析框架［J］. 商业研究（2）：141-145.

陆燕春，2011. 保障粮食安全须大力培养新型职业农民［J］. 科教文汇（上旬刊）（12）：5-6.

罗伯特·D. 帕特南，2001. 使民主运转起来：现代意大利的公民传统［M］. 王列，赖海榕，译. 南昌：江西人民出版社.

罗家德，2005. 如何测量社会资本：一个经验研究综述［J］. 国外社会科学（2）：18-24.

吕莉敏，石伟平，2023. 高素质农民培育效果评价：应然追求、实然之困与未来方向［J］. 职教论坛，39（9）：68-75.

吕梦捷，2017. 劳动合同对青年劳动者收入和福利的异质性影响［J］. 中国青年研究（1）：64-72.

吕天宇，赵微，李娜，等，2020. 基于农民满意度的农村水环境治理绩效研究：以湖北省部分县市的调查为例［J］. 水土保持通报，40（6）：137-145，152.

马艳艳，2018. 福建农林大学开展新型职业农民培训成效研究［D］. 福州：福建农林大学.

马艳艳，李鸿雁，2018. 农户对新型职业农民培训的意愿响应及影响因素分析：以宁夏银北地区 265 户农户调查数据为例［J］. 西北人口，39（4）：99-104，111.

孟宪明，杨思羽，2023. "互联网＋"时代新型职业农民培训模式研究［J］. 继续教育研究（1）：34-37.

孟宪生，2011. 市民化视角下统筹推进新生代农民工就业转型研究［J］. 管理现代化（6），44-46.

明赛尔，2001. 人力资本研究［M］. 张凤林，译. 北京：中国经济出版社.

聂彬，2020. 陕西省杨凌示范区新型职业农民培训问题及对策研究［D］. 咸阳：西北农林科技大学.

聂富强，崔亮，艾冰，2012. 贫困家庭的金融选择：基于社会资本视角的分析［J］. 财贸经济（7）：49-55.

潘巧燕，吴锦程，2013. 粮农和果农培训意愿及其影响因素比较：基于福建省永春县 351 份问卷［J］. 湖南农业大学学报（社会科学版）（4）：60-64.

皮埃尔·布迪厄，1997. 文化资本和社会炼金术：布迪厄访谈录［M］. 包亚明，译. 上海：上海人民出版社.

权英，吴士健，孙绪民，2009. 当前我国农民社会资本的测度与分析：基于青岛市城郊农民的调查［J］. 山东省农业管理干部学院学报，25（1）：13-15.

申格，吴文斌，史云，等，2018. 我国智慧农业研究和应用最新进展分析［J］. 中国农业信息，30（2）：1-14.

孙忠富，杜克明，郑飞翔，等，2013. 大数据在智慧农业中研究与应用展望［J］. 中国农业科技导报，15（6）：63-71.

谭霞，付有龙，2020. 大学生线上英语学习满意度与持续学习意愿影响因素研究 [J]. 外语电化教学 (4)：13，82-88.

唐浩，周一，2020. 智慧农业发展的双向驱动机制与实现路径 [J]. 科学管理研究，38 (2)：104-108，131.

唐华俊，2020. 智慧农业赋能农业现代化高质量发展 [J]. 农机科技推广 (6)：4-5，9.

唐纳德·L. 柯克帕特里克，詹姆斯·D. 柯克帕特里克，2007. 如何做好培训评估：柯氏四级评估法 [M]. 北京：机械工业出版社.

田贵平，潘寄青，2014. 发达国家职业农民教育发展谱系与横向比较 [J]. 成人教育 (12)：104-106.

童馨乐，褚保金，杨向阳，2011. 社会资本对农户借贷行为影响的实证研究：基于八省 1 003 个农户的调查数据 [J]. 金融研究 (12)：177-191.

汪娟，2018. 农业现代化进程中新型职业农民培育问题研究 [J]. 科教论坛 (23)：272-274.

王铎，陶冰心，郑国梦，2020. 基于期望与确认理论的 VR 图书馆服务用户持续使用行为影响因素研究 [J]. 现代情报，40 (8)：111-120.

王乐杰，沈蕾，2014. 城镇化视阈下的新型职业农民素质模型构建 [J]. 西北人口 (3)：90-95，101.

王丽，2018. 智慧农业背景下农业全产业链发展路径探索 [J]. 农业经济 (4)：6-8.

王孟涵，白冰，朱应雨，等，2024. 养殖户持续参与培训行为的驱动因素研究：基于 627 个畜禽养殖户的调查 [J/OL]. 中国畜牧杂志 (2024-09-27). https://doi.org/10.19556/j.0258-7033.20240401-01.

王敏，2001. 发达国家农民教育简述 [J]. 成人教育 (12)：44.

王楠，张伟远，苟江凤，2019. "互联网＋"背景下新型职业农民群体终身学习现状及发展建议研究 [J]. 中国电化教育 (6)：63-72.

王倩，卜风贤，2017. "互联网＋"背景下农民培训意愿的假设证伪与模型建构：基于中西部猕猴桃主产区农业合作社的实证调查 [J]. 河南师范大学学报 (哲学社会科学版) (1)：147-152.

王瑞芳，李晓峰，2020. 农民胜任力素质提升路径研究 [J]. 农业技术经济 (3)：5-7.

王晓红，张雪燕，徐峰，等，2020. 社会资本对跨学科研究团队知识整合的影响机制 [J]. 科学学研究，38 (8)：1464-1472.

王秀华，2012. 新型职业农民教育管理探索 [J]. 管理世界 (4)：179-180.

王旭斐，2018. 黑龙江省新型职业农民培训策略研究 [D]. 大庆：东北石油大学.

王韵滋，2019. 基于满意度视角城市劳动者受教育水平对迁移意愿的影响研究 [D]. 沈阳：沈阳农业大学.

王昭，张红，2014. 关于新型职业农民的培育研究 [J]. 中国农机化学报 (2)：314-317.

王哲，2017. 社会化问答社区知乎的用户持续使用行为影响因素研究 [J]. 情报科学，V35 (1)：78 - 83.

温涛，陈一明，2021. "互联网＋"时代的高素质农民培育 [J]. 理论探索 (1)：12 - 21.

吴丽芳，2021. 基于智慧时代的农业 4.0 模式及发展策略研究 [J]. 农业经济 (5)：9 - 11.

吴娜琳，张娣，李二玲，等，2018. 涉农人员对智慧农业建设的支持意愿及影响因素研究：以新疆察布查尔锡伯自治县为例 [J]. 农业现代化研究，39 (5)：845 - 854.

吴秋晨，2022. 数字乡村背景下新型职业农民可持续发展研究 [J]. 教育与职业 (22)：92 - 95.

夏益国，2015. 粮食安全视阈下农业适度规模经营与新型职业农民：耦合机制、国际经验与启示 [J]. 农业经济问题 (5)：56 - 64，111.

萧鸣政，2005. 人力资源开发与管理：在公共组织中的应用 [M]. 北京：北京大学出版社：221.

辛贤，学峰，2005. 素质评价及区域差异 [J]. 中国农村经济 (9)：4 - 9，55.

熊捷，孙道银，2017. 企业社会资本、技术知识获取与产品创新绩效关系研究 [J]. 管理评论，29 (5)：23 - 39.

徐辉，2016. 新常态下新型职业农民培育机理：一个理论分析框架 [J]. 农业经济问题 (8)：9 - 15，110.

徐璋勇，杨贺，2014. 农户信贷行为倾向及其影响因素分析：基于西部 11 省（区）1 664 户农户的调查 [J]. 中国软科学 (3)：45 - 56.

许金鸾，2014. 福建省新型职业农民培训意愿影响因素研究 [D]. 福州：福建农林大学.

许可凡，2004. 培训评估研究 [D]. 天津：天津大学.

薛晴，2017. 陕西凤翔县新型职业农民培育工作效果及影响因素研究 [D]. 南宁：广西大学.

亚当·斯密，2015. 国富论 [M]. 郭大力，王亚南，译. 北京：商务印书馆.

杨琴，吴兆明，2020. 国外职业农民职业教育对我国新型职业农民培育的借鉴与启示 [J]. 成人教育，40 (6)：76 - 81.

杨印生，薛春序，许莹，等，2021. 智慧农业的社会经济特征、发展逻辑与系统阐释 [J]. 吉林农业大学学报，43 (2)：146 - 152.

伊特韦尔，1996. 新帕尔格雷夫经济学大词典 [M]. 北京：经济科学出版社.

殷浩栋，霍鹏，肖荣美，等，2021. 智慧农业发展的底层逻辑、现实约束与突破路径 [J]. 改革 (11)：95 - 103.

尹洁林，杨帆，王楠，2021. 感知社区价值对消费者知识共享行为影响机制研究：互惠规范的中介作用 [J]. 商业经济研究 (11)：36 - 40.

于飞，2018. 新型职业农民培训效果的影响因素分析 [J]. 科技经济市场 (10)：113 - 114.

虞佩燕，2007. 基于 DEA 的区域人力资本投资效益综合评价 [D]. 重庆：重庆大学.

苑紫彤，王军，2021. 乡村振兴视角下智慧农业发展措施与模式［J］. 现代农业科技
　（12）：245-246.

詹姆斯·科尔曼，1999. 社会理论的基础［M］. 北京：社会科学文献出版社.

张冠男，2021. 农民职业培训的发展动态与优化路径：基于过去四十年农民职业培训项
　目的经验［J］. 成人教育，41（7）：49-56.

张海涛，章洁倩，2010. 新农村建设中新型农民培育长效机制研究：以江西为例［J］.
　成人教育（10）：26-35.

张红智，王营营，王波，2021. 乡村振兴战略下高素质农民支持政策的演变及完善方向
　［J］. 安徽农业科学，49（22）：257-261.

张虹，2018. 杭州市临安区新型职业农民培育问题研究［D］. 杭州：浙江农林大学.

张俊，陈佩瑶，2018. 乡村振兴战略实施中内生主体力量培育的路径探析：基于韩国新
　村运动的启示［J］. 世界农业（4）：151-156.

张俊生，曾亚敏，2005. 社会资本与区域金融发展：基于中国省际数据的实证研究［J］.
　财经研究（4）：37-45.

张梦梦，张冉，张丽元，等，2019. 新型职业农民教育培训问题及对策［J］. 吉林农业
　（12）：83-84.

张明明，2008. 农民田间学校的起源及在中国的发展［J］. 中国农业大学学报（社会科
　学版），25（2）：129-135.

张涛，张烈侠，2008. 基于高等教育个人人力资本投资决策分析的研究［J］. 科技管理
　研究（6）：436-438.

张桃林，2012. 培育新型职业农民将伴随农业现代化发展全过程［J］. 农民科技培训
　（5）：4-7.

张雯，王燕，2021. 基于高素质农民培训与职业教育衔接的人才培养模式［J］. 农业工
　程，11（10）：122-126.

张晓东，2020. A银行个人客户服务满意度提升的策略研究［D］. 重庆：西南大学.

张笑宁，2019. 县域果蔬产业职业农民培训的问题与对策研究［D］. 西安：西北农林科
　技大学.

张艳，毛淳，刘彦伯，2023. 乡村振兴背景下知农爱农型人才需求特征及培养路径［J］.
　农业经济（5）：116-117.

张扬，2009. 影响农民职业培训效果的因素分析及政策取向［J］. 职业技术教育（1）：
　64-67.

张亿钧，朱秋分，曹延姗，2018. 新型职业农民培训效果的影响因素分析及政策建议
　［J］. 职教论坛（3）：108-112.

张义晓，2016. 智慧农业发展前景下新型职业农民培养探析［J］. 中国成人教育（8）：
　155-157.

赵帮宏，张亮，张润清，2013. 我国新型职业农民培训模式的选择 ［J］. 高等农业教育
　　（4）：107-112.

赵斌，刘米娜，2013. 收入、社会资本、健康与城市居民幸福感的实证分析 ［J］. 统计
　　与决策（20）：96-99.

赵春江，2019. 智慧农业发展现状及战略目标研究 ［J］. 智慧农业，1（1）：1-7.

赵春江，李瑾，冯献，2021. 面向 2035 年智慧农业发展战略研究 ［J］. 中国工程科学，
　　23（4）：1-9.

赵明霞，2013. 虚拟社区成员持续参与行为的心理机制研究 ［D］. 上海：复旦大学.

赵文军，周新民，2017. 感知价值视角的移动 SNS 用户持续使用意向研究 ［J］. 科研管
　　理，V38（8）：153-160.

仲秋雁，王彦杰，裴江南，2011. 众包社区用户持续参与行为实证研究 ［J］. 大连理工
　　大学学报，32（1）：1-6.

周国民，2009. 浅议智慧农业 ［J］. 农业网络信息（10）：5-7，27.

周杉，代良志，雷迪，2017. 我国新型职业农民培训效果、问题及影响因素分析：基于
　　西部四个试点县（市）的调查 ［J］. 农村经济（4）：115-121.

周晓琴，2018. 如何提高新型职业农民培训效果浅议 ［J］. 甘肃农业（20）：2.

周晔馨，叶静怡，曹和平，2013. 流动农民工社会资本的测量及其分布特征：基于北京
　　市农民工社会网络的分析 ［J］. 云南财经大学学报，29（3）：141-151.

朱奇彪，米松华，黄莉莉，等，2014. 新型职业农民参与技能培训的意愿及影响因素研
　　究：基于规模种植业农户的实证分析 ［J］. 浙江农业学报，26（5）：1361-1367.

朱启臻，2012. 培养年轻职业农民是一项战略任务 ［N］. 农民日报，01-11（001）.

朱启臻，2013. 新型职业农民的内涵特征及其地位作用 ［J］. 中国农业信息（17）：16-18.

邹菊梅，2017. MOOC 学习者的持续参与行为研究 ［D］. 杭州：浙江大学.

Adam Smith，1937. The Wealth of Nations ［J］. Random Housee：229.

Bagozzi R P，Dholakia U M，2002. Intentional Social Action in Virtual Communities ［J］.
　　Journal of Interactive Marketing，16（2）：2-21.

Baldwin T T，Ford J K，1988. Transfer of Training：A Review and Directions for Future
　　Research ［J］. Personnel Psychology，41（1）：63-105.

Basak E，Calisir F，2015. An empirical study on factors affecting continuance intention of
　　using Facebook ［J］. Computers in Human Behavior（48）：181-189.

Beeker G S，Tomes N，1979. An Equilibrium Theory of the Distribution of lncome and
　　Intergeneraional Mobility ［J］. Journal of Political Economy（87）：1153-1189.

Bennell P，1998. "Vocational Education and Training in Tanzaania and Zimbabwe in the
　　Context of Economie Reform"，Department for International Development，Edueation
　　Research Series.

Bourdieu P，1986. The Form of Social Capital. R ichardson J. G. West-port. Handbook of Theory and Research for the Sociology of Education [M]. Greenwood Press.

David J，2019. The Importance of Marketing Skills for Farmers [J]. Journal of Agricultural and Resource Economics，44 (2)：231 – 245.

Dholakia R R，Chiang K P，2003. Shoppers in Cyberspace：Are They From Venus or Mars and Does It Matter [J]. Journal of Consumer Psychology (Lawrence Erlbaum Associates)，13 (1/2)：171.

Fang Y L，Neufeld D，2009. Understanding Sustained Participation in Open Source Software Projects [J]. Journal of Management Information Systems，25 (4)：9 – 50.

Granovetter M，1985. Economic Action and Social Structure：The Problem of Embeddedness [J]. The American Journal of Sociology，91 (3)：481 – 510.

John S，2018. The Role of Internet Technology in Modern Agriculture [J]. Journal of Agricultural and Resource Economics，43 (1)，123 – 137.

K M Singh，S K Singh，2018. Assessment of Farmers' Competency in Agriculture：A Case Study of Punjab，India [J]. Journal of Agricultural Education and Extension，24 (1)：1 – 14.

Kaur P，2016. Underpinnings of User Participation in Service Provider-Hosted Online Communities [J]. Service Science，8 (3)：249 – 262.

Knowles M S，1975. Self-directed Learning：A Guide for Learnersand Teachers [M]. New York：Cambridge Book Company.

Lee M C，2010. Explaining and predicting users' continuance intention toward e-learning：An extension of the expectation-confirmation model [J]. Computers & Education，54 (2)：506 – 516.

Lin T T，Hsiao K L，Chiang H S，et al. ，2013. Continuous Usage Intention of Videoconferencing Software：A Case Study of One-to-Some Online Courses [C] // International Conference on Advanced Information NETWORKING and Applications Workshops. IEEE：990 – 995.

Ma M，Agarwal R，2007. Through a glass darkly：Information technology design，identity verification，and knowledge contribution in online communities [J]. Information systems research，18 (1)：42 – 67.

McClelland D C，1973. Testing for Competence Rather Than for Intelligence [J]. American Psychologist，28 (1)：1 – 14.

MEIER G M，STIGLITZ J E，2000. Frontiers of development economics：the future in perspective [R]. World Bank Publications，34 (100)：965 – 968.

Oliver R L，1980. A cognitive model of the antecedents and consequences of satisfaction decisions [J]. Journal of Marketing Research (4): 460 – 469.

Park J S, Kim J J, Koh J, 2010. Determinants of Continuous Usage Intention in Web Analytics Services [J]. Electronic Commerce Research and Applications, 2010, 9 (1): 61 – 72.

Park K, Ryu I, Kim J, 2013. A Study on Continued Use of Social Network Services: Focused on the Moderating Effect of User's SNS Literacy [J]. The Journal of Information Systems, 22 (1): 65 – 87.

Paul A, Samuelson, 1954. The Pure Theory of Public Expenditure [J]. The Review of Economics and Statistics, 36 (4): 387 – 389.

Prem J, Ali Y, Dimitrios G, et al. , 2016. Internet of Things Platform for Smart Farming: Experiences and Lessons Learnt [J]. Sensors, 16 (11): 1884.

Putnam R, 1995. Bowling Alone: America's Declining Social Capital in America [J]. Journal of Democracy, 6 (1): 65 – 78.

Rahman M A, Islam M A, Hossain M A, 2019. Farmers' Competency in Agriculture: A Study on the Farmers of Bangladesh [J]. Journal of Agricultural Education and Extension, 25 (1): 1 – 14.

Shah S K, 2006. Motivation, governance, and the viability of hybrid form in open source software development [J]. Management Science, 52 (7): 1000 – 1014.

Sun Y, Fang Y, Lim K H, 2012. Understanding sustained participation in transactional virtual communities [J]. Decision Support Systems, 53 (1): 12 – 22.

Zhu D S, Lee R Z C, Kuo M J, et al. , 2013. A Study on the Continuous Using Intention of Traveling Website [C]. IEEE/ACIS 12th International Conference on Computer and Information Science (ICIS).

附　录

APPENDIX

附录1　高素质农民持续参与培训行为的影响因素研究调查问卷

关于"高素质农民持续参与培训行为的影响因素研究"调查问卷

　　您好！本研究团队正在进行关于高素质农民持续参与培训行为的影响因素课题研究，希望您能提供相关信息。问卷仅供学术研究之用，不做其他用途，采用不记名方式，将保证您的隐私，请放心如实表达您的意愿，在此对您的帮助和支持表示由衷的感谢！

您来自_____市_____区_____镇/街道

1. 您参与培训的次数（　　）
   A. 1次　B. 2次　C. 3次　D. 4次　E. 5次及以上

2. 您的性别（　　）
   A. 男　B. 女

3. 您的年龄（　　）
   A. 20岁及以下　B. 21～30岁　C. 31～40岁　D. 41～50岁　E. 51～60岁
   F. 61～64岁

4. 您的家庭成员数（　　）
   A. 2人及以下　B. 3～5人　C. 6人及以上

5. 您的受教育程度（　　）
   A. 小学及以下　B. 初中　C. 高中、中专及技校　D. 大专　E. 本科及以上

6. 您从事农业生产的年限（　　　）

A. 3 年及以下　B. 3~10 年（不含 3 年）　C. 超过 10 年

---

7. 什么原因促使您多次参与培训（　　　）

A. 市场需求　B. 政府引导　C. 个人动机　D. 亲友推荐

---

8. 您接受的高素质农民培训内容包括（　　　）［多选题］

　A. 农业相关政策　B. 现代农业理论知识　C. 相关法律法规　D. 创业知识与
技能　E. 国内外先进经验　F. 科学与文化教育　G. 市场及产品营销信息
H. 系统的、综合的职业素质培训　I. 手机应用技能和农村电子商务知识　J.
目前从事工作的实用现代知识技能和知识

A. 个人期望（非常低＝1，非常高＝5）

A1. 在多次参与培训前，您期望自己的收入水平是什么程度	1	2	3	4	5
A2. 在多次参与培训前，您对培训的相关内容的期望达到什么程度	1	2	3	4	5
A3. 在多次参与培训前，您期望政府起到的作用是什么程度	1	2	3	4	5

B. 培训感知（非常不满意＝1，非常满意＝5）

B1. 您对目前参与培训的师资队伍	1	2	3	4	5
B2. 您对目前参与培训的时间安排	1	2	3	4	5
B3. 您对目前参与培训的培训主体	1	2	3	4	5
B4. 您对目前参与培训的培训费用	1	2	3	4	5

B5. 以下关于培训的哪个因素会影响您多次参与培训（　　　）［单选题］

　A. 师资队伍　B. 培训方式　C. 时间安排　D. 培训主体　E. 培训费用

C. 政府感知（非常不满意＝1，非常满意＝5）

C1. 您对目前政府部门的监督管理	1	2	3	4	5
C2. 您对目前政府部门的资金投入力度	1	2	3	4	5
C3. 您对目前政府部门的政策倾斜力度	1	2	3	4	5

C4. 以下关于政府行为的哪个因素会影响您继续参与培训的行为（　　　）［单选题］

　A. 监督管理　B. 资金投入力度　C. 政策倾斜力度

D. 获得感知（非常不满足＝1，非常满足＝5）

D1. 您认为培训对您的自身技能提高是否满足了您的预期	1	2	3	4	5
D2. 您认为培训对您的荣誉获得是否满足了您的预期	1	2	3	4	5
D3. 您认为培训对您的收入增加是否满足了您的预期	1	2	3	4	5
D4. 您认为培训对您的知识交流的促进是否满足了您的预期	1	2	3	4	5
D5. 从个人角度考虑，什么原因最能导致您选择多次（两次及以上）参与培训（　　）［单选题］ 　　A. 提高自身技能　　B. 获得荣誉　　C. 增加收入　　D. 促进知识交流					

E. 高素质农民满意度（非常不愿意/非常大＝1，非常愿意/非常小＝5）

E1. 培训后的收入是否满足预期	1	2	3	4	5
E2. 培训内容是否满足预期	1	2	3	4	5
E3. 政府作用是否满足预期	1	2	3	4	5

F. 高素质农民持续参与培训行为（非常不愿意＝1，非常愿意＝5）

F1. 您下次是否会继续参与高素质农民培训	1	2	3	4	5
F2. 您是否会长期参与高素质农民培训？	1	2	3	4	5
F3. 您是否会鼓励您身边的人长期参与高素质农民培训？	1	2	3	4	5

附录 2　高素质农民培训效果研究调查问卷

高素质农民培训效果研究调查问卷

　　您好！现耽搁您宝贵的几分钟时间，所有问题请您根据之前参加过的"青年农民上大学"培训班真实填写，谢谢！

A. 基本调查

您来自：　　沈阳市　　　　　　区　　　　　镇/街道

A1. 您的性别：（　　）①男　②女

A2. 参加课程的专业方向：（　　）

　　①养殖　②林果（含花卉）　③蔬菜（含食用菌）　④大田作物（含农资）

　　⑤提高班　⑥其他

A3. 您的年龄：（　　）

　　①18～30 岁　②31～40 岁　③41～45 岁　④46～50 岁　⑤51～55 岁

　　⑥56～60 岁　⑦61 岁及以上

A4. 您的学历：（　　）

　　①小学　②初中　③高中或中专　④大专　⑤本科及以上

A5. 您所从事的工作领域：（　　）

　　①种植业　②养殖业　③农产品加工业 ④旅游、餐饮等服务业　⑤村干部　⑥电商　⑦农村职业经理人　⑧其他行业

A6. 您的所属经营主体：（　　）

　　①种植大户　②农民专业合作组织　③家庭农场　④养殖大户　⑤农业产业化龙头企业　⑥小农户　⑦其他

A7. 您的年收入：（　　）

　　①3 万元以下　②3 万～5 万元　③5 万～10 万元　④10 万～20 万元

　　⑤20 万～30 万元　⑥30 万～40 万元　⑦40 万元以上

A8. 您最需要哪一方面的培训知识：（　　）

①农业专业理论　②病虫害防治　③农业技术实操技能　④农产品销售

⑤农业创业　⑥电子商务　⑦农产品品牌认证与推广　⑧其他

A9-1. 您在认为教育培训中，学习的主要目的：［单选］（　　　）;

A9-2. 次要目的：［单选］（　　　）。

①获得文凭，提高学历　②取得相关结业证书　③提升个人能力

④结交更多朋友　⑤解决生产中的实际问题　⑥充实个人的生活

⑦提高社会地位　⑧了解政策、法律法规　⑨提高收入　⑩其他

请您对下列选项进行打分，"5分"为最高分，"1分"为最低分，请在选择的分数内打"√"。

对之前参加过的"青年农民上大学"培训班的相关情况打分

B. 学员反应测量（即培训满意度）"5"为最高分，"1"为最低分，请打"√"。

	项目	5	4	3	2	1
B1 课程设计	B1-1 培训项目涉及的内容与我工作有关					
	B1-2 培训课程内容的实用性、新颖性及难易度					
	B1-3 培训教材					
B2 教师授课质量	B2-1 培训教师的专业性和方式的满意程度					
	B2-2 授课质量					
B3 培训组织管理	B3-1 时间安排					
	B3-2 培训设施满意程度（多媒体等设施）					
	B3-3 后勤服务					
	B3-4 培训考核方式					
B4 政策扶持力度	B4-1 您对政策扶持力度的满意情况					
B5 自我感知	B5-1 培训后您对自身知识的增长满意吗					
	B5-2 培训后您对自身收入增长满意吗					
	B5-3 培训后您对您事业的开展满意吗					

B6 希望增加的课程＿＿＿＿＿＿＿＿＿＿＿＿＿＿＿＿＿＿＿＿＿

B7 对培训的感受和建议＿＿＿＿＿＿＿＿＿＿＿＿＿＿＿＿＿＿＿

C. 学习测量（即对培训内容的掌握程度）"5"为最高分，"1"为最低分，请打"√"。

	项目	5	4	3	2	1
C1 学习成果	C1-1 您对培训知识吸收如何					
	C1-2 您通常能做到上课认真听讲吗					
C2 学习质量	C2-1 知识和技能的提高程度					

D. 行为改变测量　"5"为很大提高，"1"为没有提高，请打"√"。

	项目	5	4	3	2	1
D1 能力变化	D1-1 您的经营管理能力是否得到提高					
	D1-2 您的环境保护意识是否得到提高					
	D1-3 对农业政策的了解					
	D1-4 对农业专业合作社的了解					
	D1-5 法律意识					
	D1-6 职业意识					
D2 知识应用	D2-1 工作中运用所学的知识与技能					
	D2-2 解决实际问题的能力					
D3 内心转变	D3-1 您是否获得内心的满足感、荣耀感、成就感					
	D3-2 您为高素质农民的身份感到自豪吗					
	D3-3 参加培训是否赢得了他人的认可和尊重					

E. 业务结果 "5"为最高分，"1"为最低分，请打"√"。

	项目	很大提高 5	有所提高 4	基本不变 3	反而减少 2	大量减少 1
E1 收入	E1-1 销售收入增多					
	E1-2 实际利润增加					
E2 生产效率	E2-1 产业规模扩大					
	E2-2 产量增加了					
	E2-3 种植养殖质量提高					
	E2-4 引进科技设施					
	E2-5 成本下降					
E3 病虫害率	E3-1 病虫害率下降					
	E3-2 减少了用药费用					
	E3-3 减少了用药量					
E4 获得政府资助	E4-1 获得政府津贴增加					

E5. 收入增加的主要原因：（　　　）

①产业规模扩大　②产量增加了　③种植养殖质量提高　④提高经营管理水平　⑤开发新的经营项目　⑥政策因素　⑦市场价格　⑧收入没有增加

E6. 目前农业生产最大的问题：（　　　）

①销售渠道窄，宣传力度不够　②自然灾害难以避免　③产业规模小　④技术不足，出现问题难以解决　⑤基础设施薄弱，产业水平低　⑥种植养殖方式落后　⑦劳动力素质较低，影响效率　⑧其他

附录3　高素质青年农民培训效果评价研究调查问卷

关于"高素质青年农民培训效果评价研究"调查问卷

您好！本研究团队正在进行关于高素质青年农民培训效果评价方面的课题研究，希望您能提供相关信息。问卷仅供学术研究之用，不做其他用途，采用不记名方式，将保证您的隐私，请如实表达您的意愿，在此对您的帮助和支持表示由衷的感谢！

请在题目的相应选项上打"√"，在"　　"上填写相应的答案。谢谢您的配合！

第一部分　基本情况
1. 您的性别： 　A. 男　　B. 女
2. 您的年龄： 　A. 16～20 岁　B. 21～30 岁　C. 31～40 岁 D. 41～45 岁
3. 您的受教育程度： A. 小学及以下　B. 初中　C. 高中　D. 大专　E. 本科及以上
4. 您所属的人员类别是： 　A. 种植大户　B. 规模养殖场经营者　C. 家庭农场经营者　D. 农民合作社骨干 E. 创业返乡青年
5. 您是通过何种方式报名参加青年农民培训的： 　A. 主管部门推荐　B. 农业企业推荐　C. 培训单位推荐　D. 个人申请
6. 您参加过几次青年农民培训： 　A. 1 次　B. 2 次　C. 3 次　D. 4 次　E. 5 次及以上

7. 您目前经营的规模:
    A. 50 亩以下   B. 50~100 亩   C. 100~150 亩   D. 150~200 亩   E. 200 亩以上

第二部分　高素质青年农民培训效果评价(非常不符合＝1，不符合＝2，不确定＝3，符合＝4，非常符合＝5)

1	善于通过书籍或网络等方式自学获取农业知识	1	2	3	4	5
2	学习新知识或新技能的速度更快了	1	2	3	4	5
3	主动利用业余时间学习与工作相关的新知识和先进经验	1	2	3	4	5
4	面对风险压力时可以更好地控制情绪、保持冷静	1	2	3	4	5
5	更加有足够的信心应对面临的风险	1	2	3	4	5
6	更加客观的处理紧急问题并分步骤采取相应措施	1	2	3	4	5
7	喜欢农民这个职业并为之感到自豪	1	2	3	4	5
8	认为农民是一个值得终身追求的职业	1	2	3	4	5
9	懂得更多农业经营与管理的专业知识	1	2	3	4	5
10	懂得更多农业产品销售方面的专业知识	1	2	3	4	5
11	对财务管理方面的知识了解更多	1	2	3	4	5
12	充分进行市场调查并对下一步的行为做出合理规划	1	2	3	4	5
13	能够综合人、财、物、市场等情况确定市场定位、营销定位	1	2	3	4	5
14	及时准确地感知市场的各种新动向	1	2	3	4	5
15	为人更加正直诚信、遵守市场规则	1	2	3	4	5
16	具备遭遇失败不服输、不放弃的精神	1	2	3	4	5
17	主动参加各种培训学习以及自费进修学习	1	2	3	4	5
18	具备更强的农业生产技术	1	2	3	4	5
19	在技术研究、机械设备制造等问题解决中有更强的研究意识	1	2	3	4	5
20	能够熟练掌握现代化农业设备技术	1	2	3	4	5
21	不断创造新的服务内容，为客户提供更多的价值	1	2	3	4	5
22	更加关注客户对产品以及服务的满意度	1	2	3	4	5
23	对农业生产方面的知识了解更多	1	2	3	4	5

24	通过改良、修理养护土壤等方式关注生态循环发展	1	2	3	4	5
25	愿意为生态环境保护投入资源	1	2	3	4	5
26	掌握农业法律方面的签订合同、税务等一般知识	1	2	3	4	5

第三部分　高素质青年农民培训效果影响因素（非常不符合＝1，不符合＝2，不确定＝3，符合＝4，非常符合＝5）

1	能较快地接受并吸收培训所学知识技能	1	2	3	4	5
2	将培训所学运用到农业生产中并取得了成效	1	2	3	4	5
3	独自解决农业生产中的困难和问题	1	2	3	4	5
4	对解决克服在农业生产中的困难和问题有信心	1	2	3	4	5
5	对做好农业生产中的事情有决心	1	2	3	4	5
6	参加培训能掌握更多的农业生产知识和技能	1	2	3	4	5
7	培训所学可以解决农业生产过程中的问题	1	2	3	4	5
8	参加培训的目的在于获得更高的收益	1	2	3	4	5
9	培训内容与培训需求关联程度高	1	2	3	4	5
10	培训内容丰富并具有吸引力	1	2	3	4	5
11	针对不同的农户培训需求设计不同的培训内容	1	2	3	4	5
12	培训内容很适合个人能力与工作要求	1	2	3	4	5
13	培训教师具有丰富的专业知识和经验	1	2	3	4	5
14	培训教师都是由有经验和资历的人员担任	1	2	3	4	5
15	培训教师的培训方法多样化且实用	1	2	3	4	5
16	培训的时间适当	1	2	3	4	5
17	政府对培训投入的资金较多	1	2	3	4	5
18	政府对培训非常重视	1	2	3	4	5
19	周围亲戚朋友支持农民参加培训	1	2	3	4	5
20	将培训所学运用到农业生产工作中	1	2	3	4	5
21	培训后政府或相关单位对参训效果进行跟踪调查	1	2	3	4	5
22	培训班有相应的奖惩机制鼓励农民参加培训	1	2	3	4	5

附录 4　社会资本对农业技术培训的影响研究调查问卷

关于"社会资本对农业技术培训的影响研究"调查问卷

您好！本研究团队正在进行社会资本对农业技术培训的影响研究，如果您能提供任何信息，我们将不胜感激。问卷只作学术研究用途，是不记名方式，并保证你的私隐。请如实地表达你的意愿，在此非常感谢您的帮助和支持！

A. 基本信息

A1. 您的性别：（_____）　①男　②女

A2. 您的年龄：（_____）

　　①20 岁以下　②21～30 岁　③31～40 岁　④41～50 岁

　　⑤51～60 岁　⑥61 岁及以上

A3. 您的受教育程度：（_____）

　　①小学及以下　②初中　　　③高中、中专及技校

　　④大专　　　　⑤本科及以上

A4. 您的家庭承包总耕种（_____）亩

A5. 您认为吸引您与中化合作的是什么？（可多选）

　　①App 上能看天气和土地　　　　　　②有专门的农艺师

　　③App 上的田间秀　　　　　　　　　④示范农场的田间教学

　　⑤其他

B1. 您认为中化 MAP 农业技术培训的培训环境如何？

　　①非常差　　②差　　　　③一般　　　④好　　　　⑤非常好

B2. 您认为培训内容与工作是否相关？

　　①非常不相关　②不相关　　③一般　　　④相关　　　⑤非常相关

B3. 您认为培训内容是您需要的吗？

　　①非常不需要　②不需要　　③一般　　　④需要　　　⑤非常需要

B4. 您认为培训时间合理吗？

　　①非常不合理 ②不合理　　③一般　　　　④合理　　　　⑤非常合理

B5. 您认为农艺师专业吗？

　　①非常不专业 ②不专业　　③一般　　　　④专业　　　　⑤非常专业

C1. 您认为智农、慧农 App 的田间秀适用吗？

　　①非常不适用 ②不适用　　③一般　　　　④适用　　　　⑤非常适用

C2. 您认为卫星遥感技术适用吗？

　　①非常不适用 ②不适用　　③一般　　　　④适用　　　　⑤非常适用

C3. 您认为示范农场的田间教学适用吗？

　　①非常不适用 ②不适用　　③一般　　　　④适用　　　　⑤非常适用

D1. 您认为中化的农业技术培训模式受众吗？

　　①非常不受众 ②不受众　　③一般　　　　④受众　　　　⑤非常受众

D2. 您认为中化 MAP 农业技术培训有益吗？

　　①非常无益　②无益　　　③一般　　　　④有益　　　　⑤非常有益

D3. 您对培训整个流程的组织管理和后期跟踪服务是否满意？

　　①非常不满意 ②不满意　　③一般　　　　④满意　　　　⑤非常满意

D4. 您继续参加中化 MAP 农业技术培训的意愿？

　　①非常不愿意 ②不愿意　　③一般　　　　④愿意　　　　⑤非常愿意

E1. 您认为培训所学知识和技能能应用吗？

　　①非常不能　②不能　　　③一般　　　　④能　　　　　⑤非常能

E2. 参加培训后，您认为农业工作中的问题能解决吗？

　　①非常不能　②不能　　　③一般　　　　④能　　　　　⑤非常能

E3. 参加培训后，您农业生产工作中的实际利润能增加吗？

　　①非常不能　②不能　　　③一般　　　　④能　　　　　⑤非常能

E4. 参加培训后，您认为生产效率能提高吗？

　　①非常不能　②不能　　　③一般　　　　④能　　　　　⑤非常能

E5. 参加培训后，您认为土地病虫害的能下降吗？

　　①非常不能　②不能　　　③一般　　　　④能　　　　　⑤非常能

F1. 您相信在合作中中化 MAP 会遵守合作协议和承诺吗？

　　①非常不相信 ②不相信　　③一般　　　　④相信　　　　⑤非常相信

F2. 您相信培训中的老师和学员们吗？

　　①非常不相信 ②不相信　　③一般　　　　④相信　　　　⑤非常相信

F3. 您相信培训会提高自身的农业技术能力吗？

　　①非常不相信 ②不相信　　③一般　　　　④相信　　　　⑤非常相信

F4. 您相信您的亲朋友邻吗？

　　①非常不相信 ②不相信　　③一般　　　　④相信　　　　⑤非常相信

G1. 与您有来往的人多吗？

　　①非常少　　　②少　　　　③一般　　　　④多　　　　⑤非常多

G2. 在有来往的人中您的亲朋好友多吗？

　　①非常少　　　②少　　　　③一般　　　　④多　　　　⑤非常多

G3. 在有来往的人中培训认识的人多吗？

　　①非常少　　　②少　　　　③一般　　　　④多　　　　⑤非常多

G4. 您与亲朋好友走动的次数多吗？

　　①非常少　　　②少　　　　③一般　　　　④多　　　　⑤非常多

G5. 您与培训认识的人走动的次数多吗？

　　①非常少　　　②少　　　　③一般　　　　④多　　　　⑤非常多

G6. 您与亲朋好友相处融洽吗？

　　①非常不融洽 ②不融洽　　③一般　　　　④融洽　　　　⑤非常融洽

G7. 您与培训认识的人相处融洽吗？

　　①非常不融洽 ②不融洽　　③一般　　　　④融洽　　　　⑤非常融洽

H1. 在培训中，您会经常主动询问信息吗？（包括 App）

　　①非常不主动 ②不主动　　③一般　　　　④主动　　　　⑤非常主动

H2. 您参与培训的次数多吗？（包括 App）

　　①非常少　　　②少　　　　③一般　　　　④多　　　　⑤非常多

H3. 遇到困难时，亲朋好友愿意帮忙吗？

　　①非常不愿意 ②不愿意　　③一般　　　　④愿意　　　　⑤非常愿意

H4. 遇到困难时，培训认识的人愿意帮忙吗？

　　①非常不愿意 ②不愿意　　③一般　　　　④愿意　　　　⑤非常愿意

I1. 您认为中化的培训制度规范程度如何？

　　①非常差　　　②差　　　　③一般　　　　④好　　　　⑤非常好

I2. 您认为中化 MAP 农业技术培训的管理制度规范程度如何？

　　①非常差　　　②差　　　　③一般　　　　④好　　　　⑤非常好

I3. 您认为中化 MAP 农业技术培训的氛围如何？（包括 App）

　　①非常差　　　②差　　　　③一般　　　　④好　　　　⑤非常好

附录5　智慧农业背景下农民胜任力素质调查问卷

智慧农业背景下农民胜任力素质调查问卷

您好！十分感谢您在百忙之中抽出时间参与我们的调查问卷。本问卷旨在研究智慧农业背景下农民胜任力素质，填写大约需要5分钟时间，采用的是匿名方式作答。请您根据个人的真实感受和想法填写，答案无对错之分，调查结果仅作为学术研究之用，绝不用于任何形式的个人评价和商业目的，并为您严格保密，请您安心填答问卷。非常感谢您的帮助！祝您及家人身体健康，工作顺利！

第一部分　基本信息

1. 您的性别：［单选题］
　　○男　　　　　　　○女

2. 您的年龄：［单选题］
　　○20～30岁　　○31～40岁　　　○41～50岁　　　○51岁及以上

3. 您的文化程度：［单选题］
　　○小学及以下　　○初中　　　　○高中或中专　　○大专及以上

4. 您所属的人员类别是：［单选题］
　　○种植大户　　　　　　　　○规模养殖场经营者
　　○家庭农场经营者　　　　　○农民合作社骨干
　　○创业大学生　　○中高职毕业生　　○返乡农民工　　○退伍军人

5. 您家庭总人口数：［单选题］
　　○1　　　　　　○2　　　　　　○3　　　　　　○4
　　○5人及以上

6. 您家庭中的劳动力个数：［单选题］
　　○0　　　　　　○1　　　　　　○2　　　　　　○3
　　○4个及以上

7. 您家目前的土地经营规模：［单选题］

○50 亩及以下　　○50～100 亩　　○100～150 亩　　○150～200 亩
○200 亩以上

8. 您的家庭年收入：[单选题]
○5 万元以下　　○5 万～10 万元　　○10 万～20 万元
○20 万～30 万元○30 万元以上

9. 您参加智慧农业相关培训的次数：[单选题]
○0 次　　　　○1 次　　　　○2 次　　　　○3 次
○4 次　　　　○5 次及以上

10. 您参加的智慧农业培训的主要模式：[单选题]
○院校定点培育类　　　　　○技术合作推广类
○线上平台培育类　　　　　○其他

第二部分　胜任力素质（非常不符合＝1，非常符合＝5）

11. 心理素质 [矩阵量表题]

	1	2	3	4	5
我拥有积极的学习态度，并愿意主动学习新知识和新技能	○	○	○	○	○
我能够迅速地了解和掌握接触到的新知识	○	○	○	○	○
我为人正直诚信，在工作中能够尽职尽责，遵守职业规范	○	○	○	○	○
我能够承担社会责任与义务，并愿意为农业发展贡献自己的一份力量	○	○	○	○	○
我在生产经营中能够主动地发现问题，提出问题	○	○	○	○	○
我在生产经营中会积极尝试用新的方式方法去解决遇到的问题	○	○	○	○	○
我能够配合政府的宣传工作，分享农业信息知识与技能	○	○	○	○	○
我愿意主动分享农业生产经验，带动更多人致富	○	○	○	○	○

12. 科技素质 [矩阵量表题]

	1	2	3	4	5
我了解在农业生产经营中使用的数字技术和装备	○	○	○	○	○
我在农业生产经营过程中能够熟练运用智慧农业技术以及数字信息技术	○	○	○	○	○

	1	2	3	4	5
我对互联网具有一定的了解并能够熟练使用	○	○	○	○	○
我能够通过互联网获取农业信息和农业服务	○	○	○	○	○
我在有需要时能够搜集到相关信息并能筛选出自己需要的信息	○	○	○	○	○
我能够对搜集的信息进行分类整理,有效地指导生产经营的实践	○	○	○	○	○
我对各种现代农业设备具有足够的了解	○	○	○	○	○
我在农业生产经营中能够熟练运用现代农业设备	○	○	○	○	○
我会针对不同的生产作业选择合适的现代农业技术和设备	○	○	○	○	○

13. 经营管理素质〔矩阵量表题〕

	1	2	3	4	5
我具有一定的管理知识,并且具备良好的沟通协调能力	○	○	○	○	○
我能够在生产经营中能够做好规划统筹和决策执行	○	○	○	○	○
我能够对手下的员工进行培训和指导,起到领导示范作用	○	○	○	○	○
我能够充分地进行市场调查并对下一步的行为做出合理的规划	○	○	○	○	○
我能够综合人、财、物、市场等情况确定市场定位、营销定位	○	○	○	○	○
我能够建立健全农产品生产经营过程中的财务制度	○	○	○	○	○
我能够在农产品生产、销售等环节建立收支账单	○	○	○	○	○
我在农业生产经营过程中能够预测和在一定程度上规避风险	○	○	○	○	○
我在面对生产经营危机时能够冷静应对解决问题,保持积极的心态	○	○	○	○	○

14. 文化素质〔矩阵量表题〕

	1	2	3	4	5
我了解智慧农业和数字农业方面的知识	○	○	○	○	○
我能够持续稳定地获得新的农业信息	○	○	○	○	○
我对自己从事的农业生产领域方面知识足够了解	○	○	○	○	○
我所具备的农业生产知识能够使我应对在生产经营中遇到的问题	○	○	○	○	○
我了解绿色生产和可持续性发展方面的知识	○	○	○	○	○

我在农业生产经营过程中注重减少污染、节约资源，主动采纳绿色生产技术	○	○	○	○	○
我了解农业领域的保险法、食品安全法、土地承包法等相关法律法规	○	○	○	○	○
我掌握了农业法律方面的签订合同、税务等一般知识	○	○	○	○	○
我在农业生产与经营实践中能够运用法律法规维护自己的权益，并避免违法行为的发生	○	○	○	○	○

后 记
POSTSCRIPT

于本书即将刊行之际，思绪万千，感慨颇多。

本书是教育部人文社会科学研究项目"职业农民持续参与培训行为研究：机理与实证"（19YJA880083）的研究成果。高素质农民是农业现代化的重要力量，是农业农村发展的中坚力量，他们素质和能力的提升对于农业可持续发展具有至关重要的意义。在多年的研究和实践过程中，基于数智化时代，在创新发展新质生产力背景下，项目组成员深知高素质农民培训工作的重要性和紧迫性。然而，传统的农民培训往往面临着参与度低、持续性差等问题，这给农业发展带来了一定的阻碍。因此，把握高素质农民持续参与培训的内在动机，以便更好地制定培训政策和方案，提高培训的效果和持续性显得尤其重要。本书的研究旨在深入探讨高素质农民持续参与培训行为的机理，并通过实证研究加以验证。项目组成员采用问卷调查法、实证分析法等多种方法，对高素质农民持续参与培训行为的影响因素、培训效果评估、培训效果评价的影响因素、培训模式的选择等方面进行深入的研究。通过对大量数据的分析和总结，得出一些有价值的结论和建议，有助于高素质农民提高自身素质和技能水平，实现自我价值的提升，并为制定更加有效的培训政策和措施提供理论支持，为高素质农民的培训和发展提供一些有益的参考和借鉴。同时，我们也希望本书在数智化和发展新质生产力背景下能够为相关领域的研究者和决策者提供有益的参考，并引起社会各界对高素质农民培训和发展的关注和重视，为培养高素质农民和推动新质生产力发展贡献一份力量。

本书的编写分工是：

总报告：张　艳、代兴梅

专题报告一：代兴梅、王梦涵

专题报告二：郭起瑞、贾　可、闫思晨

专题报告三：刘彦伯、赵子源

专题报告四：刘彦伯、张　超

专题报告五：代兴梅、刘抒瑶、汤桂林

全书由张艳教授设计编写框架和具体提纲，并进行最后的统稿、修改。

本书在出版过程中，得到中国农业出版社的大力支持。出版社的编辑们对本书的内容进行认真的审核和修改，提出很多宝贵的意见和建议，使本书的内容得到进一步完善。同时，出版社也为本书的宣传和推广做了大量的工作，使得本书能够更好地服务于广大读者。

本书的出版是项目研究团队共同合作的结果，感谢研究团队的每一位成员，感谢本书的编者，感谢所有为本书的出版付出辛勤努力的人们。同时，我们也期待读者对本书提出宝贵的意见和建议，以便在今后的研究中不断改进和完善。

道阻且长，行则将至，行而不辍，未来可期。

编　者

2024 年 7 月于沈阳

图书在版编目（CIP）数据

高素质农民持续参与培训行为研究：机理与实证 /
张艳总主编；代兴梅，刘彦伯，郭起瑞主编. -- 北京：
中国农业出版社，2024. 10. -- ISBN 978-7-109-32566
-1

Ⅰ. G725

中国国家版本馆 CIP 数据核字第 2024SZ8829 号

高素质农民持续参与培训行为研究：机理与实证
GAOSUZHI NONGMIN CHIXU CANYU PEIXUN XINGWEI YANJIU：JILI YU SHIZHENG

中国农业出版社出版

地址：北京市朝阳区麦子店街 18 号楼
邮编：100125
责任编辑：边　疆　张潇逸
版式设计：王　晨　　责任校对：吴丽婷
印刷：中农印务有限公司
版次：2024 年 10 月第 1 版
印次：2024 年 10 月北京第 1 次印刷
发行：新华书店北京发行所
开本：700mm×1000mm　1/16
印张：20.75
字数：320 千字
定价：128.00 元